GOED GENOEG

LEVENSVERHAAL VAN EEN EX-DRUGSCRIMINEEL: SCHATRIJK MAAR DOODONGELUKKIG

JOHAN TOET
CO-AUTEUR LINDA BRUINS SLOT

GOED GENOEG
Auteur: Johan Toet

Co-auteur: Linda Bruins Slot
Eindredactie: Carolien Coppoolse
Fotografie omslag: Ruben Timman | www.nowords.nl
Ontwerp: Vanderperk Groep | www.vanderperk.nl
Drukwerk en drukwerkbegeleiding: Drukcase | www.drukcase.nl

Bijbelcitaten zijn ontleend aan de Herziene Statenvertaling
(HSV)

Eerste druk, 2018
Tweede druk, 2019
Derde druk, 2021
Vierde druk, 2021

ISBN 978-90-8298-300-5

2018 © One in Him Foundation
www.oneinhimfoundation.com

INHOUDSOPGAVE

VOORWOORD

Toen ik achteromkeek, zag ik een mooie, gebruinde kop met stralende ogen vriendelijk naar mij glimlachen. 'Wat een mooie gast, die wil ik straks effe spreken', dacht ik nog.

'Hai, ik ben Johan Toet.' Opnieuw die grote grijns en die stralende pretogen. Johan was net met Brenda uit Brazilië gekomen en ze waren gelijk doorgereden van Schiphol omdat ze mij graag wilden ontmoeten. Vanaf dat eerste moment hadden we een klik. Johan vertelde mij over hun project en zijn passie om de allerarmsten te helpen in de sloppenwijken van Brazilië.

Omdat ik dezelfde hartenklop heb en mijn passie met name uitleef onder de allerarmsten in India, herkende ik die drijfveer. Maar we hadden nog veel meer gemeenschappelijk. Ook ik was bevrijd uit een duister verleden van drugs en demonen die mij voortdurend kwelden. Ik wilde het wel van de daken schreeuwen! Diezelfde gedrevenheid herkende ik bij Johan. Maar toen wist ik nog niet van hoe ver Johan was gekomen. Ik wist nog niets van de leegte en de schreeuw om liefde en aandacht, waar hij als kleine jongen al zo naar snakte. Hij dacht die leegte te kunnen vullen door stoer te doen en de bink uit te hangen, om daarmee de gunst en aanvaarding van anderen te verwerven. Meer en meer had hij nodig om de bodemloze put van zijn hart te vullen. Johan wist nog niet dat dit een doodlopende weg was en dat niets of niemand dat voor hem kon doen.

Nu is hij een geweldige ambassadeur vol vuur en passie, onstuitbaar gedreven door de liefde van Jezus waarnaar hij altijd al verlangde. Daarom hou ik van Johan en ik vind het een groot voorrecht hem te kennen.

Laat je inspireren door dit onvoorstelbare en dramatische levensverhaal en ontdek hoe ook jouw leven kan veranderen. Dat is de reden dat Johan zijn verhaal heeft opgetekend. Want hij wil niets liever dan dat jij, net als hij, deze ongekende liefde ontdekt. Want ook jij bent *Goed genoeg*.

Van harte aanbevolen!
Jaap Dieleman – De Heilbode & Abba Child Care

PROLOOG

Alles komt in een flits voorbij.
Elk beeld is verschrikkelijk!
Hun pijn, angst en verdriet voel ik in mijn lijf,
als een stomp in mijn maag.

Wat heb ik gedaan?! Wie ben ik geworden?!

Met heel mijn wezen schaam ik mij,
voor alles;
voor de reden dat ik vastzit, voor alles wat ik ooit heb gedaan,
echt voor alles.
Het is zo veel, zo zwaar.

Het huilen wordt steeds meer schreeuwen.
Ik sla mezelf op de borst en trek aan de haren op mijn hoofd.
Ik roep het uit: 'Whaaaaah, waarom, waarom, waarom!'

Terwijl ik huil en roep lijkt het alsof ik door een onzichtbare
kracht word beetgepakt en voor ik het weet lig ik op de grond.
Wat?
Hoe kom ik hier?
Wat gebeurt er?!

1

LEVEN IN DE SCHILDERSWIJK

Een politieauto rijdt langzaam door onze straat. Dagelijkse kost, dus daar schrikken we niet van. Als de auto naast ons is, begint één van de jongens te schreeuwen. Ik kan het niet verstaan, maar het is vast en zeker niet: 'Hé knappe vent, wat zit je haar weer lekker strak.' De wagen rijdt achteruit en stopt vlak voor ons. Langzaam gaat het raampje naar beneden.

De spanning stijgt.

De agent kijkt ons één voor één doordringend aan en zegt dan rustig: 'Als je nou een vent bent, kom dan naar voren en herhaal wat je net hebt gezegd.' Niemand zegt iets.

Dit is mijn kans. Meteen loop ik naar voren en spuug de agent recht in zijn gezicht. 'Vuile hond, wie denk je wel dat je bent, smerige eikel!' Voordat hij het doorheeft ga ik er als een speer vandoor, zo tussen iedereen door de straat uit. Ik wil natuurlijk niet gepakt worden!

Als de agent na lang zoeken toch maar weer is doorgereden kom ik terug bij de groep. Ze vinden het prachtig! 'Die Toetje is een baas, joh, die gozer is zo gek als een deur!'

Ik ben het mannetje en daar doe ik het voor.

'LEVEN EN DOOD
ZIJN IN DE MACHT
VAN DE TONG.'

SPREUKEN 18 VERS 21

De Schilderswijk is ons thuis. Het mooiste plekje van Den Haag, vinden wij. Alles gebeurt altijd bij ons op de hoek of in onze wijk. Het vreugdevuur met oud en nieuw wordt altijd precies bij ons voor de deur aangestoken. Dan springen de ramen van de hitte uit de sponningen en iedereen vindt het kicken. Dat de auto's van de buren ook in de hens vliegen mag de pret niet drukken. Alles wat brandt gaat op het vuur en geen agent die er iets tegen durft te doen, want dan krijgt hij de hele buurt over zich heen. Zo gaat dat in de Schilderswijk. Samen staan we sterk tegen wie ook maar tegen ons is. Van kleins af aan doe ik daaraan mee. De politie is je vijand, altijd, en je hebt nooit iets gezien.

School is stom en saai. Ik heb echt geen zin om mijn best te doen en ben er ook heel vaak niet. Mijn prestaties lijken dus nergens op. Niet dat ik dom ben, ik doe het gewoon niet. De leraar hoeft ook echt niet de baas over mij te spelen, dat haat ik. Daarom krijg ik veel strafwerk, dat ik natuurlijk niet maak.
Zodra ik tijd heb, hang ik rond op straat. Met leeftijdsgenoten trek ik niet zo veel op, ze hebben het over heel andere dingen dan ik. Lekker interessant, denk ik en sluit me liever aan bij een groep oudere jongens. Zeventien, achttien jaar zijn de meesten al wel. Al ben ik een stuk jonger, toch doe ik mijn best om met ze mee te praten. Ze leren me van alles, maar snoeren me ook vaak genoeg de mond. ´Snotneus, waar bemoei je je mee joh, kleintje.´ Niet tof, maar voor mij juist een aanmoediging om andere manieren te zoeken om hun respect te verdienen en te bewijzen dat ik er wel degelijk bij hoor.

Vanwege mijn ouders heb ik al wel wat status in de wijk. Een aantal families heeft altijd net iets meer dan anderen. De rest wil dat ook wel, maar dat lukt niet iedere keer. Wij zijn één van die families bij wie het wel lukt. Zo komen mijn ouders op een dag de straat in rijden in een nieuwe Mercedes met een grote speedboot erachter. Iedereen ziet het: 'Kijk nou hé, wat hebben die ouders van Johan nu weer geflikt!' Dus overal waar ik kom hoor ik: 'Hé, weet je wel wie zijn vader is?' Dan hoor ik erbij, en dat is wat ik het allerliefste wil.

Als de jongens naar het krakerspand gaan, ben ik er dus ook weer bij. De kroegen zijn uitgelopen, mijn vader is er natuurlijk ook en iedereen staat op de brug dreigend naar dat pand te kijken. Politie en ME zijn inmiddels ook op de been, klaar om in te grijpen mocht het uit de hand lopen. Daar hopen wij natuurlijk op.

Mijn pa met mitrailleur

Op dat moment komt er een kraker aanfietsen, zo'n vent met een hanenkam. De spanning is om te snijden, maar de kraker rijdt rustig verder. Hoezo kan die haan daar gewoon rustig fietsen en doet niemand iets? Wacht maar.

In mijn eentje loop ik de straat op. Achter mij een muur van mensen die uit zijn op sensatie, links en rechts een cordon van de ME. Een haan op een fiets voor het pand en ik midden op de weg. Op de grond ligt een kei. Precies goed. Snel buk ik me, pak de kei en gooi hem zo tegen de schedel van die kraker. Tegelijk roep ik: 'Vieze vuile kraker, lelijke haan!'

De volgende scheldwoorden worden overstemd door het kabaal dat losbarst. Agenten stormen naar voren om mij te pakken, maar het is al te laat. Er vliegen nog meer stenen door de lucht en iedereen schreeuwt, joelt en rent naar het pand. Gelukkig ben ik snel en klein, dus ik schiet zo tussen iedereen door en verschuil mij een eindje verderop in de bosjes.

De politiepaarden stappen rakelings langs mij heen, met lange latten prikken de agenten vlak naast mij om het bosje te doorzoeken. Ze vinden me niet.

Pas als de rust is teruggekeerd durf ik mij weer te vertonen bij de jongens. 'Zó, gek dat je bent man, ben je niet goed bij je hoofd? Zag je wat er gebeurde!' Weer ben ik *the man!* Ik heb het gedaan. Ik doe steeds meer extreme dingen om erbij te horen, en het lukt aardig goed.

Mijn vader hoort natuurlijk ook dat we rottigheid uithalen. Vaak moet hij me van het politiebureau ophalen omdat ik weer wat heb geflikt. Steeds weer hoop ik dat hij trots is. Daar doe ik het eigenlijk vooral voor. Maar nee, altijd wordt hij woest! Dan begint hij te schreeuwen, op z'n Haags, recht voor zijn raap, grof en niet voor herhaling vatbaar.

Hij is zelden vriendelijk tegen mij. Eigenlijk is hij er nooit echt en als hij er is, is hij dronken of chagrijnig. Hij vraagt nooit: 'Hé gozer, wat is er nou gebeurd?' Nee, hij maakt me alleen maar uit voor van alles en nog wat. Niets is goed. Al kom ik maar een half uur te laat thuis, ik weet: maak je borst maar nat. Dus ga ik al zuchtend naar binnen, mijn schouders naar beneden, mijn hoofd omlaag. En dan komt het. 'Heel snel uit me ogen, bloedhond!' En meer van dat soort termen. Alle enge ziektes die er zijn komen voorbij.

Hij wil mij op het rechte pad houden, maar door zijn lelijke woorden zak ik alleen maar verder weg. Was ik maar niet geboren, denk ik weleens. Om me beter te voelen ga ik maar weer jatten en rottigheid uithalen. Het is een negatieve spiraal.

Mijn vader is zelf ook niet bepaald een heilige. Kort na mijn geboorte is hij gestopt met varen. 'Ik heb mijn droom losgelaten voor mijn kinderen', zegt hij vaak. Nu zit hij hele dagen in de kroeg. Hij krijgt een uitkering, maar verdient zijn geld vooral met illegale praktijken, zoals heling en het beheer van een illegaal tv-kanaal, TV Den Haag. De hele buurt kan porno kijken en films die je nergens anders kunt zien. Bedrijven in de omgeving betalen voor de reclame en zelfs mijn moeder helpt mee. Ze wordt gefilmd als ze achter ons bureau zit, als een soort presentatrice. 'Goedenavond allemaal, vanavond hebben we het volgende programma.'
Mijn vader weet de politie bijna altijd af te troeven. Iedereen is ook bang voor hem. Overal waar hij komt, in cafés of waar dan ook, slaat hij zo de boel kort en klein als hij dat nodig vindt. Met karate en taekwondo heeft hij de zwarte band 2e Dan, dus dat is voor hem geen enkele moeite. Als hij het echt niet met zijn handen af kan, schiet hij gewoon. Hij heeft pistolen en een *shotgun* in huis, zoals iedereen in onze wijk. Zo pakken wij problemen aan: schreeuwen, dreigen, vechten en dan schieten.

Op een middag rijdt er een auto met piepende banden onze straat in en stopt pal voor ons huis. Al snel komen we erachter dat de chauffeur niet voor ons komt. Blijkbaar heeft hij bonje met de buurvrouw die onder ons woont. Hij begint een potje te schreeuwen en te schelden richting het grote hoekraam. Vervolgens stapt hij uit en gooit zo een flesje bier bij de buurvrouw door het raam naar binnen. Het geluid van brekend glas is tot ver te horen. De man stapt weer in en rijdt door. Even later komt hij terug en begint weer te schelden. En weg is hij weer.
Ondertussen heeft mijn moeder pa gebeld. Hij zit zoals gewoonlijk in het café op de hoek. Direct komt hij naar huis en al zijn vrienden komen natuurlijk ook mee. Als iemand bijdehand doet tegen de buurvrouw, komt iedereen helpen. Zo doen wij dat.

Mijn vader staat voor het huis en zegt tegen ma: 'Breng dat ding.' Mijn moeder weet precies wat hij bedoelt. Ze rent naar boven, haalt de shotgun onder het bed vandaan en gooit hem naar mijn vader. Luid en duidelijk laadt hij het geweer. Weer komt de auto langsrijden. Mijn pa bedenkt zich geen moment en schiet de achterruit en zijruit eruit. Dat werkt! Zo snel hij kan rijdt die gozer onze straat uit. Hij zal wel denken: voor hetzelfde geld schiet die man mij dood! En daar kon hij nog weleens gelijk in hebben ook. Mijn moeder brengt het geweer weer naar boven, precies op tijd, net voordat de politieauto komt aanrijden. De agenten stappen uit en komen bij ons staan. 'We hebben gehoord dat hier is geschoten.'

Onschuldig kijkt de hele buurt hen aan. 'Wat nou geschoten, er zijn een paar rotjes afgestoken, meer niet. Doe effe normaal joh met je schieten, waar zie jij dan wapens?'
De agenten wijzen naar de straat: 'Er ligt hier overal glas, hoe komt dat daar dan?'
'Ja, dat ligt hier al weken', zegt één van de buren zonder blikken of blozen. 'Het wordt tijd dat jullie een keer de rotzooi opruimen hier.'
De politie kan niets anders doen dan weer instappen. Ze hebben geen bewijs en geen getuigen. Die boze buurman verhuist de volgende dag. Zo regelt mijn vader veel zaakjes. Als iemand mij lastigvalt op straat, zeker een iets ouder iemand, dan zeg ik dat tegen mijn vader. Meteen gaat hij erheen om verhaal te halen en als het moet slaat hij hem in elkaar. Onwijs veel respect heb ik voor hem, ondanks zijn harde woorden.

Heel soms zien we een andere kant. Dan is hij heel erg dronken. 'Jongens, kom eens zitten', zegt hij tegen mij en mijn broer. We zitten op de bank, dicht tegen hem aan, terwijl zijn muziek opstaat, Neil Diamond. Samen met ons luistert hij naar een heel lange intro. 'Mooi hè, wat is dat mooi, wat is dat mooi.' Hij houdt ons vast en zegt met tranen in zijn stem: 'Ik houd zo veel van jullie hè. Ik houd echt van jullie.' En dan zijn we zó blij, zo verschrikkelijk blij.
Als hij dan vervolgens zegt: 'En k***** nou maar weer naar je kamertje', weten we dat hij het grappig bedoelt. We vinden onze vader echt een harde, stoere vent. Ook een klootzak, maar hij is wel ónze pa. Ik weet hoe zijn humeur zomaar kan omslaan. Dat hoort bij hem. Daarom ben ik tegelijk ook zo bang voor hem. Hij slaat ons zelden, maar met zijn woorden kan hij ons helemaal kapotmaken.
Zo ging dat vroeger bij hem thuis ook, zegt mijn moeder. Mijn vader komt uit een Scheveningse familie met allemaal zuipers. Iedereen was agressief en schold alsof zijn leven ervan afhing. Je moest knokken voor je plekje, en mijn pa kreeg veel klappen en weinig liefde. Ik begrijp het. Maar daar heb ik zelf niet zo veel aan als hij scheldend voor mij staat.

Zo is er altijd onrust, tussen de mooie en normale momenten. Al is het eigenlijk nooit normaal. Als het goed gaat heeft mijn vader blijkbaar geld verdiend, of beter gezegd, 'door een mazzeltje wat *knaken kennuh pakkuh*'. Dan houden we een feestje, komt iedereen langs en is het gezellig. Of we gaan naar de camping, dat vind ik echt geweldig. Daar hebben we een klein bootje waarmee we eindeloos varen en vissen. Dan hebben we echt lol samen.

Op een middag zegt hij op samenzweerderige toon: 'Kom jongens, effe zitten, we moeten met jullie praten.' Mijn moeder zit er ook bij. 'Jullie vader en moeder zijn ergens mee bezig. Als dat doorgaat kunnen we een hoop centjes verdienen. Dan kunnen we alles kopen. Jullie moeten je effe rustig houden, geen gekkigheid uithalen. Als het lukt, pakken we een hoop knaken en dan gaan we...' We zitten ademloos te luisteren, zo spannend brengt hij het. Ja, we zullen ons best doen.

Dat valt helaas nog niet mee. Ondertussen doe ik namelijk ook nog wat handel en diefstalletjes. Zoals altijd gaat dat weer eens fout en dat kan mijn vader er nu zeker niet bij hebben. Hij heeft flink gedronken en wordt 's ochtends vroeg wakker gebeld omdat ik bij een vriendinnetje vijftig gulden heb gepikt. Er staat een monster op! Hij trekt mij uit mijn bed en woedend slaat hij mij met een glazen asbak. De scherpe rand snijdt in mijn hand en maakt een diepe snee. Snel als ik ben ruk ik mij los en vlucht het huis uit. De stemming is weer volledig omgeslagen.

Meestal ben ik ook wel schuldig en heb ik straf verdiend. Tegelijkertijd brengt zijn ongeremde woede mij niet op het rechte pad, integendeel. Mijn moeder kan duizend keer zeggen dat ik voor haar alles waard ben, maar dat geloof ik niet. En dat terwijl zij altijd alles voor ons doet. Ze regelt alles, bedekt alles, lost alles op. Zo is zij.
Toch wegen de woorden van mijn vader zwaarder. Zo vaak zegt hij: 'Je bent gewoon een niksnut, waardeloos, er zit niks goeds in je.' En wat mijn vader zegt geloof ik.
Dus zorg ik dat ik bij hem uit de buurt blijf, en hang steeds meer rond op straat. Bang voor zijn woede, bang voor zijn woorden. Op zoek naar manieren om wel goed genoeg te zijn.

2

EEN KORTE SCHOOLCARRIÈRE

Op straat ben ik het brutale, stoere jongetje dat naar niemand luistert en nergens bang voor is. Ook al ben ik het kleinste jochie van de groep, ik doe wel mee en ik hoor erbij! Niemand houdt me tegen, zelfs de politie niet. Ik ben zo moedig als een leeuw en gek als een deur. Samen met de jongens voel ik me heel wat. We komen altijd samen in clubhuis Het Honk. Hier vervelen we ons, bedenken snode plannen en vreten van alles uit om samen de dag door te komen. Hoe ouder we worden, hoe heftiger de rottigheid.

Om de zoveel weken zit ik op het politiebureau, voor stelen of vechten. Dat is onze hobby, ons leven zelfs. Elke donderdagavond ga ik met de jongens naar de stad om andere groepen op te zoeken. We lopen door de V&D en C&A en nemen armen vol kleren mee naar buiten. Bij een patatzaak bestellen we een boel eten, maar betalen de rekening niet. Daar komt natuurlijk ruzie van en dan slaan we de hele tent kort en klein. Niemand kan wat tegen ons doen, we zijn met te veel.
Andere avonden gaan we ook wel woonwijken in. Omdat ik klein ben kunnen ze me goed gebruiken. Elk nadeel heb z'n voordeel. Als er ingebroken moet worden is er maar een klein kiertje nodig of Johan is binnen. Het maakt niet uit of er mensen thuis zijn of niet, snel als een slang ben ik zo binnen. De hele woonkamer trek ik leeg terwijl de bewoners tv zitten te kijken. Auto's in de straat rijden we gewoon weg als we daar zin in hebben. Of we roven een vrachtwagen leeg. In onze straat is een groothandel in drank en sigaretten, een handel in salades en een snoepjesfabriek. Tja, die zijn altijd de pineut. Zij laden hun vrachtwagens in en terwijl die gasten weer binnen zijn, gaan wij uitladen. Vervolgens gooien we die salades dan weer naar elkaar, want ja, wat moet je er anders mee. Zitten opeens heel de straat en alle auto's onder de huzarensalade!

'DE MENSEN ZULLEN LIEFHEBBERS ZIJN VAN ZICHZELF, GELDZUCHTIG, GROOTSPREKERS, HOOGMOEDIG, LASTERAARS, HUN OUDERS ONGEHOORZAAM, ONDANKBAAR, ONHEILIG, ROEKELOOS EN VERWAAND.'

2 TIMOTHEÜS 3 VERS 2

Zodra we actie ruiken doen we het gewoon. Niemand is bang, ik ook niet, het is juist kicken om te kijken of het lukt. Op die momenten ben ik gewoon euforisch en ook vreselijk trots. Ik vind mezelf geweldig en kan de hele wereld aan. Vaak kom ik er ook nog wel mee weg, al ben ik schuldig.

Maar niet altijd. Af en toe heb ik pech en ben ik op de verkeerde plek op het verkeerde moment. Een meisje uit mijn klas, net als ik elf jaar oud, is zwanger en ik heb seks met haar gehad. Maar ik was niet de enige. Bijna alle jongens uit de buurt heeft ze gehad: klasgenoten, maar ook jongens van achttien jaar. Omdat ze zwanger is moet ze vertellen wie de vader zou kunnen zijn. En ja, daar is Johan ook bij. Het klopt, ik beken. Het was in de invaliden-wc van de school, lekker ruim en met allerlei handvaten om je aan vast te houden.

Niemand vindt het vreemd dat wij al seks hebben. Zelfs mijn ouders doen daar niet moeilijk over. Als ik weer eens thuiskom met een meisje, zeggen ze alleen: 'Hoe heet ze?' Vervolgens gaan we naar mijn kamer en zeg ik mijn ouders dat ze ons niet mogen lastigvallen. En dat doen ze ook niet.

Mijn moeder is dus ook niet erg geschokt door deze situatie en gaat met me mee naar het bureau. Na het gesprek met de politie moet ik ook nog naar de dokter. Hij vraagt: 'Heb je weleens een zaadlozing gehad?' Vragend kijk ik hem aan. Geen idee wat hij bedoelt. De dokter stelt voor dat ik naar een kamertje ga en daar een zaadlozing tot stand ga brengen. Dat gaat mijn moeder te ver. Op z'n Haags valt ze uit: 'Ik geloof dat jij niet helemaal goed bij je hoofd bent! Je gaat toch niet tegen mijn kind zeggen dat hij zijn eigen moet gaan bevredigen in een hokkie, ben je gek ofzo? Doe effe normaal!' Dat gaat dus gelukkig niet door.

Eén van de oudere jongens blijkt uiteindelijk de vader te zijn. Het meisje moet abortus plegen. Een harde les, ook voor mij. Niet in het minst omdat ik door dit voorval van school word gestuurd.

Wat nu? Het lijkt me helemaal geweldig om kok te worden en allerlei lekkere dingen te maken. Maar blijkbaar kan dat nog niet. Eerst moet ik een oriëntatiejaar doen op een technische school, waar ik pas in het nieuwe schooljaar terechtkan. Ongevraagd, maar zeer welkom, hoef ik dus een jaar niet naar school. Terwijl iedereen in de banken zit, zwerf ik de hele dag over straat om te zien of ik ergens wat kan verdienen. Ik vermaak me prima.

Ik ben amper dertien jaar oud als ik weer de schoolbanken in moet. Dat is wel even wennen, en niet alleen vanwege de lessen. De school heeft blijkbaar een traditie: de biggendoop. De 'biggetjes' van het eerste jaar worden even in een modderslootje geduwd. Wat een goeie grap. Iedereen staat eromheen te lachen en te juichen. Dat gaat mij dus echt niet gebeuren. De eerste de beste die mij aanraakt breek ik z'n neus, neem ik mij voor. Natuurlijk kom ik ook aan de beurt. Er vormt zich een grote kring om mij heen vlak bij een enorme waterplas, die door de hevige regen van de dagen ervoor een smerige modderbende is geworden. Hun plan is dat ik daar helemaal doorheen ga rollen. Dat hadden ze gedacht. Als iemand denkt de baas over mij te spelen ga ik er keihard tegen in. Het kan mij niet schelen of het een politieagent is, of een klas grote jongens. Geen idee hoe dat komt, maar het gebeurt gewoon. Misschien juist wel door het gedrag van mijn pa. Dus ook nu ben ik niet onder de indruk. Met gevaar voor een pak slaag zeg ik: 'Wie van jullie is de sterkste van de school?'

De jongens beginnen te jouwen en een stevige gozer doet een stap naar voren. Hij kijkt mij doordringend aan, maar toch zie ik een zenuwtrekje in zijn gezicht. Het is alles of niets, hier staat of valt mijn reputatie mee. Met mijn schouders naar achteren en mijn hoofd omhoog loop ik op hem af en zeg: 'Hoor eens, maat.' De jongen komt dichterbij om te horen wat ik ga zeggen, maar in plaats daarvan geef ik hem een kopstoot tegen zijn neus en een vuistslag er overheen. Heel even staat hij te tollen op zijn benen en hij schreeuwt het uit van de pijn. Het bloed sijpelt langs zijn gezicht en druppelt in de plas in het water, waardoor het er nog dramatischer uitziet. Iedereen begint te schreeuwen en te fluiten en te roepen en te lachen!

Ondertussen loop ik naar de bebloede jongen toe en fluister hem in zijn oor: 'Als wij gaan samenwerken, pakken we de hele school aan en worden wij hier de baas.' Hij knikt terwijl hij zijn hand op zijn neus houdt. Het is gelukt, ik heb het voor elkaar: niemand dolt nog met mij.
Via een vriend regel ik hasj en samen met mijn nieuwe maat ga ik die verkopen. We snijden een stuk hasj in kleine stukjes en verstoppen die in de lockers van anderen. Onze handel loopt goed, er is genoeg vraag naar. Het schooljaar breng ik door met dealen, meisjes versieren en rotzooi trappen. Zo heb ik een prima tijd op deze school.
Eindelijk is het jaar voorbij en mag ik kiezen of ik op deze school wil blijven of nog steeds naar een serieuze koksschool wil. Natuurlijk kies ik voor het laatste.

Samen met mijn pa voor het café

De François Vatel-koksschool is behoorlijk sjiek, het gaat er wel anders aan toe dan ik gewend ben. Het lanterfanten is voorbij en het dealen zeker. Omdat ik het zo leuk vind ben ik zelf ook serieuzer aan het werk. Ik vind het heerlijk om bezig te zijn met koken, banketbakken en broodjes maken. Toch gaat het ook hier helemaal mis. Maar het ligt niet alleen aan mij. Allereerst is er al gedoe over mijn lange haar. Volgens de regels van de school moet dat eraf. Ik dacht het niet! Mijn haar is mijn identiteit. Dat is de eerste aanvaring, maar ik mag wel door. Natuurlijk maak ik fouten en ben ik niet altijd op tijd klaar. Maar ik vind het leuk en wil echt graag kok worden. Blijkbaar mag het niet zo zijn.

Drie dagen lang ben ik intensief bezig met het knutselen van een chocoladehuisje. Dat vind ik echt heel leuk om te doen. Het duurt wel iets te lang, zodat ik te laat ben met inleveren. Als ik het lokaal binnenkom zie ik allemaal mooie chocoladehuisjes op de tafels staan. Supertrots ben ik op mijn huisje, het is ook echt mooi en ik heb het helemaal zelf gemaakt. Ik ben alleen net te laat op school. Blijkbaar is dat iets te vaak gebeurd en kent de leraar daarom geen genade meer. Hij kijkt me aan en zegt alleen: 'Ga jij maar naar de directeur.'
Verbijsterd staar ik naar mijn huisje en dan weer naar de leraar. 'Mag ik het niet inleveren?'
Zijn antwoord is onverbiddelijk: 'Nee. Je bent te laat.'
Er lijkt iets te ontploffen in mij. Nog één keer geef ik hem een kans.
'Dus ik mag het niet inleveren?'
Zijn geduld is allang op en hij verheft zijn stem. 'Je hebt me toch gehoord? Jij gaat nu naar de directeur!'
'Oké.' De stoppen slaan door. Bam! Ik gooi het huisje op de grond, zodat het voor zijn voeten in stukken uiteenspat. De hele klas kijkt ademloos toe. Maar ik ben nog niet klaar. 'Als ik het niet mag inleveren mag niemand het inleveren.' Als een olifant banjer ik door het lokaal en 'bam-bam-bam' ik sla al die andere chocoladehuisjes kapot. Daarna loop ik alsnog naar de directeur. Daar zitten mijn ouders al voor een ander gesprek.
'O, dat is toevallig', zegt de directeur. 'Ben je er weer uit gestuurd?'
'Nee, ik moest hier gewoon naartoe', zeg ik onschuldig.
'Oké, je bent er dus weer uit gestuurd.'
De conclusie is snel getrokken. 'Het gaat niet meer met deze jongen.'

Ik moet op zoek naar een andere opleiding. Daar baal ik echt van, want de koksschool vond ik echt leuk. Wat moet ik nu gaan doen? Mijn broer werkt vier dagen in de week als schilder en moet één dag in de week naar school. Dat kan ik natuurlijk ook gaan doen. Dan moet ik wel werk gaan zoeken voor vier dagen in de week. Maar wát dan? Ik heb geen idee, want ik kan niks. En ik heb ook niet echt zin om te gaan werken. Toch begin ik op die school.

Op de allereerste dag zit ik bij mijn broer in de klas, tussen ongeveer dertig studenten. Een vrouw met rood haar en een rood gezicht komt het lokaal binnen lopen. Wat een eng mens. Ze blijkt de directrice te zijn en zegt met bekakte stem: 'De eerste de beste die nu nog uit de klas gestuurd wordt gaat direct van school af.' Er is blijkbaar al het een en ander gebeurd, dat ze met zo'n belachelijk dreigement moet komen. Ze wandelt weer weg op haar hoge hakken. Zo zeg, wat een trut.
Naast mij hoor ik mijn broer zachtjes mompelen: 'Nou, dat is lekker zeg.' Gewoon zo. Heel rustig.
'Ja,' zegt de leraar tegen mijn broer, 'jij eruit.'
Mijn broer kijkt hem geschokt aan. Hij is nog nooit de klas uit gestuurd, heeft echt nog nooit wat gedaan! Door het gedrag van mijn vader is hij juist heel onzeker geworden, hij stottert zelfs. Hij stamelt: 'Ja maar dan, dan ben ik m'n baantje kwijt.'
'D'r uit!' zegt de leraar, deze keer nog wat luider.
Dit laat ik niet gebeuren! Ik sta op van mijn stoel, vlieg die leraar aan en geef hem een pak op z'n donder. Mijn broer komt er ook bij staan om mij te steunen. Sissend zeg ik tegen de leraar: 'Als jij straks de school uit komt, dan...' en ik maak een beweging met mijn vinger langs mijn keel. Duidelijker kan niet. Mijn broer en ik rennen weg, naar buiten. Onderweg dikke lol natuurlijk, maar mijn broer zegt toch wat bezorgd: 'Wel rot van mijn baan.'
'Ach joh, komt wel goed', zeg ik onbekommerd. Mij interesseert het helemaal niets, ik heb niets te verliezen. We komen thuis en zeggen niets tegen m'n vader en moeder. Maar we hebben pech, even later staat de recherche voor de deur. 'De leraar voelt zich bedreigd en heeft aangifte gedaan.'

Dat is het einde van mijn schoolcarrière.

'TOT HEN BEHOREN ZIJ DIE DE HUIZEN BINNENSLUIPEN EN VROUWTJES IN HUN MACHT KRIJGEN EN DIE MET ZONDEN BELADEN ZIJN EN DOOR ALLERLEI BEGEERTE GEDREVEN WORDEN.'

2 TIMOTHEÜS 3 VERS 6

3

VAN KWAAD TOT ERGER

Van mijn vader moet ik nu gaan werken. Zoals gezegd kan ik heel slecht tegen autoriteit, dus dat gaat al meteen mis. Op de eerste dag bij een bouwbedrijf commandeert de bedrijfsleider mij: 'Aan het werk, zorg dat je daar vanmiddag mee klaar bent.'

'Oké', zeg ik nog wel braaf, maar het eerste wat ik doe is kijken wat ik allemaal kan jatten. Even opletten op de alarmcode en we kunnen zo naar binnen. Nog maar net twee dagen werk ik daar als we 's nachts de kluis weghalen.

Het zit gewoon in me, het komt op mijn pad, zo gaat dat. Alle jongens waar ik mee omga hangen ook nog steeds de hele dag op straat rond. Hun vaders zitten in de drugs of in andere illegale business. Verder ga ik veel met woonwagenbewoners om, ook buiten de wijk. Dit is ons leven. Jatten en bedriegen, zo doen wij dat.

Meisjes horen ook bij dat leven. Ik heb zeer regelmatig vriendinnetjes, maar op mijn vijftiende word ik voor het eerst echt verliefd. Ik ben helemaal hoteldebotel, mijn hele leventje draait alleen nog maar om haar. Zo'n gevoel heb ik nog nooit eerder gehad. Het leven is perfect! Helaas is het van korte duur. Van het ene op het andere moment vertelt ze mij dat het niet meer mag van haar ouders. Blijkbaar ben ik niet goed genoeg voor hen. Onze verkering is voorbij. Mijn hart breekt in vele stukken. In mijn frustratie trap ik twee jongens in elkaar onderweg naar huis en buig hun fietsen om een lantaarnpaal. Bij het horen van haar naam stort ik al in. Kapot van verdriet sluit ik me een tijdlang op.

Na een paar weken ga ik toch maar weer uit, al zit ik er maar treurig bij. 'Joh, kom eens hier', zeggen een paar vrienden na een tijdje. Ik loop achter hen aan terwijl ze naar de wc gaan. Eén van de jongens doet een beetje wit poeder op mijn hand. 'Je moet dit even snuiven, hier word je wel weer vrolijk van.'

Aan roken en drinken ben ik nog niet begonnen en ik heb geen idee wat dit is. Eén snuifje neem ik en ik ben gelijk verkocht. Het spul brandt eventjes, maar dan voelt mijn neus verdoofd aan. Er loopt een druppel mijn keel in en mijn hele mond wordt verdoofd. Mijn hartslag gaat iets omhoog en mijn ogen gaan wijd open. Het is net alsof ik boven mezelf uitstijg. Weg is het verdriet, weg de pijn. Alles is oké, sterker nog, ik voel me geweldig! Nog meer lef, nog bijdehanter, alles gaat fantastisch deze avond. De hele nacht ben ik veel scherper. Vol zelfvertrouwen versier ik meteen een ander meisje en ik heb het idee dat ik de hele wereld aankan. En dat alles na één snuifje. 'Zo, dit wil ik nog wel een keertje.'
En dat doe ik ook. Eerst alleen in het weekend, één snuifje per keer. Het lukt me nog om zelf thuis te komen. Al vrij snel is dat toch niet meer genoeg. Dus ga ik ook door de week snuiven. Dan hangen mijn maten en ik een dagje op het strand of in het clubhuis. En zo ga ik steeds meer en vaker gebruiken en heb ik het steeds vaker nodig. Op den duur ben ik helemaal gefocust op de cocaïne. Het is mijn vluchtroute uit de realiteit van het leven waarin ik verder weinig kan en niet ervaar dat ik goed genoeg ben. Drinken of andere gekkigheid doe ik nog steeds niet, ik gebruik alleen coke. Veel coke. Omdat ik meer nodig heb, moet ik ook aan meer geld komen. Meer dan ik bij elkaar krijg met kleine diefstallen en inbraken. Dus ga ik steeds meer verhandelen.

Op een dag komt mijn vader dreigend voor mij staan en vraagt: 'Ik heb gehoord van een paar van mijn maten dat jij cocaïne gebruikt. Is dat zo, ja of nee?' Met diezelfde maten van mijn vader heb ik in een nachttent zitten snuiven. Zíj hebben mij nota bene coke gegeven! En vervolgens bij mijn vader klikken. Wat moet ik zeggen? Ik wil zijn maten niet verraden en mezelf natuurlijk ook niet. Ik ken mijn vader goed genoeg.
Dus ik zeg: 'Nee, dat is niet zo.'
'Oké. Want als het wel zo is breek ik je neus, dat weet je.' Nog steeds ben ik bang voor hem en wil zeker geen klap op mijn neus krijgen. Nog een keer zegt hij: 'Dat had ik ook nooit verwacht, als het wel zo is vind ik dat heel erg.' Weer ontken ik het, maar het zit me helemaal niet lekker. Een paar dagen later vertel ik hem daarom toch dat het waar was. 'Maar wel met jóuw maten, pa.'
Die toevoeging doet hem niets. Hij wordt woest. 'Waarom heb je dan gelogen? Ik wist wel dat ik je niet kon vertrouwen.' Hij zegt niet: 'Ik ben blij dat je eerlijk bent.' Nee, ik krijg juist alles over me heen. Vanaf dat moment doet hij nog lelijker dan daarvoor. Ik kan echt niets meer goed doen. Hij wil dat leven niet voor mij, zegt hij, maar daar snap ik natuurlijk niets van. Ik zie alleen een

woedende pa die zelf van alles uitvreet, maar mij de grond in boort.
Hoe meer hij mij een niksnut noemt, des te meer heb ik er juist alles voor
over om aan iedereen te bewijzen dat ik wel degelijk iemand ben. Er
wordt iets in mij geboren, een ego dat zo groot is dat ik mezelf al zie staan
op die heuvel met al die koninkrijken – zoals Jezus ooit eens stond naast
de satan – al heb ik nog helemaal niks. Als ik een deal met de duivel moet
sluiten om te bereiken wat nodig is om iemand te zijn, dan doe ik dat.

In mijn handel ga ik steeds verder, ik word steeds groter en verdien steeds
meer. Iedere keer als ik weer wat heb verdiend, heb ik een hoop vrienden.
Dat is mijn doel, vooral als het de oudere jongens zijn die mij dan ineens
goed genoeg vinden om mee om te gaan. Gelukkig heb ik ook een echte
maat, Stille, met wie ik bijna altijd samen ben en niet alleen als ik wat heb
verdiend. Hij neemt het ook voor me op als er problemen zijn. Naar hem
toe ben ik extreem loyaal, ik zou alles doen om hem te laten zien dat ik
zijn vriendschap waard ben.
Ook Neus wordt mijn maat, na een gezamenlijke vluchtervaring. De *wou-
ten* zitten achter ons aan na een vechtpartij met de politie. Ze voeren een
schoonveegactie uit in onze straten: als we niet op tijd weg zijn, zijn we
er gloeiend bij. Neus en ik rennen alsof ons leven ervan afhangt, ondertussen gierend van de lach. Meteen hebben we elkaar gevonden. Samen
stelen we een auto waar we de hele stad mee door racen. Ondertussen
gaan we helemaal los met snuiven en gekkigheid uithalen, om vervolgens
de auto tegen een rij andere auto's aan te parkeren en er bulderend van
het lachen weer vandoor te gaan.

Met beide maten heb ik afwisselend contact en het is bijna altijd raak met
snuiven en feesten en jatten. Op een avond gaan Stille en ik naar de camping. Ik heb net een oude Ford Taunus gekocht voor vijfhonderd gulden,
een automaat, en ik rij ermee alsof het een Ferrari is. Omdat ik amper
zeventien jaar ben en geen rijbewijs heb, laat ik liever een ander rijden als
we de grote weg op gaan. Als we met een zak *coke* op de camping aankomen, gebruiken we net zo lang tot het niet leuk meer is.
Stille pakt een lepel en begint er wat coke en ammoniak in te doen. Daarna
verhit hij de lepel totdat het goedje olie is geworden. Hij ziet hoe gefasci-
neerd ik toekijk en zegt: 'Jij krijgt dit niet, hoor.' Hij doet de olie op folie en
begint dit te verhitten, terwijl hij de rook die van de folie af komt met een
pijpje naar binnen zuigt en vervolgens uitblaast. Hij wordt steeds stiller en
blijft maar roken. Ondertussen mag ik alleen maar kijken. Uiteindelijk ben ik
het zat en zeg: 'Geef mij ook eens een haaltje!'

Zonder iets te zeggen blijft hij nee schudden, maar ik zou Johan niet zijn als ik zomaar nee accepteer en ik begin op hem in te praten: 'Van wie is die coke die je nu lekker aan het oproken bent? Van mij toch zeker? En dan mag ik er niet eens van proeven? Wat een egotripper ben jij, joh!' Na lang praten gaat hij overstag en geeft me de folie. Zoals ik net bij hem heb gezien probeer ik rook naar binnen te krijgen, maar het enige dat ik doe is door dat pijpje op de folie kwijlen, waardoor alles knettert en springt en van alles doet behalve rook in mijn longen brengen. Stille ligt helemaal in een deuk. Het duurt mij allemaal veel te lang en ik vind het niks. Dus ga ik weer verder met snuiven. Toch is er iets in mij dat wil weten wat voor gevoel het geeft, dus ik probeer het nog één keer. Deze keer doe ik het heel rustig. Ik zuig hard en voel de rook zo mijn longen in stromen. Direct krijg ik een euforisch gevoel dat nog veel lekkerder is dan het gevoel van een snuif coke. Nu heb ik de smaak te pakken en voor ik het weet zijn mijn handen zwart van de verbrande folie, mijn duim verbrand van het urenlang aansteken van mijn aansteker en mijn lippen zo verdoofd dat het lijkt of ik de hele nacht heb liggen zoenen met een ijsberg.

De nacht is voorbij en de coke bijna op, dus ik besluit om snel even wat geld te gaan scoren. Bij een supermarkt trap ik zo de deur eruit en ga naar binnen. Alle sigaretten en koffie die ik maar kan dragen neem ik mee, vuilniszakken vol zet ik in de auto. Vervolgens haal ik Stille op om me te helpen. We verkopen de rotzooi in Den Haag aan mijn oom die altijd wel in is voor wat handel. Hij is met allerlei illegale zaakjes bezig en ondertussen zit hij ook in de horeca. Mijn ooms zijn allemaal boeven, bekend in Den Haag en niemand flikt ze iets. Ik kijk tegen ze op en wil graag indruk op ze maken. Met het geld van de handel kopen we een zak coke om vervolgens weer op de camping te gaan zitten roken tot het op is. Zo leid ik mijn leven, met stelen, oplichten en roken.

Inmiddels is het hoogzomer en de nachten lijken geen einde te hebben, zo veel leven is er overal. Ik geniet met volle teugen en mijn honger naar geld is niet te stillen. Regelmatig heb ik contact met de Dikke, iemand uit een Roma-familie. Hij is een bekende van mijn pa met wie ik samen alles en iedereen oplicht. Hij is dik in de veertig en heeft al een gezin, terwijl ik net zeventien ben. Hij is een echte boef, dus ik vind het geweldig dat hij met mij wil optrekken. Natuurlijk snap ik wel dat dit komt omdat ik altijd geld weet te verdienen en met iedereen wil delen, maar dat maakt mij niet uit.

Op een avond moet ik opeens denken aan iemand die altijd veel contant geld heeft, waar hij mee loopt te bluffen in de kroeg. Als hij een trainings-pak draagt, heeft hij die portemonnee met geld nooit bij zich. Die zou dan thuis moeten liggen. Samen met de Dikke stap ik in de auto en we rijden naar de bewuste kroeg. Daar aangekomen zie ik die vent zit-ten en ja hoor, in zijn trainingspak. Meteen rijden we door naar zijn huis. 'Blijf jij hier maar wachten', zeg ik tegen de Dikke. Hij is behoorlijk stevig en ik zie hem niet zo gauw onopvallend door een wc-raampje klimmen. Bij het huis kijk ik snel om me heen of ik iemand zie. Net als ik een stalen bloempot wil pakken om door de ruit naar binnen te gooien zie ik ineens een raam open staan. Mooi, wat een service! Soepel klim ik naar binnen en al tastend in het donker zoek ik om me heen naar een lichtknop. Als ik deze heb gevonden doe ik het licht aan en alsof ik ernaartoe word geleid loop ik rechtstreeks naar een laatje en doe het open. Ja hoor, de porte-monnee vol geld ligt erin! Snel schuif ik hem achter mijn broeksband. Daarna klim ik weer door het raam naar buiten, loop naar de auto, stap in en zeg: 'Rijden! We gaan op vakantie!'
De Dikke kijkt mij ongelovig aan. 'Je bent maar twee minuten wegge-weest!'
Ik sla hem op zijn schouder en begin te lachen. 'Snel, rijden gozer! De portemonnee lag gewoon in het laatje, wat een gek! Ik wist het gewoon!'
Kilometers verder stoppen we en tellen samen de vele briefjes van hon-derd. Adrenaline stroomt door mijn bloed. Zevenduizend gulden! We zijn buiten onszelf, dat is even lekker snel verdiend zeg. Van mijn deel koop ik een tweedehands Opel Senator, zo'n hele luxe grote bak. Nu ben ik hele-maal *de bom*.

Helaas heb ik nog steeds geen rijbewijs, dus rijdt Stille meestal. Het hele land crossen we door met dat ding en we gaan zelfs naar Spanje, wat een kick! We snuiven en feesten, deze zomer kan niet meer stuk.
Of toch wel? Op een keer zit ik te veel en te stoer met een meisje te praten en rijd ik mijn auto total loss. De rest van het geld eindigt in mijn neusgaten en zo moet ik weer van voren af aan beginnen.

4

VOOR HET EERST IN DE BAJES

Er is iets gebeurd met mijn vader. Opeens is hij met God bezig en heeft het daar ook over in de kroeg. Zijn maten lachen hem allemaal uit en maken hem belachelijk. 'Daar heb je hém weer, joh, je gaat toch geen dominee worden?' Daarom gaat hij niet meer naar de kroeg en neemt hij afscheid van zijn vrienden. Niet lang daarna heeft hij een godsmoment, zoals hij dat noemt. Hij moet onophoudelijk huilen en ervaart een gevoel van vrijheid. Ik begrijp het niet, maar vind het wel bijzonder. Ik merk wel dat hij een stuk rustiger wordt, maar verder verandert hij niet echt. Hij blijft op de bank zitten, tv kijken en anderen zijn mening opdringen. Alles moet nog steeds op zijn manier. Hij stopt met drinken, maar gaat in plaats daarvan *blowen*.
Hij krijgt nieuwe vrienden die ook alleen maar blowen. Ze zijn vaak bij hem thuis, dat vindt hij het prettigst. Mijn contact met hem is nu wel iets beter en we hebben ook meer lol. Dat is wel afhankelijk van hoe zijn pet staat. Zijn mening steekt hij nog steeds niet onder stoelen of banken, dus blijven we wel altijd op onze tenen lopen. Van mijn zaakjes vertel ik hem niets.

Om geld te krijgen verkoop ik alles wat los- en vastzit. Het maakt niet uit wat het is, nep-Rolexen of trainingspakken met een illegaal logo erop: alles waar ik tegen aanloop vent ik uit. Groothandels zijn natuurlijk helemaal te gek. Regelmatig breek ik in en alles wat waarde heeft gaat mee: drank, koffie, luiers, sigaretten. Zo is er altijd wat te 'verdienen'.

Af en toe word ik opgepakt. Dan zit ik een paar dagen of maximaal een week op het bureau. Soms kom ik er met een boete van af, soms met een voorwaardelijke straf, maar altijd mag ik gewoon weer naar huis. Dat kan natuurlijk niet goed blijven gaan.

Met oud en nieuw steken we altijd van alles in de fik: oude auto's, banden, alles wat brandbaar is. Vlak bij ons is een verlaten pand dat vol staat met

'WIE ONRECHT ZAAIT, ZAL ONHEIL OOGSTEN.'

SPREUKEN 22 VERS 8

autobanden. Anderen hebben al een paar keer ingebroken om autobanden te stelen voor op het vreugdevuur. Op een gegeven moment bedenken we: 'Laten we het hele pand in de fik steken, lachen!' Eén van de jongens woont er vlakbij, daar kunnen we lekker kijken als de brandweer komt.

'Ik doe het wel', zeg ik natuurlijk weer en ik ga naar binnen met een jerrycan. Een flinke steekvlam brandt delen van mijn haar weg en mijn trainingspak smelt gedeeltelijk weg, maar ik heb het ervoor over. Door het raam kruip ik naar buiten en op afstand kijken we naar het vuur.

Een paar dagen na oud en nieuw word ik opgepakt. Deze keer ben ik mij serieus van geen kwaad bewust. Dus ik verwacht dat ik zo weer buiten sta. Helaas is het toch ernstiger dan ik dacht. Ik wist niet dat er een benzinetank onder dat pand zat met tweeduizend liter benzine. Dat had zomaar de lucht in kunnen gaan. Daarom krijg ik een zware straf: vijftien maanden de cel in. Dat is heftig! Ik ben nog steeds 17.

Ze sturen me naar jeugdgevangenis De Sprang in Scheveningen en ik kom terecht bij de First Offenders, voor jongens die voor de eerste keer vastzitten. Pittig, zo'n lange straf, maar de gevangenis valt gelukkig reuze mee. We hebben allemaal onze eigen cel met tv, prima geregeld. De meeste jongens die daar zitten ken ik. Dit is Scheveningen: ons kent ons. We hebben een goede tijd met elkaar en de maanden gaan vrij snel voorbij. Ook volgen we een programma met praatgroepen, vorming, dat soort onzin. Zo moeten we bijvoorbeeld leren hoe we een brief moeten schrijven als we willen solliciteren. Alsof iemand daar ooit wat mee gaat doen. Via mijn vriendinnetje krijg ik weleens wat coke, die ze tijdens het zoenen doorgeeft. Eén keer heeft ze het in een los zakje in haar mond. Als ze het aan me overgeeft scheurt het zakje open. Met al mijn stuiptrekkingen lijk ik Joe Cocker wel! Het is een wonder dat ik door de controle kom. In mijn muur zit een gat waardoor ik papiertjes en peuken kan doorgeven aan m'n maat die in de cel naast me zit. Zo zitten we af en toe samen strak van de coke in onze cel te *spacen*. Prima zo!

Hoewel ik zelf niet blow, smokkel ik ook weleens hasj naar binnen. Op een dag heeft Neus bij zijn bezoek een bonk hasj van veertig gram meegenomen.

'Waar moet ik dat in hemelsnaam laten?' zeg ik tegen hem. Hij lacht tot de tranen in zijn ogen staan en ik weet dat ik de sjaak ben. Nee, niet in mijn anus, dat ga ik echt niet doen. Dat is alleen een uitgang en geen ingang. Dus stop ik het gewoon in mijn onderbroek. Tijdens de visitatie van de bewaarders moet ik mijn broek laten zakken en ik merk dat die bonk hasj tegen mijn balzak aan blijft plakken. Mooi, ik heb mazzel! Dan krijg ik de instructie om even te hurken. Pok, hoor ik. De hasj valt toch en ligt zielig op de grond. De bewaarder zegt: 'Wat hebben we hier?' Terwijl ik verbaasd achterom kijk zeg ik tegen hem: 'Krijg nou wat, hoe krijg je dat nou voor elkaar?' Ze lachen en ik krijg drie dagen celstraf.

Na een paar maanden in Scheveningen word ik overgeplaatst naar Vught, een *bajes* voor kort gestraften, minder dan twee jaar. Mijn cel is op de inkomstenafdeling en ik werk daar een maand of anderhalf voordat ik naar een andere afdeling mag en meer privileges heb, zoals koken en recreatie. Mijn dag is vreselijk saai. Om zeven uur in de ochtend gaat mijn wekkerradio en iedere ochtend wordt dezelfde plaat afgedraaid: 'Why worry' van de Dire Straits. Why worry? Jullie hebben makkelijk praten, ik zit hier vast en jullie gaan zo naar huis.
Om acht uur komen ze mij superintelligent werk brengen: ik krijg een paar kisten met schroefjes en plaatjes en plastic kapjes en die moet ik in elkaar zetten tot antennes voor de televisie. Dag in dag uit. Soms krijg ik papieren vellen die ik in elkaar moet draaien tot hoedjes voor planten. Zo boeiend. Duizenden moeten we er maken. De hele dag zit ik zo in mijn cel, met een uurtje luchten per dag. Het is echt bikkelen.

Ondertussen krijgen mijn ouders een ander huis aangeboden. Mijn vader is de buurt zat en nu hij niet meer drinkt heeft hij er ook niks meer te zoeken en dus wil hij daar weg. Ze besluiten het oude huis aan te houden zodat ik dat kan huren. Het is schijnbaar tijd om op mezelf te gaan. Als ik straks vrijkom heb ik mijn eigen huisje, fantastisch! Mijn broer woont dan pal naast mij en we kunnen via het terras zo bij elkaar naar binnen lopen. In ieder geval een lichtpuntje voor mij in deze donkere tijd.

Mijn ouders nemen de zorg voor twee meisjes op zich. Hun moeder is verslaafd, werkt in de prostitutie en kan niet meer voor hen zorgen. Mijn moeder doet dat met liefde. Nu ben ik ineens twee zusjes rijker. Het is wel even wennen, maar ik vind het ook wel leuk voor mijn ouders.

Eindelijk krijg ik verlof, ik mag een weekend naar huis! Hier heb ik hier zo lang naar uitgekeken na een paar lange maanden binnen. Gelukkig heb ik een vriendinnetje buiten, dus ik zal me goed vermaken dit weekend. We spreken af om twee dagen met elkaar door te brengen. Na maanden droogstaan kan ik me daar wel op verheugen.

'AL WAT IN DE WERELD IS:
DE BEGEERTE VAN HET
VLEES, DE BEGEERTE VAN
DE OGEN, EN DE HOOGMOED
VAN HET LEVEN.'

1 JOHANNES 2 VERS 16

Als een kind zo blij ben ik om iedereen weer te zien en naar mijn eigen huisje te gaan. Eerst loop ik naar het huis van mijn broer, heerlijk om even weer samen te lachen. Er zijn wat mensen bij hem thuis, waaronder zijn nieuwe vriendinnetje. Het is een grappig ding.

'Hoi, ik ben Johan', zeg ik en plof naast haar op de bank. Zij heet Sandra, zegt ze, en we beginnen lekker te kletsen. Erg prettig om even onder gewone mensen te zijn en dan ook meteen al een beetje sjans te hebben met een blond grietje dat me de hele tijd zit aan te kijken. Ik voel me helemaal het mannetje.

Als mijn broer naar de keuken loopt ga ik hem achterna en vraag: 'Is het serieus wat jullie hebben?'

Hij lacht: 'Nee joh, ik wilde haar net dumpen, het was gewoon even voor de lol, je weet toch hoe dat gaat?' Oké, dat is mooi.

'Vind je het erg als ik een gokje waag?'

'Daar zijn we toch broers voor?' antwoordt hij en we lachen allebei hard. Het zit me wel mee allemaal zeg, ik ben net een uurtje buiten. Vol goede moed ga ik de kamer weer in en gooi nu al mijn charmes in de strijd. Natuurlijk werkt dat. Voor ik het weet zit ze bij mij op schoot in de woonkamer van mijn nieuwe huisje. Vervolgens belanden we op mijn Amerikaanse bed dat ik heb gekregen van mijn ouders; een lekker kitscherig ding met rode velours bekleding, een ingebouwde radio en spiegels op de achterkant. Dit is het helemaal, ik ben *the man*.

Pas laat val ik in slaap en zit de volgende ochtend vroeg dan ook ineens rechtop in bed door de aanhoudende bel en het geklepper van de brievenbus. Wie kan dat nu zijn en waarom zo vroeg? Geïrriteerd kijk ik uit het raam en zie tot mijn schrik mijn afspraakje voor de deur staan, in een sexy pakje, klaar voor een feestje dit weekend. O nee! Weken geleden al gepland, erover gefantaseerd en ernaar uitgekeken, en nu helemaal vergeten!

De bel blijft gaan en de brievenbus blijft klepperen. Vanuit het raam kijk ik naar haar, en vervolgens naar mijn bed, waar Sandra met slaperige ogen verbaasd naar mij kijkt. Wat moet ik doen?! Moet ik haar laten staan? Moet ik die meid in mijn bed wegsturen en haar hart breken nadat mijn broer haar gisteren al heeft gedumpt? Wat een dilemma op de vroege morgen! Hoe kan alles in zo'n korte tijd van zo leuk naar zo fout gaan?

Sandra vraagt wat er is.

'Sorry, ik ben mijn date met mijn vriendinnetje vergeten... wat moet ik doen?'

Met een lieve stem antwoordt ze: 'Nou, wie vind je echt leuk?'

Goed punt.

Met mijn afspraakje was het eerder ook al niks geworden, bij gebrek aan beter had ik toch maar weer met haar afgesproken. Met deze meid in mijn bed heb ik wel een klik. 'Als ik haar laat gaan, blijf jij dan het hele weekend bij me?'

'Graag', zegt ze.

Mooi, dan negeer ik de deurbel. Nog even houdt ze vol, maar dan zie ik haar op hoge hakken boos de straat uit lopen.

De zondag is er sneller dan ik wil en ik kan het niet over mijn hart verkrijgen om nu al terug te gaan naar de bajes. Dit gevoel van blijdschap en aandacht wil ik niet meer kwijt. Na overleg met mijn ouders besluit ik het erop te wagen: ik ga mij niet meer melden.

Het leven lacht mij weer toe, alles zit mee, ik verdien en heb lol. Ondertussen begin ik ook maar weer met snuiven. Elk weekend haal ik een paar pakjes coke bij mijn ene oom en ga vervolgens naar de club van mijn andere oom. Daar komt ongeveer de hele Haagse *penoze*. Iedereen kent iedereen en daardoor is het vaak een gezellige boel met een hoop gekkigheid.

Het is zaterdagavond en de tent is afgeladen. Samen met mijn broer en zijn nieuwe meisje en mijn nieuwe aanwinst Sandra voel ik mij hier redelijk thuis. Aan het einde van een leuke avond zitten wij zoals gewoonlijk nog met de laatste gasten in de tent. Een kerel komt naar ons toe lopen en zegt met een lachend gezicht iets onverstaanbaars. Als ik vraag wat hij zei, kom ik erachter dat hij mijn meisje beledigt. Zonder nadenken sla ik hem voluit op zijn neus. Mijn broer is zo snel als het licht en trapt hem vol in zijn snufferd, waarna mijn oom er meteen op springt en de jongen verder toetakelt. Die gast blijkt ook van één of andere bekende familie te zijn en voor we het weten ontstaat er een kleine oorlog. Gelukkig blijken wij toch te sterk en wordt de boel weer gesust.

Onze familie is er eentje van boeven, zuipers en vechters, gewelddadig en opgefokt, en we willen allemaal maar één ding en dat is geld, veel geld. We kunnen het misschien niet altijd perfect met elkaar vinden, maar staan altijd achter elkaar als het nodig is. Zoals vanavond dus, en dat maakt me op een of andere manier wel weer trots om deel van deze familie te zijn. Als voortvluchtige heb ik geen recht op een uitkering en ik wil wel kunnen leven zoals ik wil en snuiven wanneer ik wil. Dus moet ik alles uit de kast halen om veel geld te verdienen. De grotere criminaliteit lokt steeds meer. Ik probeer allerlei scenario's te bedenken om aan geld te komen en ik ben bereid om hier steeds verder voor te gaan. Mijn bewijsdrang is enorm, mijn ego is mijn alles.

Op een avond rijd ik met mijn broer en een andere maat door de Haagse achterbuurten. We hebben coke bij ons en een verboden wapen, en zijn op weg naar de club van mijn oom. Plotseling worden we van alle kanten door de politie klemgereden en uit de auto getrokken. Blijkbaar hebben gasten met een zelfde soort auto iets geflikt en worden wij daarvoor nu in de boeien geslagen. Natuurlijk vinden ze de paar pakjes coke en het wapen in de auto. Nu ben ik de pineut, want ik moet nog tien weken zitten en daar heb ik helemaal geen zin in.

Met een snelle beweging trek ik mezelf los en zet het op een lopen, zo hard dat ik de agenten ver achter mij hoor vloeken en schreeuwen. Aan de andere kant van de straat zie ik politieauto's met sirenes aan in mijn richting komen. Terwijl zij naast mij rijden maak ik een onverwachte draai en vlucht de andere kant op. Met mijn handen geboeid op mijn rug trap ik tegen deuren aan om te zien of er wat open staat, maar ik heb geen mazzel. Daarom duik ik snel onder een geparkeerde vrachtwagen en houd me doodstil. De adrenaline giert door mijn lijf, spanning geeft altijd een kick. De agenten lopen vloekend door de straat met hun zaklampen. Ik kan ze duidelijk horen, maar ze zien mij niet en lopen voorbij. 'Wat is die gozer snel zeg. Verdorie, die zijn we kwijt!'
Ik lach stilletjes. Het lijkt erop dat het me lukt om weg te komen en ik word wat rustiger, totdat ineens de hele straat verlicht wordt door grote schijn- werpers. Het geblaf en gesnuif van honden is duidelijk te horen. Dit is niet best! En ja hoor, dichtbij mij begint een hond te blaffen en bijt even later in mijn been. 'Auw!' schreeuw ik. Het doet vreselijk pijn en ik rol onder de vrachtwagen uit. 'Haal die klotehond weg hier, ik ben er al, haal hem weg!'
'Staan blijven, rotjong!' schreeuwen de politieagenten. Bijna was een knulletje van zeventien er tot hun schande met hun handboeien vandoor gegaan, terwijl er dertig agenten om hem heen stonden. Tot hun opluch- ting kunnen ze me nu toch nog inrekenen. Op het politiebureau ontdek- ken ze waarom ik vluchtte. Mijn broer en maat worden weer losgelaten en ik word teruggestuurd naar Vught. Mijn meisje besluit op me te wach- ten en ik zit mijn straf verder rustig uit.

5

TAXICHAUFFEURS EN EEN PIZZABEZORGER

Nadat ik weer vrij ben gekomen ga ik nog vaker op stap en gebruik ik nog meer; dan weer snuiven, dan weer een keertje roken. Tussen Sandra en mij gaat het iets minder goed. We krijgen steeds vaker ruzie en ik begin ook veel meer dingen stiekem te doen. Soms verkoop ik wat van onze spulletjes en als ik weer wat heb verdiend, koop ik het dubbele terug. Meer en meer lieg ik tegen haar, omdat de coke sterker is dan mijn liefde voor haar. Regelmatig vraagt ze: 'Heb je weer gebruikt?' Altijd ontken ik het, al weet ik zeker dat ze me doorheeft. Na de zoveelste keer is ze het zo zat om steeds weer gekwetst te worden dat we uit elkaar gaan. De coke heeft onze relatie kapotgemaakt.

Inmiddels ben ik verhuisd naar een andere straat en kan ik doen wat ik wil. Geen vriendin meer die op me let of ouders die me in de weg lopen. Ik ben volledig vrij om te verzuipen in wat dan ook, en inmiddels zwaar verslaafd aan de coke. In het *dealer*pand waar ik mijn coke haal, zie ik dat iemand het op een glas rookt. *Basen* heet dat. Hij geeft me een trekje en ik ben meteen de weg kwijt. Van de puntjes van mijn tenen tot in de puntjes van mijn haren voelt het als één groot orgasme. Dit wil ik altijd! De hele dag denk ik eraan en wil ik zo veel gebruiken als maar kan. Ik jaag en jaag, maar de *high* die ik zoek krijg ik maar niet, dus wil ik steeds meer. Hierdoor doe ik af en toe ongelofelijk domme dingen. Maar wel erg winstgevend. En zo simpel soms.

Zo zijn vele taxichauffeurs in Den Haag het haasje, gewoon doordat ik een kilo bloem in tape verpak. Duidelijk een kilo drugs, dat ziet iedereen. Gehaast stap ik met mijn pakketje duidelijk zichtbaar in een taxi. Ik buig naar voren en zeg: 'Ik moet naar Den Bosch, maar moet eerst even langs een winkel in de stad om een testkit op te halen.' In de stad zit een drugspand met twee ingangen. Je kunt er aan de ene kant in en aan de andere kant weer uit. In diezelfde straat zit een winkel die alles verkoopt

'DWAAL NIET:
GOD LAAT NIET MET
ZICH SPOTTEN,
WANT WAT DE MENS ZAAIT
ZAL HIJ OOK OOGSTEN.'

GALATEN 6 VERS 7

op het gebied van drugsgebruik: van weegschalen tot zakjes, pakjes en pijpen. Elke taxichauffeur weet dat. De chauffeur hoort me rustig aan. Hij ziet de handel op mijn schoot, en bijna iedere taxichauffeur die ik tegenkom is niet zuiver op de korrel en wil wel wat extra's verdienen. Eenmaal aangekomen bij die straat stap ik uit en vraag of ik mijn handel even mag laten liggen. 'Ik ben zo terug.' De zogenaamde kilo coke schuif ik onder mijn stoel. Na een minuut of twee loop ik weer terug en zeg: 'Shit man, ik heb mijn portemonnee thuis laten liggen. Straks krijg ik vijftigduizend gulden. Heb jij niet even een paar honderd, dan geef ik je duizend gulden extra als we daar zijn geweest.' De chauffeur krijgt dollartekens in zijn ogen. Het werkt altijd en zo krijg ik steeds tussen de twee- en driehonderd gulden in mijn handen gedrukt. Daarna loop ik het drugspand in, haal de coke en ga er aan de andere kant weer uit. De taxichauffeur is een kilo bloem rijker en een paar honderd gulden lichter.

De chauffeurs schamen zich blijkbaar zo dat ze het niet aan anderen durven vertellen. Dus kan ik heel lang mijn gang gaan. Op een dag is het spel helaas uit, omdat een chauffeur wel zijn mond opentrekt en ze ontdekken hoeveel taxichauffeurs ik heb opgelicht. Ze vinden mijn huis en als ik er niet ben slaan ze alles kort en klein. Ze komen weer terug als ik wel thuis ben. Ineens staat mijn portiek vol met woedende chauffeurs. 'We trappen die deur eruit!' hoor ik ze tegen elkaar schreeuwen.
Stijf van de coke sta ik achter de voordeur, in mijn hand een Smith & Wesson .357 Magnum, die ik een paar dagen eerder ergens heb gestolen, en ik houd hem gericht op de voordeur. Als er ook maar iemand binnenkomt, ga ik gelijk knallen. Ik laat me niet pakken en neem er sowieso een paar mee het graf in, besluit ik.
Mijn hart bonst in mijn keel van de adrenaline, tot ik ineens sirenes hoor. Even later haalt de politie de taxichauffeurs weg uit de portiek. De politie klopt niet eens op mijn voordeur. Er zit duidelijk een engeltje op mijn schouder. Als er een God is heeft Hij nu een bloedbad voorkomen.

Inmiddels heb ik op mijn jonge leeftijd al zo veel coke gebruikt dat mijn lichaam het bijna begeeft. De pijn aan mijn nieren en onderrug wordt steeds erger, totdat het niet meer te harden is. Als ik voor controle naar een ziekenhuis ga, word ik meteen opgenomen omdat ik een levercirrose en nier- infarct blijk te hebben. Dat is niet best. Mijn ouders worden gebeld en bezorgd komen ze naar het ziekenhuis. Blijkbaar heb ik de conditie van een oude man, de artsen zijn behoorlijk somber. Ze opereren mij en halen voor de zekerheid ook mijn blindedarm eruit. Zelfs de narcose is me bijna teveel. Ik voel me heel beroerd en op een avond bel ik mijn vader vanuit het ziekenhuis en vraag hem of hij wil komen. Hoewel hij geen rijbewijs heeft is hij er heel snel: hij heeft het hele stuk gerend! Dat raakt me diep: mijn vader houdt toch wel echt van me.

Na ongeveer een week voel ik mij weer fit genoeg. De artsen willen me nog langer houden, maar ik glip het ziekenhuis uit op zoek naar coke. Meteen pak ik weer een taxi, deze keer van een ander bedrijf. De chauffeur heb ik al lekker gemaakt met mijn verhaal en hij heeft me al geld gegeven, maar voor ik de taxi weer kan verlaten word ik ergens onderweg klemgereden door agenten, met getrokken pistolen. Zij arresteren me en slaan me in de boeien. Op het bureau verga ik van de pijn, omdat ik natuurlijk nog niet voldoende ben hersteld. Na een paar dagen laten ze mij weer gaan, want ze hebben geen poot om op te staan. Die chauffeurs hebben mij zelf hun geld overhandigd. Het was gewoon bloem, daar is niks strafbaars aan.

Zo glip ik er steeds weer tussendoor met mijn activiteiten. Af en toe zit ik kort vast, voor verboden vuurwapenbezit en wat kleine dingen. De ene zaak is nog niet voor geweest of ik ben alweer opgepakt voor iets anders. Meestal valt het wel mee, maar soms gaat het goed fout.
Ik zit al dagen met allerlei gasten coke te roken. We zijn helemaal *waus* en eten amper, we hebben genoeg aan de coke. Als we uiteindelijk toch honger krijgen stelt één van de meiden voor om gewoon pizza te bestellen en dan niet te betalen.
'Dan kunnen we net zo goed ook zijn geld afpakken', zegt mijn maat. Gewoon geld pakken en wegsturen die gast. Dat klinkt dom maar simpel. Het lijkt mij een prima plan, al dringt het niet echt tot me door wat het inhoudt. De pizzaman komt naar binnen en zet de pizza op tafel. Ik wil zeggen: 'Vriend, we hebben geen geld, dus we betalen die rekening later wel. Ga maar.'

Helaas loopt het anders. Tot mijn ontzetting flipt mijn maat en geeft de bezorger zomaar een paar flinke tikken. Zijn bril ligt in stukken op de grond en zijn neus en vinger zijn gebroken. Dat was niet de bedoeling! 'Waarom heb je die vent nou geslagen, had je niet moeten doen.'
Mijn maat is net zo van slag als ik. 'Ja sorry, ik flipte, ik dacht: dadelijk gaat-ie agressief worden ofzo.'
'Joh, wat bedoel je "agressief", we zijn met zijn allen! Hij geeft gewoon zijn geld en gaat weg.'

Zo ging het dus niet en nu hebben we een groot probleem. De buren hebben alles gehoord en direct de politie gebeld. In no time staat er een auto voor de deur. Het is mijn huis, ik kan geen kant op, we zijn gewoon de pineut vanwege iets ongelofelijk stoms.

In een wanhoopspoging vlucht ik het dak op, maar tevergeefs. Via een brandweerladderwagen sturen ze honden het dak op, en gezien mijn eerdere ervaringen met honden geef ik me maar over door weer het huis in te klimmen. Daar gaan we weer: op de grond, handboeien om en allerlei verwensingen naar mijn hoofd. Dit hele riedeltje ken ik maar al te goed.

Omdat ik al eerder heb vastgezeten krijg ik voor deze overval dertig maanden. De jongen die geslagen heeft krijgt twaalf maanden. Ik baal van mezelf, van wat ik ben geworden als gebruikertje. Hier ben ik te trots voor, mijn ego is te groot. Ik ben voor grotere dingen geboren. Negentien jaar ben ik nu, en ik moet bijna twee jaar zitten, in de volwassenbajes Norgerhaven in Veenhuizen. Hier ben ik helemaal van de coke af en binnen deze vier muren ben ik er dit keer ook helemaal niet mee bezig. Mijn ouders komen af en toe op bezoek. Mijn vader is nu wel heel relaxt en lief voor me. 'Gaat het jongen, kun je je eigen een beetje redden?'

In Veenhuizen is het wel wat anders dan ik gewend ben. Hier zitten de zwaardere jongens met lange straffen. Zij zijn van het echte werk, zoals liquidaties, gewapende overvallen en drugshandel. Ze lopen met Rolexen en dikke kettingen om. 'Ach joh, even twee jaar zitten, als ik eruit kom heb ik een paar miljoen leggen.' Die lui houden gewoon brommerraces in de bajes! Er is zelfs een zwembad op de luchtplaats en we kunnen foto's laten maken voor onze familie. Met geld kun je hier ook veel doen, er wordt flink gehandeld.

Zelf heb ik niks, maar met mijn babbel en mijn lef maak ik heel snel allerlei contacten en hoor ik erbij. Er zitten hier veel bekende criminelen waar ik van alles over heb gehoord, en ook bekenden van mijn pa. Nu zit ik met hen samen en eet samen met hen. Door die grote jongens word ik wel geaccepteerd. Ik ben één van hen. Hier wil ik bij horen, erkend worden. Ik ga alleen nog maar zware zaken doen, denk ik. Als ik het dan toch doe, dan maar meteen goed. Dit is het leven dat ik wil, dit smaakt naar meer. Eindelijk kan ik het respect verdienen dat ik al mijn hele leven zoek; eindelijk goed genoeg zijn.

'MAAR WIE RIJK WILLEN WORDEN, VALLEN IN VERZOEKING EN IN EEN STRIK EN IN VEEL DWAZE EN SCHADELIJKE BEGEERTEN, DIE DE MENSEN DOEN WEGZINKEN IN VERDERF EN ONDERGANG. WANT GELDZUCHT IS EEN WORTEL VAN ALLE KWAAD. DOOR DAARNAAR TE VERLANGEN, ZIJN SOMMIGEN AFGEDWAALD VAN HET GELOOF, EN HEBBEN ZICH MET VELE SMARTEN DOORSTOKEN.'

1 TIMOTHEÜS 6 VERS 9-10

Het laatste gedeelte van mijn straf mag ik uitzitten in een open kamp in Veenhuizen, Vleddervoort. Van maandag tot vrijdag werk ik in de wasserette, waar de was wordt gedaan voor alle gevangenissen in Veenhuizen. Ja, het is echt een gevangenisomgeving hier. De weekenden mag ik naar huis. Helemaal toppie.

Tijdens een verlof – inmiddels heb ik bijna zeventien van de twintig maanden uitgezeten – leer ik een leuke meid kennen. Chantal heet ze. We hebben het zo gezellig dat ik het hele weekend bij haar blijf. Het verlof kan mij niet lang genoeg duren, maar uiteindelijk meld ik me met lood in mijn schoenen weer in Vleddervoort. Het volgende weekend spreek ik weer met haar af. Opnieuw is het erg gezellig. Nog maar een week of tien hoef ik te zitten, maar ik wil nu echt niet meer terug. Ook al weet ik uit ervaring dat het een keer fout gaat, toch wil ik deze tijd gewoon benutten om buiten te zijn. Het is kerst, ik ben verliefd en heb gewoon geen zin om bij haar weg te gaan. Na oud en nieuw meld ik me wel.

Dat duurt natuurlijk langer. Toch kunnen we zo niet doorgaan. Ik ben voortvluchtig, kan geen uitkering aanvragen en heb dus helemaal niks. Voor de tweede keer zit ik met hetzelfde dilemma. Mijn vriendin is de verstandigste van ons tweeën. 'Als we hier iets van willen maken zul jij je toch echt moeten melden.' Ze heeft helaas gelijk.
'Als je vrijkomt mag je wel bij mij komen wonen', zegt ze ook nog. Te gek, dan kan ik weg uit mijn oude buurt, weg van de plek waar ik al die onnozele gekkigheid heb uitgehaald. Daar gaat het me nooit lukken om een grote jongen te zijn. Eens een inbrekertje en oplichtertje, altijd een inbrekertje en oplichtertje. Als ik bij mijn vriendin ga wonen heb ik de kans een nieuwe start te maken en alleen nog maar serieuze zaken te doen. Met dat vooruitzicht ga ik me dus toch maar melden.
Het is lekker weer en dat maakt het allemaal niet makkelijker voor me. Met tegenzin loop ik naar het politiebureau en denk nog eens goed na voor ik naar binnen loop. Nou jongen, daar ga je weer, zeg ik tegen mezelf. Hoofd omhoog, schouders recht, borst vooruit, jij kunt dit, laat je niet kennen. De deuren van het bureau gaan open en ik loop naar binnen. De agent achter de balie kijkt mij verbaasd aan: 'Kan ik u ergens mee helpen?'
'Ja ik denk het wel. Ik moet nog tien weken zitten en kom mezelf bij dezen melden.'
'O, nou, neem daar maar even plaats.' Hij wijst naar een bankje. Hij checkt mijn naam en houdt me officieel aan. Ze fouilleren me en nemen me dan

mee naar achteren. Zonder schoenen word ik in een cel geplaatst en ik mag de nacht doorbrengen in een betonnen hokje met een betonnen bed en een stalen wc die ik niet zelf door kan trekken.

Het geluid van het ventilatiesysteem komt me maar al te bekend voor, het geeft je het gevoel in een koelkast te zitten die nooit afslaat. Het beton in de cel en het vinyl van de gangen verspreiden een penetrante geur die mij altijd doet denken aan een ziekenhuis. Ik wil dit niet meer. Ik wil vrij zijn. Nog even volhouden... Terwijl ik luister naar de sleutels van de cipiers, de deuren die open- en dichtvallen en het gezoem van het ventilatiesysteem val ik langzaam in slaap.

De volgende morgen sturen ze me net als de vorige keer naar Vught. Dit is inmiddels een strafgevangenis geworden. Hier zit iedereen die niet terug is gekomen van verlof, of andere problemen heeft. De gevangenis heeft een heel ander regime gekregen: drieëntwintig uur achter de deur en een uurtje luchten per dag. Weekendverlof is er nu niet meer bij. Het zijn maar tien weken, maar ik wil naar buiten, naar mijn vriendin.
Ik moet het letterlijk uitzitten.

6

WERK ZOEKEN, XTC VINDEN

Eindelijk is mijn detentie voorbij en kan ik naar huis. Het is heerlijk om vrij te zijn, ik geniet met volle teugen. We gaan veel uit en ik leer nieuwe jongens kennen. We snuiven coke en gaan helemaal los.

Langzamerhand begint Chantal wat druk op mij te leggen. Zo moet ik andere kleren dragen, mijn snor moet eraf en ze dringt erop aan dat ik ga werken. Blijkbaar ben ik ook voor haar toch niet goed genoeg zoals ik nu ben. Dat haar semi-decadente familie mij niet ziet zitten weet ik allang, maar ik dacht dat zij van mij hield zoals ik ben. Toen ze me leerde kennen zat ik zelfs vast, dat gaf mij het idee dat ze echt om mij gaf, en niet om wat ik doe. Nu blijkt het toch anders te zijn.

Zij is een eerlijk meisje dat in de kledingbranche werkt en ik vind dat helemaal prima. Haar familie heeft allerlei successen en zij wordt een beetje gezien als het zwarte schaap omdat ze met mij is. Bij familiebezoekjes kan ik ook niet echt meepraten, want ik heb helemaal niks te vertellen wat aansluit bij hun leven. Weer word ik afgewezen, niet alleen door haar familie maar dus ook door haarzelf. Zij neemt het niet eens voor mij op.

In mijn verliefdheid wil ik graag alles voor haar doen, maar ik begin het nu wel irritant te vinden. Ik ben toch wie ik ben, dat kan en wil ik niet veranderen. Ik kan niet goed overweg met werkgevers, dus een baan vinden is voor mij niet makkelijk. Om te bewijzen 'dat ik veel meer ben dan al die mensen bij elkaar' ga ik het toch proberen. Mijn eerste baantje in één of ander archief krijg ik via een uitzendbureau en houd ik precies drie dagen vol. Het past gewoon niet bij me, ik kan er niks aan doen. Dus ik steel alle camera-apparatuur die ik tegenkom en ga er weer vandoor.

Voor mijn meisje doe ik toch nog een keer mijn best om een baan te vinden en via een advertentie in de krant vind ik een functie als colporteur. Ik

'IEDER MENS WORDT
VERZOCHT ALS HIJ DOOR
ZIJN EIGEN BEGEERTE
WORDT MEEGESLEURD
EN VERLOKT.'

JAKOBUS 1 VERS 14

moet langs de deuren kunst verkopen: schilderijen in een passe-partout, een hele map vol in allerlei stijlen. Zogenaamd uniek, maar via massaproductie goedkoop ingekocht. Het is bedoeld voor een kunstcollectief, is het verhaal aan de deuren. Ze willen een galerietje beginnen en daarom kunnen klanten tegen kostprijs een kunstwerk kopen. Na een leuk gesprek met de eigenaar zie ik het eigenlijk toch niet zitten. De volgende dag belt hij me op. 'Volgens mij ben jij echt een goeie, overweeg het nog eens en kom gewoon.'

Verstand van kunst heb ik niet en ik weet ook nog niet precies hoe het werkt, maar ik meld mij toch maar. Samen met een groep verkopers word ik ergens midden in een wijk afgezet. We moeten op een bepaalde tijd terug zijn. Het is een nieuwbouwwijk, met genoeg witte muren, dus de verkoop van schilderijen loopt daar als een trein. De schilderijen kosten tweehonderdvijftig gulden per stuk, en daarvan is vijftig gulden voor de verkoper. Dat verdient goed! De eerste keer loop ik mee met een ander en denk al snel bij mijzelf: dat kan ik beter! De volgende huizen doe ik dus alleen en dat loopt zo goed dat ik een kwartier te laat terug ben bij de bus. Mijn baas is boos: 'Je kunt niet te laat terugkomen, dan denk ik dat je gepakt bent!'
'Maak je niet druk joh, ik heb bijna al je schilderijen verkocht.' Ik heb er nog maar drie van de vijfentwintig over. Die hele bus verkopers is verbijsterd. Dat hebben ze nog nooit meegemaakt, en zeker niet op iemands eerste avond! Het is mijn ding en ik verkoop elke avond makkelijk bijna mijn hele map leeg. Dat gaat lekker.

Toch komt mijn karakter weer om de hoek kijken. Ik wil de baas zijn en niet de werknemer. Mijn baas neemt mij een keer mee naar de groothandel waar hij de schilderijen inkoopt. Mooi dat ik dat mag zien. Later ga ik zelf terug naar die gasten en kom ik erachter dat je voor vijftien gulden zo'n doek met passe-partout kunt kopen. Mijn baas krijgt tweehonderdvijftig gulden, geeft vijftig gulden aan ons en houdt dus honderdvijfentachtig gulden over per schilderij. Dit kan beter.

Ik vind een investeerder, koop zelf de schilderijen en zorg dat de jongens die bij mij komen werken het dubbele ontvangen: honderd gulden per verkocht schilderij. Nu verdien ik dus honderdvijfendertig gulden per schilderij dat een ander verkoopt: een flinke loonsverhoging voor mijn werknemers én voor mijzelf. We gaan heel Nederland door, verkopen heel veel schilderijen en verdienen enorme bedragen. Dat gaat super!

Totdat ik op tv een programma van Jaap Jongbloed zie waar een kunst-handel wordt ontmaskerd. Een klant vertelt: 'Ik heb een uniek schilderij gekocht, maar nu kom ik bij mijn tandarts en zie ik daar exact hetzelfde schilderij aan de muur hangen! Hij vertelde ook hetzelfde verhaal, over de galerie en het kunstcollectief.' Na enig onderzoek blijkt die hele buurt vol te hangen met schilderijen en wordt er een groter onderzoek gestart door het tv-programma. Ze gaan undercover bij mijn vorige werkgever en laten precies zien hoe het werkt: hoe ze zelf de handtekening onderaan het schilderij zetten en hoe ze de verkoop moeten aanpakken. Na die uitzen-ding kunnen er geen schilderijen meer worden verkocht. Mijn business is na een jaar dus voorbij en ik moet op zoek naar iets anders.

Het wordt tijd voor iets beters, iets groters. Toevallig komt er iets op mijn weg wat mij heel goed past. Op één van de avonden waarbij we weer lekker willen doorhalen is er geen coke. Daar baal ik stevig van, zacht gezegd. Ik heb juist trek in een snuif!
'Wacht maar,' zegt de eigenaar van de tent waar we hangen, 'ik heb iets veel beters voor je.' Hij loopt naar achteren en als hij weer terug is opent hij zijn hand vlak voor mij. Daar liggen tien roze pilletjes.
'Wat is dat nou weer?' zeg ik, nog flink ontstemd omdat er geen coke is. Ik heb nog nooit iets anders gehad dan coke. Geen paddo's, LSD, wiet of wat dan ook.
De eigenaar is er echter van overtuigd dat hij iets beters voor me heeft.
'Dit is XTC, onwijs goed, ga je enorm van uit je dak.'
Nog steeds ben ik niet om. 'Wat kost zo'n pilletje dan?'
'Ze kosten vijfentwintig gulden per stuk.'
Mijn mond valt open. Vijfentwintig gulden voor zo'n klein rotdingetje?
'Zo, dan moet het wel echt heel goed zijn!' Mijn interesse is gewekt.
'Oké, ik koop er nu eentje van je, omdat jij zegt dat 't goed spul is, maar als het niet werkt kom ik terug en trek ik je kop eraf.'
Daar schrikt de eigenaar niet van. 'Prima, dat is goed. Ik loop hier gewoon rond, ik merk het wel.' Zelfverzekerd kijkt hij mij aan, dus ik waag het erop en koop het pilletje van hem. Even later gooi ik de pil achterover en wacht gespannen af. Er gebeurt helemaal niks.
Na een kwartier word ik ongeduldig en baal van die weggegooide vijf-entwintig piek. Wat ik beloofd heb ga ik ook doen en ik loop naar de ei-genaar om verhaal te halen. 'Zeg kerel, hij werkt niet. En je weet wat ik je gezegd heb, hè.'
De eigenaar kijkt verbaasd op, maar is nog steeds niet onder de indruk.
'Wanneer heb je hem ingenomen?' Als hij hoort dat het ongeveer een

kwartier geleden is, zegt hij: 'Wacht, blijf hier even staan.' Omdat hij zo zeker van zijn zaak lijkt te zijn, bind ik in en blijf nog even staan. Dan gebeurt het.

Van het ene op het andere moment voelt het alsof ik volledig in brand sta! Het is alsof er vanbinnen champagne opborrelt, mijn lichaam kookt en bruist. Er is alleen nog maar geroezemoes van mensen terwijl de muziek mij helemaal in zijn greep krijgt. Hoge tonen en een zware beat vullen mijn hele lijf en voeren mij mee naar een andere werkelijkheid. Het is onbeschrijflijk! Als een zombie loop ik naar het podium. Eenmaal daarbovenop trek ik al mijn kleren uit alsof dat heel normaal is, en begin spiernaakt tussen al die mensen te dansen. Omdat ik veel train heb ik een gespierd lijf, dus het ziet er gelukkig wel goed uit. Niemand zegt er iets van, er komen zelfs dames met me mee dansen. Bijna vijf uur lang ga ik helemaal uit mijn dak. En ik hou niet eens van dansen!
Opeens gaan de lichten aan en meteen ben ik nuchter. Snel pak ik mijn kleren bij elkaar, kleed me aan en loop kalm naar buiten. Verbaasd voel ik aan mijn hoofd: geen pijn, geen kater, geen nare smaak in mijn mond, helemaal niks! Wauw, dit is het!

Mijn verliefdheid op coke slaat direct over op deze pilletjes. Dit is helemaal te gek! Er gaat een heel nieuwe wereld voor mij open. Er blijken zoveel soorten te zijn. MDEA, waar je *mellow* van wordt, MDA, waar je van gaat *trippen* en MDMA, waar je een liefdesgevoel van krijgt. Ook zijn er speedpilletjes. Van al deze soorten onderzoek ik hoe je ze kunt herkennen aan de kleur, het stempeltje en welke pilletjes wel en niet geschikt zijn. Al snel ontdek ik bij wie je ze wel en niet moet halen.

Er gaat een hele business achter schuil en daar ben ik wel in geïnteresseerd.

'OOK ZEI DE HEERE GOD:
HET IS NIET GOED DAT
DE MENS ALLEEN IS;
IK ZAL EEN HULP
VOOR HEM MAKEN,
ALS IEMAND
TEGENOVER HEM.'

GENESIS 2 VERS 18

7

BRENDA

Tussen mij en Chantal gaat het helemaal niet goed. Zij wil mij nog steeds veranderen en dat frustreert me enorm. Af en toe vliegt er van alles door de woonkamer, van servies tot de kerstboom. Elke dag hebben we ruzie, en dan word ik ook echt agressief en dreig voortdurend met geweld. Vervolgens schreeuwt zij: 'Als je dat doet haal ik de politie erbij!' Dat maakt mij pas echt link. Woedend trap ik een deur in en zeg: 'Kijk, daar heb je je reden om de politie te bellen. Doe het dan!' Zo zitten we vaak in een negatieve spiraal.

Midden in deze situatie raakt ze toch zwanger. Niet ideaal, maar ik hoop tegen beter weten in dat het onze relatie goed zal doen. Natuurlijk zijn we ook blij, het brengt ons toch even dichter bij elkaar en als ik negen maanden later mijn zoontje in mijn armen heb, voelt dat geweldig. Eigenlijk ben ik vooral trots dat ik een zoon heb en dat ik vader ben geworden. Het versterkt mijn ego.

Helaas verbetert onze relatie niet door ons kindje. Het is thuis helemaal niet meer uit te houden, de liefde is echt over. Dus ik ga steeds vaker uit met mijn vrienden. We nemen pillen en halen nachtenlang door. Ondertussen jaag ik ook op andere meisjes en ga gerust ook vreemd. Chantal is niet meer belangrijk voor me.

Op een nacht ben ik helemaal de weg kwijt door de pillen en beland ik in een seksclub die de hele nacht openblijft. Het is een lugubere tent met allemaal vage figuren die zich graag voordoen als penoze. De één is dronken, de ander staat strak van de coke en ik ben op reis in pillenland. Net als zij ben ik volledig van het pad af. Meisjes van plezier in schaarse kleding proberen de gasten mee te krijgen naar een kamer, zodat ook zij wat verdienen aan de gekte van deze wereld.

Ik ben in het geheel niet geïnteresseerd in die opdringerige meiden. Ik ben hier al vaker geweest, maar pas één keer ben ik mee gegaan naar een kamer, omdat ik anders niet meer mocht komen. 'Het is een seksclub en geen disco', zeiden ze. Oké, dan moet het maar, al is het niet mijn ding. Alle mannelijke bezoekers moeten bij de deur hun pistool inleveren en door een detectiepoortje lopen. Als je weggaat krijg je hem weer terug. Twee pistolen heb ik bij me vannacht en als het poortje begint te piepen lever ik er eentje in. De kogels haal ik uit het magazijn. Straks krijg ik hem wel weer terug. Ze denken dat ik nu zonder wapen ben, maar als één van die gasten herrie zoekt ben ik daar dus wel op voorbereid.

Het is een smoezelige ruimte, in de hoek staan een paar gokkasten en het staat er blauw van de rook. Vluchtig kijk ik om mij heen: wie zijn er, hoe is de sfeer, waar ga ik zitten? Uiteindelijk neem ik plaats aan de bar, op het hoekje vlakbij de uitgang. Altijd scherp, al ben ik nog zo *stoned*. Helemaal in trance door de pilletjes ga ik op in de housemuziek, ik heb het gevoel dat ik zweef en ergens anders ben. Er komt een leuk grietje binnen en ze springt meteen achter de bar. Kort haar, niet echt mijn type, maar wel een vrolijk ding.

Plotseling veranderen de opzwepende geluiden waar ik op trip in de meer ruwe tonen van The Cure. Het barmeisje heeft een ander plaatje opgezet. Weg euforie, weg trip.
'Wauw, wat is dat?! Wat doe jij nou, ben je gek geworden ofzo!'
'Nou, als het je niet bevalt ga je maar buiten staan spacen', zegt ze bijdehand.
Oké, irritant, maar ook leuk. Interessant, iemand met pit. Brenda heet ze, en ik begin een praatje met haar. We raken zomaar in een diep gesprek, daar aan het hoekje van de bar. Er is niemand, alleen wij tweeën. Dat kan ook aan mij liggen, want ik heb alleen oog voor haar. Niet dat ik op haar val, maar iets trekt ons naar elkaar toe. Haar relatie is nog slechter dan de mijne en zij heeft twee kinderen. Beiden zijn we teleurgesteld, ontdekken we, op zoek naar liefde en naar onszelf. We herkennen de leegte in onze levens bij elkaar. Hardop vragen we ons af of je iemand zou kunnen ontmoeten bij wie je weet: dit is voor eeuwig.

Dit soort gesprekken heb ik nooit! En zij ook niet. Het lijkt alsof ik in een andere wereld ben en het mag van mij nog wel uren duren, al is het inmiddels diep in de nacht. Dan komt er een buslading Chinezen binnen. Meteen staat Brenda op en zegt: 'Sorry, ik moet aan het werk.'

We kijken elkaar even aan en ik begrijp dat ze het niet heeft over het tappen van een biertje. Mijn hart slaat over en mijn keel wordt droog. Verdorie! Zij werkt hier ook als meisje van plezier! Die zag ik niet aankomen. Ik moet nú een keuze maken: wil ik haar laten gaan, of wil ik haar nog langer voor mezelf hebben? Haar laten gaan voelt niet goed, we hebben zo'n klik! Onvoorbereid en zonder te weten of ik genoeg geld bij me heb zeg ik: 'O nee, dat gaat niet gebeuren. Dan ga ik wel met je naar een kamer.'

Brenda knippert met haar ogen, maar zegt dan resoluut: 'Nee, ik ga niet met jou naar een kamer.'

'Nee, ik zal niks doen, maar ik betaal gewoon wat je zou krijgen, en dan kletsen we daar wel verder.'

Ze laat haar schouders zakken en haar gezicht ontspant. 'Jij bent geen werk. Wij praten met elkaar, dat is heel wat anders.' Daar ben ik het helemaal mee eens. Nooit zou ik iets met een clubmeisje beginnen. Daar ben ik veel te jaloers voor. Tegelijk wil ik wel met haar praten, bij haar zijn. En ik wil zeker niet dat er zo'n klein mannetje met haar meegaat. Ik geef Brenda mijn laatste geld, precies genoeg om een uur met haar een kamertje in te mogen. We lopen naar binnen en ze doet de deur achter ons op slot. Ongemakkelijk staan we daar naast elkaar. Uiteindelijk laat ik me op het bed vallen.

'Relax joh, kom op het bed liggen', zeg ik tegen haar. 'Ik raak je niet aan en we gaan gewoon verder waar we net gebleven waren.' Daar liggen we dan, een uur lang naast elkaar, op het bed waar zij normaal gesproken haar werk doet. Er gebeurt niks tussen ons, behalve praten en elkaar zo beter leren kennen. Het voelt heel apart en tegelijk ook heel goed, er is een onverklaarbare connectie tussen ons. We komen steeds dichter bij elkaar, geestelijk dan. Als we even stil voor ons uit hebben liggen staren zegt Brenda plotseling: 'Ik zal nooit mijn man verlaten voor een ander.' Zij voelt het dus ook.

'Dat vraag ik ook niet van je', stel ik haar gerust. 'Je bent niet eens mijn type.'

'Nou, ik vind jou anders ook maar een glad, eng patsertje.'

Grijnzend geef ik haar een por. 'En toch vind ik je leuk. Gewoon leuk.' Na dat uur verlaten we de kamer en geven elkaar een afscheidszoen. Even kijken we elkaar diep in de ogen. De hare worden vochtig, en snel draait ze zich om en loopt weg. Dit is echt bizar. Beduusd laat ik mij op een barkruk zakken. Dit is zo vaag, er gebeurt iets terwijl ik het helemaal niet wil, en zij ook niet. Maar het gebeurt wel.

Vroeg in de ochtend kom ik thuis en duik de logeerkamer in, om Chantal te ontlopen. Het is laf, ik weet het, maar ik heb geen zin in gedoe. Ondertussen denk ik aan dat kittige ding in de club. Zij laat mij niet los en dus zoek ik toch contact met haar. We spreken de volgende dag af om ergens wat te gaan eten. Het voelt alsof ik met mijn beste maatje afspreek, iemand bij wie ik helemaal mezelf mag zijn zonder veroordeling. Ze ligt in een deuk als ik in een oude Mercedes kom aanrijden. Ze had nog het idee dat ik het helemaal gemaakt had, terwijl ik eigenlijk geen cent te makken heb. Mijn pillenhandel loopt nog niet vol gas, daar ben ik nog maar net mee bezig. Voor Brenda speelde ik nog de gevierde man die alles kon kopen wat ie wilde. Nu doorziet ze mij dus een beetje. 'Ik heb een hotelkamer geboekt', zeg ik stoer, terwijl ik hoop dat het hotel waar we naartoe rijden nog een kamer vrij heeft. Ik wil zo graag indruk maken! Gelukkig wil Brenda graag met mij mee, ze weet natuurlijk allang waar het naartoe gaat. Er is een kamer vrij en daar gaan wij voor het eerst met elkaar naar bed. Diep vanbinnen weet ik dat ik niet meer zonder haar wil.

Bij onze volgende afspraak heeft ze haar kinderen bij zich. Twee schitterende, blonde meisjes met heel droevige oogjes. Ze zien er onverzorgd uit, hun haren steken alle kanten op. Natuurlijk wist ik dat ze kinderen had maar ik had niet verwacht ze zo snel al te ontmoeten. Als ik mijn hand even op het hoofd van één van de meisjes leg voelt het plakkerig aan. 'Wat is dat op je hoofd?' Beschaamd kijkt Brenda mij aan. 'Ik heb ze net opgehaald bij mijn man, hun stiefvader. Er ging weer van alles mis...'
Elke keer als Brenda naar haar werk gaat, weet ze dat het thuis een drama is. Haar kinderen worden geterroriseerd door die vent. Hij kleineert ze en mishandelt ze zo geestelijk. Brenda heeft geen keuze. Ze staat machteloos, zegt ze, maar het maakt haar kapot.
'Ik kan niet begrijpen dat een man zijn eigen vrouw als prostituee laat werken en haar kinderen zo behandelt', zeg ik haar en ik heb zo'n medelijden met haar en de kinderen. Ze hebben echt geen leven, ik zie het in hun ogen en het maakt me woest! Ik ben in staat om die gozer van een flatgebouw af te sodemieteren!

De volgende dag spreken we af bij haar thuis. Ik word steeds meer naar haar toe getrokken. Brenda drinkt wel vreselijk veel, bijna een liter Feigling per dag, zegt ze. Dat vind ik lastig. Aan dronken mensen heb ik een hekel, daar heb ik een trauma van door mijn vader en zijn vrienden. Ze snuift ook. Alles om maar aan de ellende te kunnen ontsnappen. Begrijpelijk, maar het raakt me ook. 'Je moet niet snuiven, joh, dat is rotzooi. Je kunt

Johan en Brenda

beter een pilletje nemen', zeg ik, alsof ik haar daarmee een wijze raad geef. 'Dit is toch niet oké, met die kinderen erbij, dat kan toch helemaal niet. Stop in elk geval met dat drinken.'

Het is maar goed dat haar man niet thuis is want ik zou die gast echt op-vreten! 'Weet je, jij moet hier niet blijven, dit is niet oké voor jou. Jij moet gewoon weg!' Al zei Brenda dat ze nooit bij haar man weg zou gaan, ze kan echt niet meer met hem samenleven en ze vertrekt. Ze is bang dat hij misschien moeilijk gaat doen, maar daar steek ik een stokje voor. Via de telefoon dreig ik: 'Jij gaat de spullen van Brenda buiten zetten en je blijft heel ver uit haar buurt, anders maak ik je af. 's Middags staan de spullen netjes buiten en kunnen we ze zonder gedoe meenemen.

Na een week wonen Brenda en ik samen op een kamertje van een vrien-din van mij. Mijn relatie met Chantal was al stuk voordat ik Brenda leerde kennen. Ook al heb ik net een kind met haar, ik wil en kan niet meer met haar verder. Met Brenda is het zo anders. Bij haar kan ik helemaal me-zelf zijn, ongedwongen en vrij. Wij zijn uit hetzelfde hout gesneden. We kunnen uren praten en ik kan de hele nacht gewoon alleen maar samen met haar op de bank liggen en naar muziek luisteren. Niks hoeft van haar, alles mag, en we hebben de grootste lol. Zij geeft mij het gevoel dat ik goed ben zoals ik ben en ze wijst mij niet af. Zij gelooft echt in mij; wat ik ook zeg of doe, ze laat me helemaal in mijn waarde.

Haar dochters kunnen af en toe bij ons zijn, maar de kamer is daar eigen-lijk niet geschikt voor. Het is klein en ook geen goede plek voor kinderen. We hebben hen helemaal niks te bieden. Ik kan totaal niet met de situatie omgaan, ik ben zelf net vader en op twee kinderen van een ander zit ik niet te wachten. We hebben geen idee hoe we verder moeten. Leegte is wat ons bij elkaar heeft gebracht en we warmen ons aan elkaar. Dat is fijn en ik kan erg goed met haar opschieten. Toch wil ik er ergens ook niet aan om de rest van mijn leven bij haar te blijven. Voor de kinderen en voor onszelf besluiten we daarom toch weer om uit elkaar te gaan.

Brenda kan natuurlijk niet meer terug naar huis en trekt bij een vriendin in. Zelf neem ik de logeerkamer in het huis van mijn ex. We hebben geen relatie meer, maar ik mag daar blijven tot ik iets anders heb gevonden. Misschien hoopt ze nog dat het goed komt, maar de liefde is aan mijn kant is echt helemaal gedoofd. Het is een hel om daar te wonen, dus ge-lukkig vind ik snel woonruimte voor mezelf.

Ondertussen ga ik gewoon uit en leer meteen al een ander meisje kennen. Altijd op jacht immers. Toch krijg ik Brenda niet uit mijn hoofd. Tijdens haar vakantie met haar vriendin bellen we regelmatig met elkaar. Ja, we maken ook ruzie door de telefoon, dat is minder. Toch bel ik haar steeds weer. Uren hang ik met de receptie van haar hotel aan de telefoon, om haar te pakken te kunnen krijgen. Haar stem, haar lach, iets in haar trekt me. Brenda is anders. Brenda is belangrijker dan ik, voor Brenda heb ik alles over.

Na haar vakantie haal ik haar op van het vliegveld. We omhelzen elkaar en ik voel meer dan alleen maar vriendschap. Toch zeg ik haar dat ik liever alleen vrienden wil blijven.
'Nou, dan kunnen we beter stoppen elkaar te zien, want dat hoeft voor mij niet', antwoordt ze. Dat wil ik absoluut niet, want ik ben stiekem wel hartstikke gek op haar, ik durf mezelf alleen nog niet te geven. We besluiten om de avond samen door te brengen en al snel gaat het er weer gepassioneerd aan toe. Het is voor ons allebei duidelijk: we komen niet meer los van elkaar, wat er ook gebeurt.
Dus trekken we steeds meer met elkaar op. Ik breek met het vriendinnetje dat ik meteen na het vertrek van Brenda heb leren kennen, omdat mijn hart bij Brenda is. We kennen elkaar net een paar weken en hebben er voor mijn gevoel al een heel leven samen op zitten. Het is duidelijk: Brenda en ik zijn gemaakt om samen te zijn.

Op een avond zitten we in een discotheek en kijk ik naar haar. Haar gezicht is me zo dierbaar geworden, ze is zo mijn maatje. Ik pak haar handen, verdwijn in haar felle blauwgroene ogen en zeg: 'Weet je, Brenda, ik geloof dat jij voor mij de vrouw bent voor de rest van mijn leven. Het is alsof ik je al heel mijn leven ken en ik kom gewoon niet los van je.'
Brenda kijkt mij doordringend aan en laat duidelijk merken dat ze precies hetzelfde ervaart. 'Ja, wij zijn voor elkaar gemaakt.'

Niemand in mijn omgeving ziet iets in onze relatie. Ook mijn vader is fel tegen. 'Wat moeten jullie met elkaar? Dit gaat niet goed, jullie gaan elkaar helemaal kapotmaken.' Het helpt niet. Hoe harder ze schreeuwen, hoe dichter we in elkaars armen worden gedreven. Natuurlijk begrijp ik wel wat ze zeggen. Toch kies ik voor haar. Wat wij hebben is niet uit te leggen, maar ik weet dat we bij elkaar horen. Tegelijk wil ik mijn vrije leven nog niet opgeven, dus maak ik mijn eigen regels voor ons. 'Je bent mijn maatje. We zijn samen, maar als ik met een ander meisje naar bed wil moet dat kunnen. Ik wil kunnen doen en laten wat ik wil.'

Ook heb ik veel moeite met het werk dat ze doet. Mijn ego en trots staan op het spel, mijn vriendin zou zich nooit aan iemand moeten verkopen, voor al het geld op de hele wereld niet. En eigenlijk wil ik ook nog zo veel mogelijk leven en losgaan, ik heb al te lang vastgezeten in van alles. Ze moet weten waar ze met mij aan toe is, daar wil ik eerlijk over zijn. Aan de andere kant wil ik Brenda helemaal alleen voor mezelf, egoistisch als ik ben klinkt dat voor mezelf heel logisch. Brenda lijkt het te accepteren, alhoewel ik ook wel voel dat het niet helemaal zuiver is van mij.

Als Brenda zegt dat ze haar werk haat en het helemaal niet meer wil doen, neem ik een besluit: ze mág het werk niet meer doen van mij. Niemand komt aan mijn meisje, wij horen bij elkaar.

Meteen gaan we weer samenwonen en dag en nacht zijn we samen. Brenda kiest voor mij en laat haar kinderen achter bij hun biologische vader. Beter voor de kinderen en beter voor onze levensstijl. Met drinken is ze gestopt, voor mij. Ondertussen zijn de pilletjes wel zeer regelmatig aanwezig in ons leven. Zo sleep ik haar mee in de drugshandel.

8

PILLENHANDEL

Brenda en ik zitten op de bank en hebben inmiddels zo veel pillen geslikt dat alles een ander kleurtje heeft gekregen. Ook de pillen zelf hebben alle kleuren van de regenboog, met de meest vreemde logo's erop gedrukt. Van iedereen krijg ik samples voor de handel. Die probeer ik allemaal zelf uit. Soms is het echt bagger, maar soms slaan ze in als een bom. Dat zijn de pillen die ik zoek.

Nu zit ik op een *strike* van die hele goede pillen. Soms begin ik te klappertanden, schijnbaar is dat een overdosis MDMA. Dan zit je te praten en weet je ineens niet meer wat je zei. Als ik mijn ogen sluit ben ik in een andere wereld. In mijn hoofd spelen zich hele films af en ik voel me net een alien die op zijn eigen planeet aan het verwerken is wat-ie op aarde heeft gezien. Als ik mijn ogen open, draaien gekleurde cirkels van geometrische patronen haarscherp en strak door elkaar heen en alles erachter lijkt tot leven te komen. Ik kan maken wat ik wil en zien wat ik wil. Zo komt er soms een hand uit de lucht met een vrucht erin en voel ik me net Adam die een hapje neemt, maar ik weet dat het niet oké is om te doen.

We proberen ieder pilletje en LSD, doen van alles, beleven van alles en feesten vooral aan één stuk door, nachtenlang. Nu ik er helemaal in zit besluit ik een pillenhandeltje op te zetten. Mijn eerste klant wil gelijk twintigduizend pillen kopen. 'Kun je dat aan?' vraagt hij mij.
'Jazeker', zeg ik. 'Ik ga die spullen regelen, geef me die kans.'
Dat doet hij en ik vraag rond bij jongens waar ik mijn pillen gekocht heb. Na lang zoeken krijg ik het voor elkaar en geven ze me de pillen mee. Trots lever ik de partij bij de klant en krijg mijn geld. Mijn allereerste pillendeal, en wat voor één: aan die twintigduizend pillen verdien ik ongeveer twaalfduizend gulden. Wauw, dit is cool!

'WIE HET GELD LIEFHEEFT,
WORDT VAN GELD NOOIT
VERZADIGD, EN WIE DE
OVERVLOED LIEFHEEFT,
NIET VAN INKOMSTEN.
OOK DAT IS VLUCHTIG.'

PREDIKER 5 VERS 9

Ik krijg steeds meer contacten en steeds meer klanten. Het zijn altijd grote aantallen die ik doorverkoop, vijfduizend tot twintigduizend pillen. Nooit tien of twintig stuks, meteen het echte werk. Die eerste klant wordt een goede vriend van me. Aan hem verkoop ik heel veel pillen.
Tijdens één van onze transacties zegt hij tegen mij: 'Ik zie jou die pillen ook wel zelf maken.'
Verbaasd lach ik hem uit. 'Ik ben net bezig man, een paar maanden nog maar. Doe niet zo gek.'
Hij blijft bij zijn opmerking. 'Jij bent zo gedreven, dat gaat jou wel lukken.'
Lachend neem ik het van hem aan, wie weet.

Via allerlei contacten kom ik uiteindelijk steeds dichter bij de bron, degene die de pillen maakt. Bij hem kan ik alles bestellen wat ik wil, hij kan alles maken. Dat werkt erg prettig en snel, nu heb ik geen tussenpersonen meer nodig. De partijen worden steeds groter, want ik kan steeds betere prijzen aanbieden. Anderen willen één of twee gulden verdienen op een pilletje, maar dan verkoop je niet zo veel. Mijn strategie is slimmer: ik neem genoegen met een kwartje, dat verkoopt beter en honderdduizend kwartjes is ook een hoop geld. Zo lukt het mij om grote partijen weg te zetten. Het vele geld maakt me steeds hongeriger.

De opdrachten variëren inmiddels van tien- tot honderdduizend pillen en het begint nu flink wat geld op te leveren. Dus kopen we dikke auto's, sieraden en andere dure spullen, en maken verre reizen. Ook ben ik weer begonnen met snuiven en samen met Brenda gebruik ik eigenlijk de hele dag, een gram of tien tot vijftien per dag. Mijn neus is helemaal opgezet en rauw van al die zuivere coke die ik erin stop. Niks is ons te gek, we geven ons er helemaal aan over.

Tijdens één van onze vakanties vliegen we naar Aruba. Omdat we veel coke gebruiken neem ik ook een gram of tien mee het vliegtuig in. Dus sta ik in een wc van de Boeing 747 coke te snuiven, ik lijk wel gek! Omdat het vliegtuig bijna leeg is vraagt de piloot of we in de cockpit willen kijken. Honderdduizend lampjes zie ik, zo stoned ben ik.
'Zo moeilijk ziet dat er niet uit, mooi hoor', zeg ik tegen de piloot, helemaal *waus* van de coke. Zijn blik kan ik niet goed interpreteren.

We maken een tussenlanding op Bonaire en ik denk dat we eruit moeten, maar ik heb nog steeds behoorlijk wat coke bij me. Dat mogen ze niet vinden! Omdat ik niets wil weggooien snuif ik het hele potje op.

Vervolgens sta ik zo stijf als een garnaal en kan amper normaal praten. Mijn hart slaat duizend slagen per minuut en mijn kaken lijken wel aan elkaar gelijmd. Met mijn agressieve blik zeg ik: 'Ik vreet je op als je ook maar één woord tegen me zegt.' Mijn voeten trekken allebei een andere kant uit van de spasmen, ik lijk wel een kreupele. Als ze me zo aanhouden word ik meteen in een gesticht gestopt.

Brenda heeft het niet meer en kijkt me aan alsof ik gek ben. Hoe gaat dit goedkomen? Dan blijkt dat we dat hele vliegtuig niet uit hoeven en mogen blijven zitten. Brenda ligt in een deuk!

Eenmaal op Aruba heb ik dus geen coke meer. Geen nood, blijkt al snel, hier kun je erg makkelijk coke krijgen en ook nog eens bizar goedkoop! Meteen koop ik een kilo, mijn eerste kilo. Een paar duizend dollar kost me dat maar. In Nederland ben je daar toch al gauw vijftigduizend gulden aan kwijt. Daar kunnen we wel even mee vooruit; zuivere kristallen en spierwit gewassen, wat een feest!

Mijn vader en moeder maken op dat moment een cruise, die ik hun cadeau heb gegeven, en hun eindstation is ook Aruba. Met een limousine haal ik ze op, als een echte *Kingpin*. Zo laat ik ze zien dat ik het helemaal heb gemaakt. Ik wil zo graag dat ze trots op me zijn. Dat ze mij goed genoeg vinden. Natuurlijk weten ze wel dat ik gebruik en hoe ik aan zo veel geld kom, ontkennen heeft geen zin. Mijn vader keurt het zeker niet goed en probeert me er ook wel op aan te spreken.

'Pa, ik heb al een paar dagen niet gebruikt', probeer ik nog, maar hij trapt er niet in.

'Kijk eens hoe je erbij zit, je bent helemaal de weg kwijt van de coke.' Weer die afkeuring, al zegt hij er verder niets over. Misschien probeert hij wel de lieve vrede te bewaren, daar op Aruba. Door veel geld te verdienen hoop ik zijn respect te krijgen, maar dat gebeurt niet. Hij blijft maar zeggen wat ik niet goed doe. Mijn moeder neemt nog wel geld van mij aan, mijn vader niet. Dat hij de cruise wilde doen was al een wonder, en zijn respect verdien ik er helaas niet mee.

Daar op Aruba hebben we de tijd van ons leven. Met gokken verdien ik ook erg veel. Ik speel vrijuit en zet grof in, omdat het me niks uitmaakt of ik win of verlies. Daardoor win ik waarschijnlijk steeds. Als ik het casino binnenkom, worden de bordjes van de tafelinzetten meteen verlaagd.

Vlak voor vertrek naar huis heb ik nog een paar honderd gram coke over. Ik zeg tegen Brenda: 'Je kunt zeggen wat je wilt, maar ik ga dat niet weg-

gooien. Deze gaat met papa mee naar huis!'
Dus neem ik het gewoon mee in mijn koffer. Aangekomen in Nederland
wandel ik zo door de douane. Dat is makkelijk zeg, dat smokkelen stelt
geen snars voor.

Mijn pillenhandel gaat goed, totdat het mijn bron te heet onder de voeten
wordt. Justitie hijgt hem in zijn nek en hij moet stoppen. Dat is irritant,
want ik heb alweer een aantal grote bestellingen liggen. Hoe ga ik dat nu
fixen? Mijn bron weet de oplossing. 'Wat nou als ik jou mijn machine en
stempels geef en nog wat spullen, en jij gaat de pillen zelf maken? Als het
later weer beter gaat, zien we wel weer wat we doen.'
Dat is precies wat mijn eerste klant ooit tegen mij gezegd heeft: dat ik zelf
pillen ga maken! De gedachte klikt meteen en ik ga het doen. Wel moet
ik nog even een locatie regelen. Zoals altijd vind ik wel een mannetje dat
bereid is mij te helpen. Hij regelt een loods voor mij op een industrieterrein.
In dat gebouw plaatsen we de machine, de mixers en alle andere beno-
digdheden en nu kan ik beginnen. Mijn bron stelt me voor aan iemand die
mij kan laten zien hoe het werkt. Verbaasd zie ik hoe simpel het is, na één
keer kan ik het al zelf, bijna met mijn ogen dicht. Al snel regel ik ook het
MDMA-poeder, koop ik alles in en maak de XTC pillen helemaal zelf. Dit
gaat mooi worden.

Net als ik denk dat dit mijn doorbraak is en ik serieus ga verdienen, gaat het
gigantisch mis. We hebben een tijdlang gefeest en zijn op reis geweest. Ik
ben nog totaal de weg kwijt als Brenda en ik 's ochtends samen naar het industrieterrein gaan om pillen te slaan. Eenmaal bij het gebouw kom ik erachter dat ik mijn sleutels ben vergeten. Dat is flink balen, we hebben net anderhalf uur gereden om hier te komen. Dat gaan we niet nog een keer doen.

Al snel heb ik een simpele oplossing bedacht. Met de achterkant van mijn
auto rijd ik zo die deur open. Auto naar binnen en ik kan beginnen met
voorbereiden. Niks aan de hand. Nou ja, niks... het is natuurlijk illegaal.
Dus ik zeg tegen Brenda: 'Ga jij maar bij de ingang zitten en als je mensen
ziet moet je het tegen me zeggen.'

Als ik een tijdje aan het werk ben in de loods hoor ik haar opeens angstig
roepen: 'Jo, er rijdt heel veel politie langs.'
Daar heb ik niet op gerekend. 'Wat? Zit je me nou in de maling te nemen?'
'Nee Jo, er rijdt echt veel politie langs. O, ze stoppen hier allemaal, acht of
negen wagens!'

Oké, dit is dus serieus. In een opwelling zeg ik: 'Kom, we stappen in de auto en rijden gewoon door het rolluik en gaan er vandoor.' Ja, ik ben echt helemaal de weg kwijt.

Brenda is verstandiger. 'Dat gaan we dus niet doen!'

Oké, volgende plan. 'Bren, jij zegt niks. Gewoon je mond dichthouden, jij weet helemaal niks. Ik zeg wel dat ik hier heb ingebroken. Goed idee toch, ik heb die deur er immers uitgereden?'

Brenda kijkt zuinig en we besluiten om toch eerst naar ze toe te gaan en de vermoorde onschuld uit te hangen. 'Wat er aan de hand is? Dit pand is gewoon van ons, dit huren we zelf, maar ik was mijn sleutel vergeten. Je kunt de hoofdhuurder bellen en het controleren.'

De agenten zijn welwillend, dit kan nog prima aflopen volgens mij. Op het eerste gezicht is er ook nog niet echt iets te zien van wat we daar aan het doen zijn, dus als keurige jongen en meisje zouden wij er nog wel mee weg kunnen komen. Hoewel, ik sta wel stijf van de coke... Maar goed, het zou kunnen.

Eén van hen belt de huurder en vraagt hem: 'Kent u ene meneer Toet?' Vrij duidelijk hoor ik aan de andere kant de man zeggen: 'Nee, die ken ik niet.'

Wat?! Wat flikt hij mij nou?! Hoe moeilijk is het om gewoon te zeggen dat ik hier mag zijn? Geen centje pijn voor hem en ik zou gewoon naar huis kunnen. Wat een enorme sukkel is die gast! Onbegrijpelijk dat de politie het niet vreemd vindt dat ik dan wel zijn nummer weet. Maar goed.

Ze draaien me om en slaan me in de handboeien. Ondertussen gaan ze verder het gebouw in en vinden de loods met daarin de machines, de pillen en een wapen. Nu ben ik er gloeiend bij, dankzij mijn verhuurder. Dit laat ik niet gebeuren!

Meteen kom ik op mijn verklaring terug. 'Oké, het is niet mijn pand. Ik wist dat daar een XTC-fabriek zat. Ik wilde die pillen jatten, ik beken. Het is niet mijn fabriek, maar die van hém. Ik ken hem en weet dat hij in de pillenhandel zit.' Zo, als hij zegt dat hij mij niet kent, dan kan hij het terug-krijgen.

Brenda en ik worden opgepakt voor inbraak en zitten allebei vast, apart van elkaar. Na bijna drie weken mag Brenda naar huis, omdat ze me ein-delijk geloven dat ze niks weet. 'Ze is mijn meisje en ging gewoon met mij mee. Ze had geen idee waar we naar toe zouden gaan.'

Op basis van mijn verklaring wordt de verhuurder ook gearresteerd als hij op het politiebureau aangifte komt doen van inbraak. Nu is het weer

zijn beurt om mij een hak te zetten en hij noemt namen van mensen met wie ik zou samenwerken. Met die namen komt justitie weer bij mij. 'Deze mensen schijnen hier ook bij betrokken te zijn, en hij vertelt een heel ander verhaal dan jij.'
Dit gaat de verkeerde kant op en ik begin hem te knijpen. Die andere mensen wil ik er helemaal niet bij betrekken! Uiteindelijk kan ik niet anders dan mijn verklaring weer intrekken en bekennen dat het wel mijn fabriek is. Verder houd ik mijn mond stijf dicht, waardoor ik in alle beperkingen zit en dus met niemand contact mag hebben. Hoe kom ik hier weg?
Dan keren mijn kansen opeens. De officier heeft een fout gemaakt en daarom word ik meteen geschorst. Door deze fout zijn ze ook genoodzaakt de verhuurder vrij te laten.

Later moet ik nog wel voorkomen, daar krijg ik een dagvaarding voor opgestuurd. En zo sta ik ineens weer buiten. De recherche zoekt een paar keer contact, hoor ik van mijn advocaat, maar ik reageer nergens op en verdwijn van de radar.

Ze hadden me nooit mogen laten gaan, maar ik kom niet terug.

'EEN SCHRANDERE ZIET HET KWAAD EN VERBERGT ZICH, MAAR ONVERSTANDIGEN GAAN VOORT EN ZULLEN DAARVOOR BOETEN.'

SPREUKEN 22 VERS 3

9

EEN DOMME OVERVAL

Omdat ik helemaal niets meer heb, trekken Brenda en ik bij mijn schoon-
vader in. Alles is misgelopen en als ze me vinden moet ik waarschijnlijk
nog een paar jaar zitten. Het is akelig stil op de pillenmarkt en gefrustreerd bedenk ik hoe ik nu snel aan geld kan komen. Toch gaan we weer
op de oude voet verder, met feesten en drugs, steeds meer, steeds dieper
en met steeds minder geld. Een paar keer pleeg ik een kleine overval om
aan geld te komen. Brutaal loop ik gewoon ergens naar binnen en pak
het geld dat er ligt, zonder geweld maar rechtsreeks op mijn doel af. De
mensen schrikken zo dat ze er alleen maar naar kijken en niks zeggen of
doen. Binnen dertig seconden sta ik alweer buiten.

Helaas raakt alles steeds weer snel op aan coke en feesten. Ik schaam
me voor de dingen die ik nu aan het doen ben, omdat het helemaal niet
meer bij me past, maar de honger naar geld is zo groot dat ik het toch
doe. Er is niemand die me vooruit helpt, dus zal ik het zelf moeten doen.
Ik wil die kleine zaken helemaal niet, maar ik heb gewoon geld nodig!

Onze situatie word steeds hopelozer. Eigenlijk zie ik geen uitweg meer.
Op een dag zitten we met z'n tweeën in de auto en zelfs de hond is mee.
Geen idee waar we naartoe moeten of wat we moeten doen. Geen geld,
dringend behoefte aan drugs en geen enkele toekomst. Ik weet het even
echt niet meer. Op dat moment rijden we langs een benzinepomp. Alsof
het me wordt opgedragen spring ik uit de auto. 'Ik ben zo terug, Bren.' Ik
trek mijn capuchon over mijn hoofd, ren naar binnen en snauw: 'Kassa
leeg, nu! Ik wil al je geld hebben.'
Met trillende handen geeft de jongen een stapel briefjes en meteen ben ik
weer buiten. We scheuren weg, maar even later zie ik tot mijn verbazing
dat we worden achtervolgd. Heel even lukt het me om ze voor te blijven,
maar dan rijd ik per ongeluk een doodlopende straat in. In paniek scheur
ik door en ram de postbussen die aan de weg staan er allemaal uit.

De straat eindigt in weilanden en sloten: we kunnen echt geen kant meer uit. Terugrijden kan ook niet, want daar staan een paar auto's en we horen nu ook politieauto's aankomen. We zijn verloren! Zonder verder na te denken springen we met z'n tweeën én de hond de sloot in. Helemaal onder de bagger verstoppen we ons in het veld.

Nee, niet weer zitten, ik ben net een paar weken buiten. Ik haat mezelf en ik haat wat er nu allemaal weer gebeurt. De wind waait door onze haren als we elkaar tussen het riet in een lichte paniek aankijken. Ik probeer een natte sigaret aan te steken, maar het lukt niet. Ik weet het even niet meer. Mijn hond rent achter de schapen aan en denkt dat we gewoon op een wandeling zijn. Kon ik maar even zo onbezonnen zijn als die hond, zich van geen kwaad bewust. Honderd keer bied ik Brenda mijn excuses aan voor de situatie waar we nu weer inzitten.

In mijn leren portemonnee heb ik vijftien LSD tripjes. Ze zijn nog goed. 'Bren, die ga ik niet weggooien. We worden zo gepakt. Sorry schat, ik weet niet wat ik moet zeggen. Jij weet van niks, oké? We zien wel waar het schip strandt.'

Het arrestatieteam steekt met een bootje de brede sloot over en komt met kogelvrije vesten en getrokken wapens het veld op. Helikopters hangen boven ons hoofd. Het lijkt alsof we in een film zitten. Een hele slechte film dan. Ik baal hier zo van. Zat ik niet zo lang geleden nog serieus in de drugshandel en verdiende ik bakken met geld, word ik nu verdorie gepakt voor een overval op een benzinepomp. Serieus...
Ik ben zo in de war en zo radeloos, ik zie geen andere uitweg. 'Oké, hier gaan ze!'
'Nee!' schreeuwt Brenda nog, maar ik druk zo die vijftien LSD trippies in mijn mond. Meteen daarna geven we ons over. Geboeid en met harde hand worden we naar het politiebureau gebracht. Daar krijgen we een papieren overall aan, omdat we vreselijk stinken naar die baggersloot.
Pas op het bureau beginnen de vijftien trippies te werken. En hoe! Terwijl ik in mijn cel zit, kickt de LSD in en het is net alsof ik helemaal ineensmelt. Mijn organen, mijn hele lichaam, de muren van mijn cel, alles smelt in elkaar, zo voelt het. Ver weg van de realiteit kan ik alleen nog maar heel hard schreeuwen. 'Brenda!! Brenda!!' Urenlang roep ik, zeggen ze later, maar zelf hoor ik helemaal niks, behalve vreselijke galmen en echo's, onbeschrijflijk! Ik ben niet daar, maar waar ik wel ben weet ik ook niet. Het is alsof ik doodga, het voelt als de hel!

Een felle lichtstraal komt vanuit de gang door het celluikje mijn cel binnen, hij is bijna tastbaar. Als ik iemand voor mijn open celluik zie staan lijkt het de sleutelfiguur die mij het licht in kan krijgen en bij mijn vriendin kan brengen. Meteen loop ik op hem af en trek hem zonder nadenken aan zijn stropdas door de kleine opening van het celluikje naar me toe en schreeuw aan een stuk door: 'Ik moet mijn vriendin spreken! Ik moet mijn vriendin spreken!'
Agenten komen ernaast staan en slaan met een gummiknuppel op mijn hand, maar ik voel helemaal niets en laat gewoon niet los. De man – de officier van justitie, blijkt later – staat met zijn gezicht tegen het luikje aangedrukt en kijkt angstig uit zijn ogen, terwijl ik hem als een psychopaat aankijk en tegen hem schreeuw. Uiteindelijk weten ze mij te overmeesteren en moet ik loslaten. Daarna wordt het zwart.

Als ik weer bijkom weet ik niet waar ik ben en wat er is gebeurd. Ze hebben me overgeplaatst naar een ander bureau, zeggen ze, omdat ik niet aanspreekbaar was, volledig van de wereld. Daar heb ik in een observatiecel bijna vierentwintig uur geslapen.
Langzaam komt alles terug. De benzinepomp, het weiland, de trippies... Zodra ze doorhebben dat ik weer aanspreekbaar ben word ik teruggebracht naar het politiebureau. Daar vertel ik dat ik vlak voor de overval een hele strip LSD heb geslikt. Dat verklaart een hoop.
Meteen beginnen ze me te ondervragen over die overval. 'Wat is er nou gebeurd, man. Het zag er best professioneel uit. Je doet je capuchon op, je loopt naar binnen, krijgt je geld, loopt naar buiten en je bent weg. Goed gepland dit, behalve dat je niet had gerekend op achtervolgers.'
'Ik ben geen overvaller man, dit was helemaal niet voorbereid. Mijn vriendin wist niet eens wat ik ging doen. Ik zei haar dat ik zo terug was. Ze dacht dat ik sigaretten ging halen, maar ik wist niet meer wat ik deed want ik had die LSD op en van alles gebruikt. Het was stom van me.'
'Ja, dat is leuk en aardig, maar je hebt wel flink wat schade veroorzaakt.'
Tja, daar kan ik natuurlijk niks meer aan veranderen.

Brenda mag al vrij snel naar huis, omdat ik duidelijk heb gemaakt dat ze niks weet. Weer gelukt. Maar ik moet de cel in. Opeens begin ik hem te knijpen. Ik realiseer mij dat ik nog die XTC-zaak heb openstaan! Die zaak is nog niet voor geweest, maar als ik de straf voor deze overval en verboden vuurwapenbezit straks heb uitgezeten, is die andere zaak inmiddels vast wel behandeld. Dat wordt een jarenlange rit die ik helemaal niet zie zitten.

In mijn cel word ik aardig depressief van mijn situatie en ook door die nasleep van de LSD. Weer zit ik vast, ik heb helemaal niets en we kunnen nergens terecht. Tweeëntwintig jaar ben ik. Nog niks bereikt en geen enkele toekomst. Mislukt voel ik me, helemaal niks waard, doodop en kapot. Brenda woont weer bij haar vader, maar ik heb niet eens geld om haar te bellen. Het is echt hopeloos. En als je in de gevangenis zit met niks, word je ook gezien als niks. Dat kan ik echt niet laten gebeuren. Vreselijk als men denkt: 'Ach, hij overvalt een benzinepomp...' Dat is zo ver onder mijn niveau! Ik schaam me verschrikkelijk dat ik hiervoor vastzit. Voor zoiets stoms, een benzinepomp. Wat kun je daar nou pakken, een paar honderd gulden?

Mijn schaamte gaat zo diep dat ik Brenda via collect call opbel en zeg: 'Ik zie het niet meer zitten, ik stap eruit. Als ik morgen niet bel weet je dat ik er een einde aan heb gemaakt. Sorry, maar ik weet echt niet meer hoe het verder moet.' Brenda is alleen maar stil en luistert naar mijn depressieve relaas. Wat kan ze zeggen?

Als het donker is geworden in mijn cel en het leven weer zwaar op mij drukt, pak ik een scheermesje en begin in mijn pols te snijden. Ik heb geen idee hoe ik het precies moet doen en vind het opeens ook wel naar. De snee bloedt wel, maar het spuit er niet uit. Eigenlijk wil ik ook niet dood. Ik wil hier gewoon weg! Totaal radeloos en machteloos ben ik, omdat ik volledig de controle over mijn toekomst ben kwijtgeraakt. Maar ik wil niet dood. Dat kan ik Brenda ook niet aandoen!

Ik gooi plan A overboord en ga verder met plan B. Het bloed dat uit mijn pols komt vermeng ik met water en smeer dat over de vloer en tegen de muren aan. De hele cel zit nu onder het bloed, het ziet er luguber uit. Zelf zit ik ook helemaal onder. Inmiddels is het middernacht en doodstil. Dan druk ik op de knop van de intercom in mijn cel en roep met hese stem: 'Ik ga dood! Ik ga dood!'

Meteen is er volop beweging en stormen bewakers mijn cel binnen. 'O, God!' schreeuwen ze. Zij trekken me uit mijn cel, verbinden me snel en rijden me even later op een brancard naar een ziekenwagen. Daar komen ze erachter dat ik alleen een sneetje in mijn pols heb. Toch brengen ze me voor de zekerheid naar het ziekenhuis. Dat hoopte ik al. Eenmaal in een ziekenhuiskamer kan ik door het raam naar buiten springen en vluchten. Dan ben ik vrij!

Dat is een misrekening. Ze maken me namelijk met handboeien vast aan het bed! Onmogelijk om ze los te maken, ik kan geen kant op. Ik probeer nog de zijkant van het bed eraf te rukken maar het lukt me gewoon niet om weg te komen. Zodra ze de snee hebben gehecht word ik teruggestuurd naar de bajes. Poging mislukt. Erger nog, ik word ook nog eens in een isolatiecel gezet.

Tegen de directeur en de psychiater zeg ik: 'Ik wil mezelf helemaal niet van kant maken, ik weet niet waarom ik het gedaan heb, het was stom van me. Maar ik wil gewoon niet hier zijn. Ik wil weg hier.' Daarna plaatsen ze me over naar de Bijlmer.

Omdat ik heb aangegeven dat ik liever naar een afkickkliniek wil dan naar een gevangenis, brengen ze mij naar een gebruikersafdeling. Op basis van artikel 49 kan ik dan voor een deel van mijn straf naar een afkickkliniek. In de bajes gebruik ik heel zelden en ik hoef ook niet af te kicken, maar alles beter dan zitten. Het geeft me weer wat perspectief en zicht op vrijheid. Ik zie het al voor me en als ik op een dag Brenda aan de telefoon heb, zeg ik tegen haar: 'Als ik hieruit kom krijgen wij een zoon. Zo snel als ik kan ga ik weer de pillenhandel in en ik ga miljoenen verdienen. Niks gaat mij nog tegenhouden om daar te komen. Dit zal allemaal gebeuren, dat weet ik zeker.' Ik geloof hier heilig in, ik ben er volledig van overtuigd dat mij dit gaat lukken. Maar eerst moet ik hier nog doorheen. Ik zit nu tussen allemaal junkies. Niet dat zij minder mens zijn dan ik, maar zo zie ik mezelf helemaal niet. Ik bedel niet om drugs, ik kruip niet op mijn knieën op straat op zoek naar wat korreltjes dope. Hier voel ik me te goed voor, ik wil hier zo snel mogelijk weg. Snel probeer ik een intake te regelen bij die afkickkliniek. Je krijgt dan een dag verlof en onder begeleiding van twee bewaarders ga je daar naartoe. Mijn gedachte is: ik geef die bewaarder gewoon een kopstoot, ruk mij los en dan smeer ik hem. Het geeft niet als ze me boeien, als ik maar niet aan hem vastzit ga ik ervandoor. Nog steeds ben ik zo snel als water, als ik een gaatje zou zien ben ik zo weg. Weer een nieuwe poging om eruit te komen. Ik krijg er hoop van en zie het weer zitten. Helaas, ik word weer tegengewerkt. Het huis van bewaring wil mij niet laten gaan: 'We kennen hem nog niet zo goed, hij zit hier pas een paar dagen, dus we willen hem nog niet begeleiden.'

Dit laat ik niet gebeuren. Ik ga in beroep en laat de schorsing voor de rechter komen: 'Meneer de rechter, ze willen mij niet begeleiden, maar mijn drugsgebruik loopt als een rode draad door mijn leven. Als jullie willen dat ik hier niet meer terugkom, moet ik wat doen aan mijn drugs-

gebruik, want dat is de reden waarom ik al die dingen doe.'
De rechter is een schappelijke man en vriendelijk zegt hij: 'Nou meneer Toet, u bent toch wel volwassen genoeg om zelf te gaan? Dan krijgt u een dag schorsing en komt u gewoon weer terug.'
'Natuurlijk' zeg ik opgewekt. Dus mag ik de volgende dag om acht uur weg! Het huis van bewaring is het er helemaal niet mee eens, en terecht. De celdeur gaat open en met mijn spullen onder de arm en een grote grijns op mijn gezicht wandel ik naar buiten.
'Tot nooit meer ziens', zeg ik tegen de bewaarders die mij begeleiden naar de uitgang. Brenda staat al voor de deur te wachten. Ik stap bij haar in de auto en weg ben ik. Ik ga me echt niet meer melden in die ellendige bajes, zoek het maar uit.

Dit is een kantelmoment, ik voel het. Daarbinnen, gestript van mijn ego, was ik helemaal niks. Dat wil ik nooit meer meemaken. Mijn verslaving had me in zijn greep, en daardoor deed ik dingen die ik helemaal niet wilde doen en werd ik iemand die ik niet wil zijn.

Als ik veel geld heb, is de verslaving voor mij geen probleem. Nu ga ik doen wat bij mij past. Ik ga het helemaal maken.

10

EEN NIEUW BEGIN

Hier en nu, vrij en in de auto bij Brenda, begint mijn nieuwe leven. Van nu af aan zal het allemaal anders gaan. Het is geen inbeelding, het voelt gewoon zo echt. Zo zal het gaan. En dat is ook zo.
Kort nadat ik buiten ben gekomen zeg ik na een vrijpartij tegen Brenda dat ze zwanger is. Twee weken later bevestigt de test mijn woorden.
Binnen zes weken na mijn vrijlating heb ik weer een pillenmachine, en sla ik ergens in een klein kamertje mijn eerste pilletjes. In no time zit ik weer in de pillenhandel en het loopt als een trein. Zo ben ik in nog geen twee maanden tijd van 'niets' weer 'iets' en ik voel dat dit mijn moment is.

Mijn verkoop schiet zo hard omhoog dat ik het alleen bijna niet meer aankan. Iedereen heeft door dat ik echt goede pillen maak. In alle facetten van het proces ben ik perfectionistisch, ik wil het beste van het beste, zodat je helemaal van de wereld bent als je er een halve pil van slikt. De MDMA moet een bepaalde zuiverheid hebben, anders koop ik hem niet in. Het pilletje moet mooi gekleurd zijn, een bepaalde hoogte hebben en een bepaalde breekkracht. Het stempeltje moet er haarfijn in staan en glimmen. De pillen moeten verpakt worden in stofvrije zakken zodat je een schoon en goed geordend product in handen krijgt als je een zak pillen aankoopt. Nee, ik verkoop geen troep, maar kwaliteit. En dat wordt opgemerkt, ik maak snel naam in het wereldje.

Ons zoontje wordt gezond geboren; wat is het een bijzonder mannetje. Opnieuw voel ik me zo trots als een pauw. Dit jochie komt een belangrijke rol vervullen in ons leven. Hij voelt als een godsgeschenk. Toch is er opnieuw geen roze wolk. Door onze levensstijl heb ik al zelden contact met mijn andere zoon en nu komt dit ventje ook nog om de hoek kijken. Eigenlijk zijn wij helemaal niet in staat om vader en moedertje te spelen, al proberen we het echt wel. De wereld trekt gewoon te sterk om dat allemaal los te laten. Gelukkig springt mijn moeder af en toe bij en past op de kleine.

'DE DUIVEL GAAT ROND ALS
EEN BRULLENDE LEEUW,
OP ZOEK NAAR WIE HIJ ZOU
KUNNEN VERSLINDEN'

1 PETRUS 5 VERS 8

Geld en macht zijn mijn drijfveer. Daarbij word ik gezocht en leef ik in geleende tijd. Dus haal ik alles eruit wat erin zit, want morgen kan het wel weer afgelopen zijn. Ondertussen ben ik superdruk met mijn pillenhandel. Mijn handel breidt zich succesvol uit en het geld stroomt binnen. Voor ik het weet rijd ik weer in de nieuwste Mercedes en ben ik behangen met de duurste sieraden. Het gaat me voor de wind!
Dan vraagt ineens een zogenaamde maat van mij om hem te leren basen, dat wil hij wel een keer meemaken. Dat lijkt me geen goed plan, ik weet wat er dan met mij gebeurt. Hij wuift mijn bezwaren echter weg. 'Ah, joh, doe het even voor. Ik wil het zo graag proberen samen met mijn meisje', zegt hij bijna smekend. Dagen achter elkaar vraagt hij het en tig keer leg ik uit dat die troep niet oké is, en dat ik er niet meer aan begin. Toch houdt hij aan. Uiteindelijk geef ik het op en leg alles uit zodat ze het zelf kunnen doen. Gek genoeg lukt het hen niet de rook binnen te krijgen. Gefrustreerd doe ik het dan toch maar voor. Na het eerste haaltje ben ik meteen weer verkocht. Ik weet het. En zij wisten het ook, ze hebben me gewoon in de val gelokt. Verraden voel ik me, opnieuw.

Brenda is mijn maatje en ziet het allemaal gebeuren. Maar ze kan niet voorkomen dat ik verbitterd raak en geldzuchtig word, en verlang naar alleenheerschappij. Andere mensen maken mij alleen maar kapot. We trekken ons steeds meer terug, leven in hotels en doen ons ding; niemand om ons heen. De meeste gasten die iets van mij willen stuur ik weg. Soms ruik ik echter toch weer een goeie deal en geef ik het een kans.
Zo ook deze avond. Terwijl buiten de wind raast en de regen tegen de ramen van mijn hotelsuite slaat, kijk ik in de ogen van iemand die zich aan mij probeert verkopen als chemicus. 'Echt, als je een miljoen gulden kunt investeren in alles wat we nodig hebben, kan ik MDMA voor je maken op de ouderwetse manier en kun je miljoenen gaan verdienen. Zelf hoef ik maar een klein beetje voor elke kilo die ik voor je maak.'
Moet ik er weer in trappen? Ondanks al mijn teleurstellingen neig ik er naar. Ooit heb ik gezegd: 'Zeg maar wat ik moet doen om rijk te worden en ik doe het.' Alles heb ik er voor over, grenzen ken ik niet.
Waarom heb ik helemaal geen angst voor de risico's die ik neem en de mensen met wie ik zakendoe? Is dat omdat ik inmiddels nergens meer om geef en dat sterven of leven voor mij om het even is? Hoe dan ook, hier zit ik met een ijzige blik te staren naar iemand die zegt bereid te zijn om voor mij te werken en miljoenen voor mij te verdienen. Net iets meer dan een miljoen heb ik liggen. Dat zou betekenen dat ik alles erin zou stoppen, met alle gevaren van dien.

'OPNIEUW NAM DE DUIVEL HEM MEE...
EN HIJ LIET HEM AL DE KONINKRIJKEN VAN DE WERELD ZIEN...
EN ZEI TEGEN HEM:
DIT ALLES ZAL IK U GEVEN, ALS U KNIELT EN MIJ AANBIDT.'

MATTHEÜS 4 VERS 8

Ach, een dag geen risico is een dag niet geleefd! Ik loop naar de kluis.
Vijftigduizend gulden geef ik hem zo cash in zijn handen. 'Hier heb je
alvast wat voor jezelf, deze week neem ik contact met je op.'

Na snel marktonderzoek ontdek ik dat ik de MDMA, het hoofdbestanddeel
voor een pil, voor nog geen kwart van de huidige marktprijs kan maken.
Daardoor kan ik niet alleen de allerbeste pillen maken, maar ook de aller-
goedkoopste. Ook ontdek ik dat veel pillenboeren graag MDMA willen afnemen om pillen te kunnen draaien. Dat klinkt veelbelovend, dus ik ga ervoor.
Dit betekent wel dat ik mensen in dienst moet nemen om mij te helpen
het vele werk te verzetten. Zo ontmoet ik Bolle. Met hem heb ik een klik
en vrijwel meteen neem ik hem in vertrouwen en laat hem veel geld verdienen, omdat ik het hem gun.
Waarom begin ik er weer aan? Blijkbaar heb ik niets geleerd van mijn vorige ervaringen, waarin ik zogenaamde vrienden vertrouwde die me op
den duur allemaal hebben verraden. Blijf ik tegen beter weten in hopen
op een echte vriend? Geen idee. Brenda waarschuwt me, maar ik luister
niet. Dit keer gaat het lukken, dat weet ik zeker. Het is mijn beslissing.

Bolle wordt mijn rechterhand en hij verleent allerlei hand- en spandien-
sten. Hij vervoert de pillen en de MDMA-poeder, en int het geld bij de
mensen die mijn producten afnemen. Zelf doe ik vooral de productie.
Inmiddels heb ik meer dan een miljoen gulden geïnvesteerd en grote ta-
bletteermachines gekocht zodat ik meer pillen kan slaan in een uur. Voor
het chemische proces koop ik alle chemicaliën die nodig zijn om van de
olie poeder te maken, en alle apparatuur die daarbij hoort. Ik begin met
tweehonderd liter olie. Na het hele proces van afdraaien en uitkristallise-
ren is na drie dagen de partij klaar.
De vloer lijkt wel ondergesneeuwd met wit goud, pure MDMA schittert
in het grote licht van de warmtelampen. Het is het meest zuivere wat er
te krijgen is, tweehonderdveertig kilogram MDMA, genoeg om meer dan
twee miljoen pillen te maken. De hele loods ruikt zoet en ik voel de euforie van de overwinning over mij heen komen. Hier ligt een vermogen aan
geld en dat in drie dagen! Ik ben binnen!
Wekenlang draai ik onafgebroken door. Mijn chemicus is ermee gestopt
omdat hij de druk niet aankan. Voor mij is dat geen probleem: ik snuif
mezelf wezenloos om maar niet in slaap te vallen, en maak honderden
kilo's MDMA en miljoenen pillen. Bakken met geld stromen binnen. Ik kan
kopen wat ik wil en doen wat ik wil. Toch is het nooit genoeg en word ik
er niet gelukkig van. Wat is er mis?

'TOEN RICHTTE IK MIJN AANDACHT OP AL MIJN WERKEN, DIE MIJN HANDEN GEMAAKT HADDEN .... ZIE HET WAS ALLES VLUCHTIG EN NAJAGEN VAN WIND. DAARIN WAS GEEN VOORDEEL ONDER DE ZON.'

PREDIKER 2 VERS 11

11

DOORGEDRAAID

Brenda zit tegenwoordig veel in Portugal. We zijn daar samen al een paar keer geweest en hebben er een huis gekocht. Daarom ben ik soms dagen achter elkaar alleen. Dag en nacht sta ik dan onafgebroken te draaien. Het is draaien, snuiven en dan cashen. Het geluid van de machines lijkt op een stem die zegt: nogmeercentjes, nogmeercentjes. Ik houd van die stem. De volgende bestelling van één miljoen pillen is al binnen. Ik kan het werk bijna niet aan. Gelukkig heb ik een paar vrienden die mij helpen: beste vriend cocaïne om me wakker te houden, en mijn vriendje machinegeweer om mij gerust te stellen.

Zojuist heb ik honderdtwintig kilo MDMA afgedraaid. Ik ben nog wazig van alle chemicaliën waarvan het afval als een tikkende tijdbom tegen de muren staat opgestapeld. Als de politie me zo aantreft ben ik nog niet jarig. In mijn waanzin neem ik me voor om dan een vat lek te schieten. Boem. Weg bewijs. Waarschijnlijk ook weg Johan, maar dat dringt niet eens tot me door.

De zee van witte MDMA ligt opnieuw over de fabriekshal uitgestrooid te drogen en de walm aceton stijgt ervan op en doordringt alle poriën van het gebouw en van mij. Het lijkt wel of de nagels van een olifant worden gelakt, zo ruikt het hier. Ik voel me euforisch: ik zie een vermogen aan witte poeder die eerst nog olie was, en straks als lading pillen veel geld gaat opleveren. Een fascinerend proces, ik kan er geen genoeg van krijgen.

De klant van de één miljoen pillen vraagt of achter het eerste deel een beetje haast kan worden gezet omdat het snel weg moet. Ik geef hem mijn woord, al wordt het flink doorwerken. Inmiddels ben ik al zo veel dagen en nachten op de been dat ik soms van voren niet meer weet of ik van achteren leef. Aan het einde van de dag heb ik de eerste partij klaar om geleverd te worden, maar mijn chauffeurs zijn allemaal nog bezig voor andere klanten.

Omdat ik mijn woord heb gegeven en het een behoorlijk goede klant is, besluit ik tegen al mijn principes in om het zelf te brengen. Een grote ton vol met tweehonderdvijftigduizend XTC-pillen gooi ik in mijn kofferbak. Mijn haren, wenkbrauwen, neus, mijn kleren, mijn schoenen, alles zit onder de witte poeder. Ik zie eruit alsof ik net in een berg met gips heb gelopen, ik ruik zoet, kijk suf en voel me net een zombie. Snel neem ik nog even een flinke snuif coke, pak mijn pistool, sluit de boel vlot af en stap in de auto. Tijd voor een ritje, even frisse lucht.

In de auto staar ik voor me uit, strak van de coke en strak van de spanning omdat mijn ogen steeds dichtvallen door vermoeidheid. Om mijn ogen open te houden begin ik hardop tegen mezelf te praten, sla mezelf in mijn gezicht, en schreeuw als een psychopaat. Steeds als ik even wegzak, schokt mijn hoofd omhoog en ben ik weer wakker. Het is een dollemansrit. Uiteindelijk besluit ik richting de vluchtstrook te gaan, want ik trek het echt niet meer. Ik zet mijn auto aan de kant en mijn licht gaat uit. Ik droom dat ik op een bedje aan het strand lig te slapen.
Opeens hoor ik hard geklop ergens in de verte, en stemmen. 'Meneer! Hallo! Meneer!' Hou eens op, denk ik, welke gek wil me wakker maken? Ik negeer het geluid, maar het wordt steeds heftiger. 'MENEER! GAAT ALLES GOED!? DOET U EVEN OPEN!' hoor ik een aantal keer achter elkaar. Nog steeds hard gebonk. 'DOE OPEN, NU!'
Als ik het eindelijk voor elkaar krijg om mijn ogen te openen, zie dat ik helemaal niet op het strand lig maar in mijn auto! Er staan politieagenten om de auto heen en ze schreeuwen naar mij. Shit! Zo goed en kwaad als ik kan probeer ik mezelf bij elkaar te rapen. Ineens herinner ik mij de pillen in de kofferbak, het pistool achter mijn broeksband, de coke in mijn jaszak, dat ik gezocht word en er niet al te best uitzie. Hoe kom ik hieruit...? Razendsnel denk ik na. Dan open ik mijn deur en zet een zielig gezicht op. Een agent zegt: 'Goedendag meneer, wat zijn wij hier aan het doen? Gaat alles goed met u?'
'Meneer de agent', zeg ik half snikkend. 'Weet u, ik baal zo enorm. Ik werk in een bakkerij en mijn baas is twee weken op vakantie. Al tien dagen sta ik iedere ochtend om drie uur op om brood te bakken en lig er 's avond pas heel laat weer in. Nu kom ik net weer van mijn werk en ben helemaal kapot!' Met mijn hand veeg ik de zogenaamde tranen uit mijn ogen. 'Ik denk dat ik in slaap ben gevallen. Het spijt me zo enorm, meneer de agent. Ik heb niet eens de tijd om mezelf af te stoffen.'
De agenten kijken me stomverbaasd aan. Dit verhaal hadden ze niet verwacht. Het klopt vast wel, want ik ben zo wit als sneeuw. Ze kijken me

nog eens goed aan, overleggen met elkaar en sturen me vervolgens weer de weg op met het advies: 'Meneer, dit keer een waarschuwing, maar ga direct naar huis en neem uw rust, want dit mag niet meer gebeuren. U moet goed voor uzelf zorgen!' 'O, dank u wel, meneer de agent, dat zal ik doen. Ik rij meteen door naar mijn bestemming, daar kunt u op rekenen. Dank u wel voor uw begrip.' Ik stap in de auto en kan het niet laten zachtjes te lachen. Opgelucht drop ik mijn handel bij de klant, pak mijn geld en ben meteen weer weg. Voor vandaag zit het gekkenwerk er wel even op. Ik las een nacht-pauze in en eindig in een veel te dure hotelkamer, ergens in het centrum van een stad. Geen idee waar ik nu weer ben.

De avond is gevallen en de wereld buiten mijn hotelkamer komt tot leven. Ik hoor politieauto's af en aan rijden, schreeuwende mensen, dronkenmanspraat en giechelende meisjes. Lantaarnlichten in de straat, remlichten van auto's, ze flitsen door mijn raam. Het gaat buiten mij om, ik heb het gevoel dat ik niet van deze planeet ben. Ik steek een sigaret aan en tel mijn geld. Tweehonderdvijftigduizend gulden, niet slecht voor een middagje drukte. Leg het maar bij de rest, op de grote stapel. Het heeft eigenlijk geen waarde, maar het stilt voor een moment mijn onverzadigbare honger. Ik ben net door het oog van de naald gekropen. Nu ben ik aan de beurt, ik ga genieten van mijn succes.
Ik kook een flinke zak cocaïne uit en maak grote blokjes van een gram of vijf. De wedstrijd is begonnen. Hoe lang zal ik het volhouden zonder dat ik paranoïde word, rare ideeën krijg en onder de deur ga liggen kijken of niemand mij komt arresteren, *rippen* of liquideren? Ik maak een basefles klaar en leg de coke erop. Dan neem ik mijn aansteker. Nog één blik door de kamer. Alles zit dicht, mijn wapen zit doorgeladen achter mijn broeksband, het andere ligt schietklaar onder mijn kussen, muziek uit, tv uit. Alles is klaar.

Ik blaas mijn adem helemaal uit, zet mijn lippen aan de pen en steek de aansteker aan boven de coke op de fles. Dan haal ik diep adem totdat mijn hele fles en longen gevuld zijn met witte rook van de coke, die knettert en smelt en verbrandt op de fles. De adrenaline giert door mijn lichaam, ik heb de rook nog vast in mijn longen. Ik zet de pijp neer en blaas dan uit. De hele kamer vult zich met witte rook. Binnen een seconde voelt het alsof ik buiten mezelf treed. Het gevoel van euforie is intenser dan de heetste seks, ik voel mij oppermachtig en wil hier voor eeuwig blijven.

Al na een paar seconden hoor ik stemmen in mijn hoofd en zie ik schimmen om me heen. Angst overvalt mij zo heftig dat ik mijn pistool pak en schichtig om me heen kijk. De euforie verandert in een nachtmerrie. Snel ruim ik alle drugs op, doe de fles weg, verstop het geld, de sieraden en de wapens. Voor mijn gevoel kan de politie elke seconde binnenvallen, of anderen die mij willen rippen of kwaad willen doen. Het zijn de demonen in mijn hoofd en ze drijven mij tot waanzin. Waar moet ik heen, wat kan ik doen?

Weer pak ik mijn pistool, kijk van achter de gordijnen door de ramen. Ik sta zo strak als een liniaal. Ik zet mijn oor tegen de muren van de hotelkamer, kruip dan als een sluipmoordenaar op mijn buik over het tapijt van de gang naar de voordeur en leg mijn hoofd zo neer dat ik onder de kier van de deur kan zien of er iemand voor staat. Mijn hart bonst in mijn keel: ik zie schimmen maar weet niet of het schaduwen zijn van de coke of dat er echt mensen voor de deur staan. Als voor dood lig ik achter de deur. Lelijke gedachten razen nog sneller dan het geluid door mijn hoofd, mijn vinger ligt gespannen om de trekker van mijn pistool en zweetdruppels rollen langs mijn bakkenbaarden. Mijn tanden staan stijf op elkaar en ik moet me inspannen om niet te knarsen. Mijn voeten trekken alle kanten op, het lijkt wel of ik spastisch ben. Mijn ogen staan zo wijd open dat ik hoofdpijn voel opkomen, maar ik houd mijn focus op de kier onder de deur.

De klok tikt door, de stilte en de spanning zijn om te snijden. En dan...
Langzaam verdwijnt de *flash* van de coke, mijn lichaam begint te ontspannen en ik sta weer op van de vloer. Het is zoals altijd vals alarm. Ik neem maar meteen een paar flinke snuiven coke tussendoor en een slokje water, steek de volgende pijp aan en onderga de hele nachtmerrie weer helemaal, opnieuw en opnieuw.

Dit hele tafereel gaat de zo hele nacht door, en dat vele nachten lang. Steeds als de ochtend aanbreekt, heb ik mezelf al duizenden keren afgevraagd: hoelang houd ik dit nog vol? De nacht als mijn beste vriend en grootste vijand, mijn slaafse liefdesverhouding met cocaïne, en het dwangmatige denken en gedrag waarvan ik ben gaan denken dat het hoort bij wie ik ben. Dat het ís wie ik ben.

Inmiddels heb ik alweer bijna een week niet geslapen, het kan niet lang meer duren. Overdag kan ik redelijk functioneren met een paar snuiven en een fles water, maar de avonden helemaal alleen zijn een regelrechte hel. Meestal is Brenda bij me en gebruiken we samen tot we erbij neervallen. Dan ben ik ook wel paranoïde, maar anders dan wanneer ik alleen ben. Hier kan ik doen wat ik wil, en daarom leef ik veel in hotels, maar het is een leeg bestaan. In mijn eentje in een hotelkamer lijkt het opeens alsof ik hopeloos verloren ben. Regelmatig haal ik meisjes van plezier met meerdere tegelijk naar mijn kamer, zodat ik mijn gekte kan delen met anderen die zich ook verloren voelen. Er is verder niemand anders. Geen echte vrienden, geen erkenning en geen schouderklopjes. Terwijl ik zo naar die erkenning hunker. Wie wil er nog bij mij zijn? Wie zegt mij eindelijk: je bent goed genoeg?

Na de zoveelste rampzalige nacht van paranoïde gedrag en krankzinnigheid in mijn denken, is het moment eindelijk gekomen. Door het lange doorhalen ga ik over een grens, en dan slaat mijn gedrag compleet om. In mijn beleving kan ik eindelijk weer redelijk normaal functioneren, terwijl ik gewoon door gebruik. Superscherp en gefocust. Deze momenten kan niemand mij wat maken en ben ik iedereen een paar stappen voor. Ik voel me onoverwinnelijk en sta boven alles en iedereen. Mijn grootheidswaanzin straal ik uit als de zon, en de mensen om mij heen denken wel twee keer na voordat ze iets stoms doen, zoals me bestelen of achter mijn rug zaken doen. Ik gedraag mij als een koning in mijn eigen geschapen wereldje, ik kan alles, durf alles en doe alles, *I am on top of the world!* Onkwetsbaar, voor niets en niemand bang, overgenomen door het kwaad. Onafgebroken ga ik door, als een raket. Maar zoals altijd komt die raket onvermijdelijk weer net zo hard naar beneden als hij naar boven ging. Op het moment dat ik knock-out ga, volledig uitgeschakeld door oververmoeidheid, en mijn lichaam de uitknop indrukt en alle lichten uitgaan, bedenk ik me nog net voor ik in een coma wegzak: 'Nee, niet weer...'

Als ik wakker word begint alles weer helemaal van voren af aan. Ik ben moe, leeg, kapot en ongelukkig. Wat ik zoek komt nooit, en als ik denk dat ik het heb gevonden blijkt het een luchtkasteel. Ondanks onze diepe band is ook Brenda niet in staat om mij te bereiken. Voor mijn gevoel is er niemand die mij begrijpt en niemand die mijn hart echt kent, niemand die weet waarom ik Russische roulette speel met mijn eigen leven.

'IK ELLENDIG MENS,
WIE ZAL MIJ VERLOSSEN
UIT HET LICHAAM VAN
DEZE DOOD?'

ROMEINEN 7 VERS 24

12

IK STAP ERUIT

Bolle, mijn rechterhand, vertrouw ik inmiddels blind en ik laat hem vrij in zijn werkzaamheden. Dat had ik niet moeten doen. Als hij al een paar dagen zoek is, ga ik maar even naar zijn huis. Er is wel iemand aanwezig, maar niet Bolle zelf. Dus ga ik naar binnen en kijk of ik wat aanwijzingen kan vinden waar hij kan zitten. Dan vind ik ineens hele bergen van mijn eigen pillen en spullen die daar helemaal niet horen te staan; pillen die we zogenaamd waren verloren. Die heeft hij gewoon slinks achterover gedrukt! Wat een smerige kakkerlak! Mij zo te bedonderen, terwijl ik echt alles voor hem heb gedaan en hem alles gaf wat hij maar wilde. Als een broer behandelde ik hem, en hij naaide mij gewoon waar ik bij stond! Ik ben des duivels!

Bolle weet blijkbaar ook wel dat ik hem doorheb en dat het klaar is, want ik hoor helemaal niks meer van hem. Ik kom erachter dat hij met zijn meisje ergens anders is gaan wonen en met mijn concurrentie gaat samenwerken. Hoogverraad ten top. Weer heb ik iemand onterecht mijn vertrouwen geschonken. Iedereen aan wie ik loyaal ben, die ik alles gun en voor wie ik alles doe, heeft mij genaaid, verraden en beroofd. Hoe kan dat toch gebeuren? Waarom vertrouw ik daarna altijd weer iemand anders? Zelf ben ik ook heus geen lieverdje, maar voor de mensen die ik uitkies als mijn vrienden ben ik wel honderd procent fair. Blijkbaar is dat voor die 'vrienden' anders.

Van jongs af aan gaat het al zo. Mijn hart is keer op keer gebroken, door mijn vader, door school, door zogenaamde vrienden. Steeds ben ik afgewezen. Ik gaf alles en ik pikte alles en ik slikte alles. Natuurlijk wilde ik dan wel graag dat ze loyaal zouden zijn naar mij. Dat ze mij goed genoeg zouden vinden. Zo stoer en tegelijk zo onzeker. Het is afwijzing. Pure afwijzing.

'WIE OMGAAT
MET DWAZEN
ZAL HET SLECHT
VERGAAN.'

SPREUKEN 13 VERS 20

Dit was de laatste keer. Vanaf nu word ik alleen nog maar beter van anderen zoals zij beter worden van mij; eten of gegeten worden. Niemand neem ik meer in vertrouwen, nooit meer. Alleen Brenda kan ik vertrouwen, zij is de enige die mij altijd steunt, altijd bij mij is en in mij gelooft. Zij zal me nooit verraden of bewust kwetsen, zij laat mij nooit in de steek. Haar vertrouw ik, verder niemand. Ik ben zo moe en zo klaar met alles en iedereen. De haat en nijd die ontstaan door al dat verraad, wil ik achter me laten. Geen geld op de wereld kan dit verzachten. Ik wil nog maar één ding: eruit stappen en ver weg gaan. Justitie zit ook al achter mij aan, ik heb nog meer dan zes jaar[1] bajes openstaan en dus is dit een goed moment om te vertrekken.

Brenda gaat alvast in Portugal wonen. Mijn spullen stuur ik er ook heen en ik neem even twee weken de tijd om samen met Brenda tot rust te komen. Tijdens die twee weken gebruik ik helemaal niets. In die nuchtere toestand kom ik helemaal tot mezelf en kan ik weer helder nadenken. Nog één keer moet ik terug om wat zaken in Nederland af te ronden: mijn voorraad wegwerken, geld krijgen van iedereen die mij nog geld moet geven, en dan wegwezen uit Nederland.

Eenmaal weer terug in mijn fabriek in Nederland kom ik alle mensen weer tegen die beter van me willen worden. Als hongerige wolven staren ze me aan en kwijlen van geldzucht. Wat is het toch een stelletje idioten, zie ik nu, want ik ben nuchter! Ze zijn ratten en proberen me alleen maar leeg te roven. Ze verraden mij waar ik bij sta, drukken pillen achterover en zeggen dat een klant niet heeft betaald terwijl er wel betaald is. Ze doen zaken in mijn naam en verzieken die dan, waardoor de schuld bij mij komt te liggen en ik onverdiend vijanden krijg. Ontkennen doe ik het niet eens, maar ik bedreig hen net zo hard als zij mij bedreigen.
Mijn zogenaamde maten denken dat ik hen niet door heb. Ik zeg nog niks, anders gaan ze nog rare sprongen maken. Ik zorg eerst dat ik alles veilig heb gesteld, en dan pas zullen ze merken dat ik de stekker eruit heb getrokken. Wat een schok zal dat zijn!

Eigenlijk kan ik dit helemaal niet doen als ik nuchter ben. Het gaat wel over een hoop geld. Daar hoort een bepaalde houding bij, alsof er nog niks aan de hand is. 'Hé, heb jij die centen al leggen, kom ik morgen nieuwe spullen bij je brengen.' Dan denkt die klant: 'O, ik krijg een nieuwe voorraad.' Maar die krijgt hij dus niet. Om dat overtuigend te brengen heb ik echt wel wat coke nodig. Het ligt namelijk op het puntje van mijn tong om ze de waarheid te vertellen en dat moet ik niet hebben. Ik moet terugpakken wat van mij is, en als dat rond is zal ik hen de waarheid vertellen. Maar dan is mijn geld safe.

Brenda is meegereisd en zit in het hotel. 'Brenda, sorry, ik heb coke nodig om dit op mijn manier af te maken. Anders gaat het niet werken.' Brenda is hier absoluut niet blij mee. Maar ik doe het toch.

Wanneer ik al mijn geld binnen heb en naar Portugal heb gesluisd, trek ik de stekker eruit en verkoop de fabriek. De reacties kunnen me niks meer schelen, ik ben helemaal klaar met iedereen.

13

EENZAAM IN PORTUGAL

Daar zit ik dan in Portugal, samen met Brenda. Onze zoon is vaak bij de oppas, omdat wij alleen nog maar basen en dan volledig van de wereld zijn. De dochters van Brenda wonen nog steeds bij hun vader, en mijn andere zoon woont bij zijn moeder. Wij kunnen doen wat we willen. De coke was nodig om de boel te kunnen afronden, maar nu kan ik het niet opbrengen om weer te stoppen. Na alle verraad en bedrog houdt het gevoel van eenzaamheid mij in de drugs gevangen en ik weet niet hoe ik eruit moet breken. Al vaker heb ik geprobeerd om te stoppen. Soms lukte dat een paar maanden of een half jaar, soms een paar weken. Meestal had ik dan weer iets gedaan en dacht ik: ik heb het verdiend om weer wat te nemen. Dus bleef coke als een rode draad door mijn leven lopen. Vijftien jaar lang. En nu weer.

Het is een genot, en een vlucht. Coke is mijn allergrootste vijand, maar ook mijn allergrootste liefde. Coke geeft mij richting, al is het vaak juist duivels wat ik ervaar. Soms zie ik demonen letterlijk uit mijn muren kruipen, zwarte druipende wezens. Soms word ik helemaal bedolven onder de ratten, of springen er voodoo-palen met doodshoofden op uit de grond. Ik heb niks met het geloof, maar dit voelt alsof ik in de hel ben. Alles is duister en grauw en negatief en angstaanjagend. Een constante stroom van stemmen fluistert leugens in mijn oren: dat iedereen eropuit is om mij te doden, mij te pakken, dat ik niemand kan vertrouwen en dat iedereen uit is op kwaad. 'Ze' zullen komen, en ik weet nooit wie 'ze' zijn. Mijn oren plak ik dicht met kauwgom zodat ik die stemmen niet meer kan horen. Maar het komt helemaal niet van buiten, het zit in mijn hoofd! Die oorlog vindt binnenin plaats. Verschrikkelijke dingen zie ik, afschuwelijke woorden overspoelen mijn denken als een waterstroom.

Toch word ik steeds weer naar de coke getrokken. De agressie en de waanzin aan de ene kant, en aan de andere kant dat kwetsbare, het mezelf geborgen voelen en me verbonden voelen met de cocaïne omdat die

Voor de villa in Portugal

alles verdooft. De waanzin heb ik ervoor over omdat ik dat andere ook zo graag wil hebben.

Buiten Brenda heb ik niks en niemand. Bij mijn gezin kan ik niet zijn zoals ik ben met drugs. Cocaïne komt op de allereerste plaats. Mijn waanzin, mijn wereld, daar draait het om, en dat kan ik steeds minder verhullen. Dan sluit ik mijzelf op in de badkamer, want ik wil echt niet dat ons zoontje mij zo ziet. Als Brenda hem voor een paar dagen bij de oppas heeft gebracht, knallen we samen weer dag en nacht door op de coke en verliezen we ons in complete waanzin.

Als ons zoontje drie jaar is besluit Brenda te stoppen met gebruiken. Vanaf dat moment kan ze het ook steeds minder aan dat ik zo lang doorga. Ze besluit om een appartement te huren waar ze zich af en toe even kan terugtrekken met de kleine als het haar te veel wordt. Ze weet dat ik haar man ben en dat we bij elkaar horen. Ze is zo goed voor me en zal me nooit verlaten. Ze is zo aan mij toegewijd, mijn reddende engel, mijn enige ware vriend in deze wereld. Ik wil bij haar zijn, maar de drugs houden mij in hun greep.

Dus zit ik soms helemaal alleen thuis, en rook coke. Meer heb ik niet te doen. Met al mijn geld koop allerlei dingen die ik helemaal niet nodig heb. Ik geniet er niet eens van. Als ik een mooi groot jacht zie zeg ik: 'Ah ja, doe maar.' Een Ferrari? Ja, die wil ik wel graag hebben, doe maar. Nog een ander huis. Ik kom er nooit, ik gebruik de spullen niet eens. In die Ferrari rijd ik misschien vijf keer, met die boot vaar ik twee keer. Ik heb niemand om het mee te delen. Heel soms komt mijn familie over en dan gaan we een dagje varen. Dat trek ik ook nog maar net, één dag. Meer kan ik niet aan, want ik zit helemaal onder de coke.

Op mijn huis heb ik een camerasysteem laten plaatsen waarmee ik honderd meter ver kan kijken. Het systeem heeft me een ton gekost. De hele nacht zit ik achter die kleurenschermen te kijken en in te zoomen. Wie zie ik daar? Wat is dat? Mijn huis is zo extreem goed beveiligd, het lijkt Fort Knox wel, je komt niet eens ongezien bij mijn hek. Mijn coke wordt over het hek bezorgd en ik blijf binnen, vrijwillig opgesloten in mijn vesting. Volledig van het pad, heel diep gezonken. Omdat naar de wc lopen nog te veel moeite voor me is, plas ik zelfs in een fles. Op de bodem zie ik een laag witte vlokken. Er zit zo veel cocaïne in mijn urine dat het kristalliseert.

GOED GENOEG

Onder invloed van drugs

'DE VIJAND IS
GEKOMEN
OM TE ROVEN,
TE SLACHTEN EN
VERLOREN TE
LATEN GAAN.'

JOHANNES 10 VERS 10

Ik sluit mezelf steeds vaker op in mijn badkamer en helemaal doorge-
draaid door de coke praat ik tegen mezelf, een stroom van woorden die
ik niet kan stoppen. Er is alleen nog maar diepe, donkere duisternis en
egotripperij. Als ik in de spiegel kijk, word ik bang van mezelf, zo eng zie
ik eruit. Onherkenbaar ben ik, bijna demonisch. Mijn ogen zijn groot, rond
en pikzwart, mijn grimas is kwaadaardig en grauw. Wat is dit voor leven?

Soms zet ik een doorgeladen pistool tegen mijn hoofd en wil ik de trekker
overhalen omdat ik mezelf haat. 'Ik kan hier niet meer tegen, ik schiet mezelf door m'n kop!' schreeuw ik tegen het spook in de spiegel. Nauwelijks
sta ik nog stil bij het feit dat een moeder haar zoon ziet doodgaan aan de
coke, dat een vrouw haar geliefde man helemaal ziet wegzinken in waanzin, dat mijn kinderen hun vader niet voor zichzelf hebben, dat er zo veel
pijn en verdriet en zorgen zijn bij de mensen die oprecht om mij geven.
Dat zij mij ook nodig hebben, besef ik niet. Het draait alleen maar om mij, ik
wentel mij in mijn zelfgecreëerde ellende. Vel over been ben ik, en compleet
buiten mijzelf, totaal overgenomen door het kwaad. Doordat ik nauwelijks
nog eet, word ik al licht in mijn hoofd. Door de drugs wordt dat nog erger.
Ik neem dingen waar die ik normaal niet kan waarnemen. Ik zet geestelijke
poorten van de duisternis open en alles kan zo binnenkomen. Ik heb me er
helemaal aan overgegeven.

Dit kan niet zo doorgaan. Lang geleden heb ik al gezegd: 'Als ik dertig
word, stop ik met gebruiken.' Dat duurde toen nog heel lang. Nu, na mijn
dertigste verjaardag, heb ik geen smoesje meer, maar toch gebruik ik nog
steeds. Nu nog in mijn eentje.

Al een paar keer heb ik met een beeldje van Jezus in mijn handen rond-
gelopen. Op één of andere manier heb ik dat soort dingen altijd mooi gevonden. Een kruis, wat beelden van heiligen, ik snap er niets van, maar ze
doen me iets. Zoals veel mensen een Boeddhabeeldje thuis hebben omdat ze denken dat hij rust geeft. Hoe bizar, zo'n poppetje gemaakt door
mensenhanden. Maar goed, ik heb Jezus als beeldje, mijn grote vriend als
ik de weg kwijt ben. Hele gesprekken houd ik met dat beeldje. 'Nou Jezus,
daar zitten we dan met z'n tweeën.' Ik maak geintjes en praat ermee alsof
het heel normaal is. In werkelijkheid ben ik knettergek.

Bijna twee jaar is inmiddels verstreken sinds ik in Portugal ben gaan wonen. Met mijn gezinnetje zou ik een goed, normaal leven kunnen leven,
en ook nog heel gelukkig kunnen worden. Mijn realiteit is echter precies

het tegenovergestelde. Teleurgesteld, afgewezen en gebroken zit ik opgesloten in mijn eigen weelde. Mijn hart is compleet verduisterd, er is geen
licht en er is geen hoop.

Het is eind augustus 2001. De nacht is gevallen. Weer kijk ik naar dat
beeldje. Een diepe wanhoop overvalt mij en heel helder zie ik wat er van
mij geworden is. Niets is er meer over van de jongen die ik ooit was. Mijn
geliefden kan ik niet eens geven wat zij nodig hebben, ik ben een slechte
man, vader, zoon en broer. Mijn leven lang hoopte ik dat ik goed genoeg
zou zijn als ik alles zou hebben. Het draaide altijd alleen maar om mij;
ik wil de beste zijn, ik wil mij goed voelen, ik wil dat iedereen mij te gek
vindt, mij respecteert. Ik wil rijk zijn, ik wil coke gebruiken, ik wil in een
groot huis wonen, ik wil...ik wil... En alles en iedereen moet maar wijken,
want ja, Johan wil het allemaal en hij wil het nu! Wat egoïstisch!
En moet je mij nu eens zien. Ik haat mezelf. Het leven heeft op deze manier totaal geen zin meer. Waardeloos voel ik mij, en vies. Dit gun ik mijn
grootste vijand nog niet. Ik kan beter dood zijn. De wanhoop neemt bezit
van mij. Vanuit de diepste bodem van mijn hele wezen begin ik opeens te
huilen. Iets in mij weet dat ik alleen nog van boven hulp kan verwachten.
Verscheurd door innerlijke pijn schreeuw ik vanuit mijn hele zijn: *'God, als
U echt bestaat moet U me helpen, want ik ga dood. Dit ga ik niet overleven,
help mij! O, God, als U bestaat, help mij dan. Ik ga dood, ik wil zo niet meer
leven. Help mij... ik kom er gewoon niet meer uit. Hier ben ik, help mij.'*

Zo schreeuw ik maar door, ik pers het uit mijn longen, mijn armen wijd
uitgestrekt. Met mijn laatste krachten roep ik het uit, een diepe noodkreet
naar de hemel, naar God, maar er gebeurt niets. Helemaal niets.
Zie je wel, ook Hij is een verzinsel van mensen. Alles is nep, het hele leven
is gewoon leeg en nep. Ik ben weer een teleurstelling rijker. Al mijn hoop
is nu weg.
Toch leef ik door.
Er is niets veranderd, mijn leven is nog steeds een doffe, lege ellende. Dag
in dag uit stop ik mij maar weer vol met coke, zonder hoop, zonder uit-
zicht. Eenzaam en gebroken.

Dan is het kerstavond 2001. Brenda is al best lang nuchter, daar heb ik
echt veel bewondering voor. Ze is veel in haar appartement. Af en toe
komt ze eten brengen, maar gaat snel weer weg omdat ik te ver heen
ben. Ook nu ben ik alleen. Geen gezinsfeest voor mij, ik ben compleet
van de wereld. Om mij heen staan allemaal glazen met folie en wat coke,

een aansteker en sigaretten. Daartussen zit ik, volledig de weg kwijt en op zoek naar verdoving van de pijn van de eenzaamheid. Vanaf mijn baseglas probeer ik een trekje te nemen. Vreemd genoeg valt het glas zomaar uit mijn handen stuk op de grond. Vloekend maak ik een nieuw glas klaar. Net als ik een trekje wil nemen valt het tweede glas in duizend stukjes op de harde vloer. Het volgende glas valt ook. En dat daarna.

Wat is er aan de hand, ik kan toch wel een glas vasthouden? Het lijkt wel of ze iedere keer uit mijn handen worden geslagen, ik snap er echt niets van! Uiteindelijk heb ik geen glas meer over. Niet te geloven!
Niet alleen de glazen gaan stuk. Ook mijn aansteker begeeft het en mijn coke valt steeds op de grond. Of ik de coke nu wil roken op folie of op wat voor manier dan ook, ik krijg het gewoon niet meer in mijn lichaam! Wat irritant is dit!

Uiteindelijk bel ik mijn dealer voor nieuwe spullen. Hij is er altijd in vijf minuten, want ik ben zijn beste klant. Elke week komt hij honderd tot tweehonderd gram brengen. Hij neemt op en ik zeg in mijn gebroken Portugees: *'Amigo, cem gramas, rapido!'* 'Vriend, honderd gram, snel!' Hij antwoordt mij kort en bondig, onze manier van communiceren: *'Cinco minutos.'* Vijf minuten. Vijf minuten later is hij er nog niet, en een uur later nog steeds niet. Dat is gek, hij komt altijd meteen. Als ik hem bel om te vragen waar hij blijft zegt hij weer: *'Cinco minutos.'* Maar weer komt hij niet.

Onrustig en geagiteerd probeer ik nog wat coke van de scherven te schrapen, maar het heeft allemaal geen nut. De ene na de andere sigaret rook ik. Mijn hele lichaam en geest hunkeren naar weer een nieuwe high, een nieuwe flash van de coke, zodat ik weer in een nieuwe sneltrein van waanzin terecht kan komen en kan ontsnappen aan de helse realiteit waarin ik nu leef. Dus blijf ik bellen, maar er gebeurt niets. Rond vier uur in de nacht ben ik er helemaal klaar mee. Het lijkt wel of er een vloek op rust, het mag blijkbaar niet! Gefrustreerd leg ik de telefoon weg en voor het eerst in een paar weken ga ik zonder coke vrijwillig naar mijn bed. Niet om knock-out te gaan, maar gewoon om te gaan slapen. Verslagen ga ik op bed liggen en val in een diepe slaap.

Als ik wakker word kijk ik meteen op mijn telefoon. Mijn dealer heeft mij nog niet teruggebeld. Maar het boeit me eigenlijk helemaal niks. Gek genoeg voel ik mij heel goed en fris. Er is iets veranderd in mij. De gedachte komt zomaar in me op: dit is het moment, je stopt ermee, nu.

IK VERTROUW EROP DAT HIJ DIE IN U EEN GOED WERK BEGONNEN IS, DAT ZAL VOLTOOIEN.

FILIPPENZEN 1 VERS 6

Meteen bel ik Brenda op en zeg: 'Kun je me komen halen? Ik ben gestopt.'
Brenda is niet direct overtuigd. 'Nou, kijk maar even of je er vanmiddag
nog zo over denkt.'
'Ja, maar ik ben gewoon gestopt. Het is goed, ik ben gestopt.'
'Oké, prima, maar bel toch vanmiddag nog maar even terug.'
Na dat telefoontje loop ik de woonkamer binnen. Helder zie ik de ravage die
ik heb aangericht in mijn kapitale villa. Al mijn dure meubelen heb ik geru-
ineerd, de glasplaat van mijn tafel is kapot. Overal zie ik gaten in de deuren,
die ik er in mijn boosheid in geslagen heb. Het huis ligt vol glas en sigaret-
tenpeuken, papier en rotzooi, lege flessen, flessen met urine erin. Alles is
muf, grijs en grauw. Drie bergen wasgoed komen bijna tot aan het plafond.
Al tijden heb ik niet meer gewassen, ik kocht gewoon steeds weer nieuwe
kleren. Het is één grote puinhoop. Verbijsterd loop ik rond en denk: waar
ben ik in terecht gekomen? Wie heeft dit gedaan?! Het is alsof de mist is
opgetrokken. Nog maar één ding wil ik: weg uit die ravage, weg uit dit huis!

's Middags komt Brenda mij ophalen en ze brengt me naar haar appartement. Ze ziet er heel erg mooi uit, net een engel. En daar staat er nog
één, mijn jongste zoontje, wat is hij prachtig! Opeens zie ik ze weer zoals
ze zijn, zo mooi, mensen die van me houden, zo bijzonder! Totaal uitge-
put ga ik op bed liggen en val meteen in slaap. Heel even word ik wakker
en slaap meteen weer verder. Weer word ik wakker en zie dat Brenda iets
lekkers voor me heeft gemaakt. Ze is zo lief. Na een paar happen van het
eten slaap ik weer verder.

Beide kerstdagen breng ik zo half slapend door. Na drie dagen ben ik wat
uitgerust en zelfs een paar kilo aangekomen. Nog steeds heb ik geen behoefte aan coke, maar eerlijk is eerlijk, het is wel vaker gebeurd dat ik er
even klaar mee was en dan ging ik na een tijdje toch weer gebruiken. Dus
ik snap wel dat Brenda het nog niet helemaal vertrouwt. Zelf weet ik het
zeker: het is voorbij. Ik ben in één klap clean geworden en vrij van mijn
verslaving. Bizar hoe het is gelukt, en ik ben mega trots op mezelf dat ik
het volhoud, al kan ik niet verklaren hoe het kan.

Het is heerlijk om thuis te zijn en samen weer leuke dingen te doen. Met
oud en nieuw gaan we met z'n tweetjes uit, naar een groot feest. Er zijn
daar ook wat gasten die mij al die tijd coke hebben gebracht. Eén van
hen loopt naar me toe: 'Man, ik heb zulke goede coke binnengekregen uit
Colombia, moet je kijken, allemaal kristallen, super goede coke! Kom, we
gaan naar de wc, een snuifje nemen.'

WIE DENKT TE STAAN, LAAT HIJ OPPASSEN DAT HIJ NIET VALT.

1 KORINTHE 10 VERS 12

Kalm kijk ik hem aan en zeg: 'Is het echt heel erg goed?'
'Ja man!'
'Oké, dan moet je het ook maar helemaal zelf gaan gebruiken. En de eerste de beste keer dat je me weer wat aanbiedt breek ik je neus.'
Die gast kijkt me aan. 'Wat?!' Dit klopt niet, ik zeg nooit nee tegen coke.
Hij is te verbaasd om nog wat te zeggen en loopt weg.
Meteen is daar de verleiding om weer te gaan gebruiken. Het blijft mijn zwakke plek. Maar deze keer trap ik er niet meer in. Brenda ziet nu ook dat ik echt ben veranderd. 'Dit is de eerste keer dat je coke weigert, nu begin ik echt te geloven dat je gestopt bent! Ik ben echt trots op jou!'

Natuurlijk komt er daarna nog weleens strijd, vooral in mijn gedachten: ah joh, je bent nu al zo lang clean, je kunt wel een klein snuifje nemen. Het is mooi weer, je hebt wat te vieren. Dat soort stomme leugens, maar ik doorzie ze en houd vol. In films zie ik weleens gasten die een flinke buit hebben gescoord en dan ergens een lijntje gaan snuiven. Ja, dan begint het bij mij ook wel te kriebelen. O ja, zo was dat. Er zit geen echt gevaar meer in, maar toch blijft het wel een gevoelig punt. Elke dag moet ik de keuze maken: 'Vandaag niet, ook vandaag ben ik clean. Vandaag ben ik clean.'
Clean leven is echt beter, merk ik. Alles wordt anders. Er komt een soort opruimactie op gang: mijn huis knap ik op zodat het er weer normaal uitziet en ik het kan verkopen en we kleiner kunnen gaan wonen. Dure auto's doe ik weg voor één nieuwe, de meeste sieraden verkoop ik. Alle sporen van mijn oude leven probeer ik uit te wissen, zo moe ben ik van alles.

Veel sporen in mijzelf kan ik niet zomaar even opruimen. Hoe schoon mijn huisje ook is, de schade in mijn hart en hoofd voel ik nog steeds elke dag. Toch gaat het wel steeds beter met me en ik kan ook weer wat vaker lachen. Na een maand of twee clean leven gaat het de goede kant op, vind ik zelf. Best wonderlijk. Vijftien jaar lang heb ik bijna onafgebroken coke in mijn lichaam gestopt, totdat mijn lichaam alléén nog maar coke kreeg, en toch voel ik mij nu echt gezond. Het voelt echt als een heel nieuw begin. Al weet ik nog steeds niet waar het naartoe moet.

'WIE KWAAD VOOR
GOED VERGELDT,
HET KWAAD ZAL VAN
ZIJN HUIS NIET WIJKEN.'

SPREUKEN 17 VERS 13

14

DE LAATSTE KEER

Net nu ik ben gestopt met alles en een clean leven wil leiden komt mijn oom op bezoek. 'Kun jij mij helpen om in Nederland pillen te slaan?' vraagt hij me. 'We kunnen aan een machine en MDMA komen, maar we kennen niemand die deze dingen kan maken. Kun jij mij daarmee helpen?'

Weer die verleiding. Ik wil het niet, maar het trekt aan me. Ook voor hem deed ik mijn best om macht en geld te vergaren, om status te verwerven. Ook voor hem wilde ik goed genoeg zijn, al toen ik een klein jongetje was. Ik keek tegen hem op. En nog steeds wil ik bewijzen dat ik dat allemaal kan, en hem in no time rijk kan maken. Dan zal ik eindelijk de erkenning krijgen waar ik zo naar verlang. Dus ondanks alles zeg ik: 'Prima, dat wil ik wel doen voor jou, maar ik ga niet meer naar Nederland. Kun je het niet hiernaartoe halen?'

Hij laat alles brengen en ik ga de pillen hier maken, in de villa van een kennis. Het is niet echt een grote fabriek en maar een klein machientje, maar ik maak toch nog honderdduizend pillen op een dag met dat ding. Iedereen die erbij betrokken is ruikt de verleidelijke geur van geld: het is zo simpel en het levert zo veel op. Mijn eerste partijtje pillen verkoop ik aan een Spanjaard terwijl ik ondertussen nog bezig ben met opruimen en een nieuw huis kopen. Ik heb helemaal geen zin meer in die business. Het is een herhaling van de leegte, en de spanning ervaar ik allang niet meer. Eigenlijk sta ik er niet meer achter en begin er zelfs een hekel aan te krijgen. Wat mij betreft stoppen we als we deze partij hebben verkocht.

Dan krijg ik een tegenvaller. Onze Spaanse klant wil het opeens niet meer afnemen. Hij heeft problemen en stopt er even mee. Aan wie moeten we die honderdduizend pillen nu kwijt? In Portugal ken ik nog niemand om die pillen aan te slijten en ik ga er niet mee lopen leuren. In Nederland heb ik van iedereen afscheid genomen. Hoe kom ik ervan af?

De eerste de beste die wat wil geef ik duizend of vijfduizend pillen mee. Het gaat me lang niet snel genoeg, steeds van die kleine partijtjes verkopen schiet niet op. Straks wil ik een kleine zaak opbouwen en rustig leven, dan kan ik deze handel achter me laten. Dus zoek ik nog harder naar mensen die de pillen willen kopen.

Een maat die ik in Portugal heb leren kennen heeft mij eens aan iemand voorgesteld die wel graag zaken met me wilde doen. Ik had niet zo'n goed gevoel bij hem, dus ik hield de boot wat af. Op een dag kom ik die man tegen bij de benzinepomp. Hij zegt: 'Laten we ergens afspreken want ik wil echt spullen van je kopen.' Tja, ik moet wel van die pillen af natuurlijk. 'Weet je, ik kan je wel vijfduizend pillen meegeven.' Ik denk: als hij mij *ript*, waar ik wel bang voor ben, is het 'maar' vijfduizend pillen, maar als hij wel eerlijk zaken doet ben ik van die pillen af. Mijn moeder is met onze jongste zoon in het huis dat we voor mijn ouders hebben gekocht. In dat huis liggen nog tachtigduizend pillen opgeslagen. Ik spreek met hem af in een park vlak bij dat huis.

Samen met Brenda zit ik in onze BMW te wachten en even later stapt hij met een maat van hem bij ons in. 'Ga maar rijden, we gaan het geld halen', commandeert hij.
'Wij hebben niks bij ons, hoor', zeg ik nog, maar dat is geen probleem. Prima, ik maak me geen zorgen, want ze kunnen ons niks maken als wij niks bij ons hebben. Even later moet ik stoppen, terwijl zij op de achterbank in onze auto blijven zitten. Dit gaat niet goed, ik voel het. Spijt heb ik als haren op mijn hoofd, ik had nooit dat voorstel moeten doen. Had ik die pillen maar lekker door de wc gespoeld, dan had ik helemaal geen gedoe meer gehad.

Opeens springt iemand op mijn nek en word ik naar de achterbank getrokken. De punt van een groot mes steekt dreigend in mijn zij. In zeer gebroken Engels zegt de man: 'Rustig blijven, anders druk ik hem door.' Gek van woede worstel ik om los te komen, maar het helpt niets. Dan stapt de ander uit en richt een shotgun op Brenda: 'Jij moet in de kofferbak.'
'Er gaat helemaal niemand in de kofferbak!' roep ik meteen. Weer begin ik te schoppen en te vloeken en probeer mezelf los te rukken. Wat denken ze wel!
Ook Brenda verzet zich. 'Ik ga niet in de kofferbak!' schreeuwt ze.
De man met de shotgun bedenkt zich en zegt tegen haar: 'Jij blijft zitten en houdt je bek dicht.' Hij gaat naast Brenda achter het stuur zitten en

richt de shotgun op haar om haar in bedwang te houden. Ondertussen prikt die gozer naast mij dat mes nog dieper in mijn zij. 'We willen alles hebben, je sieraden, je geld, je auto, alles. Als je het niet geeft vermoord ik jullie.' Dan stapt er nog een gozer in, en een meisje dat beter Engels spreekt, en we gaan weer rijden. We zijn aan hen overgeleverd, door dat mes in mijn zij, die shotgun op Brenda en wie weet wat voor wapens zij nog meer hebben. We zijn gewoon ontvoerd!

Had ik mijn pistool maar bij me, dan was het nu een bloedbad geworden, want ik had ze allemaal door hun kop geknald. Des duivels ben ik, en ik voel me ook zwaar beledigd! Wat kan ik nu nog doen?! In het Nederlands roep ik tegen Brenda: 'Trek aan het stuur en maak een ongeluk, anders overleven we dit niet!' Meteen geeft ze een ruk aan het stuur en we slingeren over de weg. De ontvoerder is helaas zeer alert en corrigeert snel. Meteen maakt hij een slaande beweging naar Brenda. 'Niet doen!' schreeuw ik. Nu moet ik mijn hoofd koel houden, want Brenda is mijn grootste schat en haar mag niets overkomen.
'Luister, wat ik heb is veel meer waard dan jullie willen. Hier, mijn Rolex, mijn armband, alles mag je hebben. Die auto's staan niet eens op mijn naam. Daar heb je dus niks aan. Cash geld heb ik gewoon niet. Maar thuis hebben we een doos met pillen. Die kan ik aan je geven en dat is minimaal tweehonderdvijftigduizend euro waard.'
'Oké, prima, we willen die pillen wel hebben.' Pillen verkoop je daar voor tussen de drie en vijf euro per stuk. Dat zien ze natuurlijk wel zitten. Dus rijden ze naar het park en samen lopen we naar het huis. Ondertussen houden ze Brenda onder schot. 'Eén verkeerde beweging en we schieten haar dood.' Gespannen loop ik voor ze uit en ondertussen denk ik: mijn moeder is in dat huis, met ons kind.

De ripper loopt met mij mee, samen met nog een gozer. Had ik nou maar een pistool op mijn pillen gelegd. Dat doe ik normaal altijd. Er is nu geen uitweg, hoezeer ik die ook probeer te vinden. Ik ben gewoon de sjaak. Wie zegt dat ze ons niet alsnog afmaken als ze de pillen hebben? We zijn ontvoerd, wie weet waar ze nog meer toe in staat zijn. In Nederland hadden ze mij dat nooit durven flikken. In Portugal kent niemand mij, voor hen ben ik alleen een eenzame buitenlander die in de drugshandel bezig is en een hoop geld heeft.

Als ik het huis binnenloop staat mijn moeder daar. Haar gezicht vertrekt gelijk, ik zie dat ze weet dat het foute boel is. 'Mam, er is niks aan de hand, ze willen alleen de pillen. Het moet goed komen.' Tegen die gozer zeg ik: 'Doe mijn moeder niks. Kijk, hier heb je de dozen, alles zit erin.' Gelukkig gaan we snel weer weg. We lopen terug en ze duwen ons weer de auto in. Halverwege ons huis en de afslag stappen ze uit onze auto over in een andere auto. 'De sleutels gooien we ergens verderop wel neer.' Dan rijden ze weg.

Zodra het kan ren ik uit de auto om die sleutels te pakken. Snel duik ik mijn BMW weer in en race achter ze aan. 'Ik duw ze van de weg! Ik maak gewoon een ongeluk, ik duw ze eraf!' Brenda trekt aan mijn arm en schreeuwt: 'Laat ze gaan, het komt later wel!' Meteen denk ik: Ja, politie... al die pillen, al die toestanden... en ik heb ook geen wapen bij me. Ze heeft gelijk en een stuk rustiger rijd ik weer naar huis.

De volgende dag regel ik wel gelijk twee pistolen. We zijn allebei aardig in shock en dit willen we niet nog eens meemaken. Prima, die pillen ben ik kwijt. Gelukkig leef ik nog en zijn er geen gewonden gevallen, of erger. Toch doet die ontvoering wel wat met me. Het maakt me nog wantrouwiger.

Later hoor ik dat deze gast nog iemand heeft geript en vervolgens zelf uit wraak is onthoofd. Hij heeft het bij heel veel mensen gedaan en was dus erg gehaat. Dat wordt uiteindelijk zijn dood.

Mijn oom baalt stevig van deze rip en daarom besluiten we toch om nog een keer een partij van honderdduizend te maken zodat we in ieder geval nog wat winst overhouden aan het hele verhaal. Ook deze pillen verkoop ik moeizaam. Ik haal alvast de pillenmachine uit elkaar en zet hem in mijn eigen garage, totdat die naar Nederland getransporteerd kan worden. Ook de pillen moet ik bij mij thuis opslaan omdat het huis van mijn vriend wordt verkocht. Nog meer voel ik de noodzaak om de boel kwijt te raken. Dit moet niet gevonden worden. Ik wil immers een nieuw leven opbouwen.

Ondertussen zit de politie mij wel steeds meer op de nek. In Nederland hebben mensen mijn naam genoemd, hoor ik. Na onze breuk waren ze met hun eigen business verdergegaan. Daarvoor zijn ze vervolgens gepakt en nu hebben ze blijkbaar besloten om mij alles in de schoenen te schuiven. Door verraad en telefoontaps weet de politie dat ik in Portugal zit. De Portugezen moeten mij arresteren zodra Nederland daar groen licht voor geeft. Mijn goed beveiligde vesting hielden ze al in de gaten, om te kijken wat ik allemaal uitspookte. Maar ze deden nog niets, omdat

'ALLEN DIE NAAR
HET ZWAARD GRIJPEN,
ZULLEN DOOR HET
ZWAARD OMKOMEN.'

MATTHEÜS 26 VERS 52

ik ook niets deed. De hele dag zat ik binnen, ik zag niemand en sprak niemand.

Nu ben ik zichtbaarder voor hen, als ik naar mijn boot ga of naar andere mensen. Ze zien mijn oom, ze zien de bus waar we mee op pad gaan. Omdat ik hier echt niet gepakt wil worden ben ik extra voorzichtig. De straffen zijn hoog en de bajes is waardeloos. Nog even volhouden, dan is het klaar. Ik hoef alleen nog maar die pillen kwijt te raken en dan doe ik nooit meer iets in Portugal. Dan kunnen ze mij niks meer maken.

15

TE LAAT

Helaas loopt het anders. Op een dag pakken ze een paar kleine gastjes op vanwege bezit van pillen. Zij vertellen vervolgens van wie zij ze gekocht hebben en zo komen ze uit bij degene die het van mij heeft gekregen. Natuurlijk vertelt die persoon dat hij het van mij en Brenda heeft gekocht. Nu hebben ze genoeg bewijs om mij echt op te pakken. Dus komen ze. En ze weten inmiddels precies wat ik doe en waar ik ben.

In de avondschemering laat ik mijn hond uit, net als elke avond, en zoals altijd zeg ik tegen mijn zoontje: 'Zie je de sterren? Mooi hè! Die heeft God gemaakt.' Vreemd, ik ken God niet en toch is Hij vrij vaak in mijn gesprekken aanwezig.
Nadat ik ons zoontje naar bed heb gebracht, ga ik voor het huis in de tuin zitten, aan de weg. Daar wacht ik op Brenda, die even ergens geld ophaalt. Dit doe ik anders nooit, ik zit altijd achter het huis in de tuin, uit het zicht. Het duurt erg lang voor ze terug is. Terwijl de zon ondergaat zit ik daar en kijk om me heen. Opeens krijg ik een onbehaaglijk gevoel en ik weet: mijn leven zal nooit meer hetzelfde zijn. Iets gaat er radicaal veranderen. Het gevoel is heel sterk. Geen idee wat het is, maar ik ben er absoluut niet gerust op.
Morgen gaan we naar een nieuw huis kijken, we weten al dat we het willen hebben, we hoeven alleen maar ja te zeggen. Is dat de totale verandering? Het voelt anders, veel onheilspellender, niet positief. Als Brenda nu maar snel thuiskomt. Zij zal toch niet...? Eindelijk komt ze aangereden, onwetend van mijn angst. Opgelucht geef ik haar een zoen en daarna gaan we snel naar binnen. Morgen begint een nieuwe fase, daar hebben we veel zin in!

De nieuwe dag breekt aan, de zon is alweer op en ik word vroeg wakker. Na een douche kleed ik me snel aan. Met mijn zoon aan de hand laat ik nog even de hond uit voor we gaan. Samen lopen we door het graanveld

'OMDAT WAT VAN GOD GEKEND KAN WORDEN HUN BEKEND IS. GOD ZELF HEEFT HET HUN IMMERS GEOPENBAARD. WANT DE DINGEN VAN HEM DIE ONZICHTBAAR ZIJN, WORDEN SINDS DE SCHEPPING VAN DE WERELD UIT ZIJN WERKEN GEKEND ... ZODAT ZIJ NIET TE VERONTSCHULDIGEN ZIJN.'

ROMEINEN 1 VERS 19-20

GOED GENOEG

naast ons huis en de hond is lekker aan het rennen. Zoals altijd is het helemaal uitgestorven in deze buurt, de mensen die er wonen zijn allemaal zo
anoniem. Grote villa's met muren eromheen en overal camera's, het lijkt
wel of we ons allemaal willen verbergen voor de grote, boze wereld.

Opeens zie ik een auto een doodlopend stuk inrijden. Dat vind ik raar, zo
vroeg in de ochtend. Meteen denk ik weer aan de ontvoering. Het is nog
niet zo lang geleden en ik ben gelijk op mijn hoede. De auto keert, stopt
en er stappen een paar mannen uit. Mijn hart gaat sneller kloppen en ik
grijp de hand van mijn zoontje stevig vast. Niemand komt aan mijn kind.
Ze beginnen in het Engels tegen mij te roepen. Maar ik ben in Portugal
en zij zijn overduidelijk Portugezen. Waarom praten ze Engels tegen mij?
Hoe weten zij dat ik Engels spreek? Dit is niet goed. Wat nu weer? Komen
ze me weer ontvoeren? Mijn zoon duw ik meteen achter mij. De mannen
lopen naar mij toe en dan trekken ze hun pistool. *'Policia!'*
En dan weet ik het. Dit is de totale verandering. Waanzinnig, hoe ik dat
gisteren al voelde aankomen. Dan word ik uit mijn gedachten getrokken
als er twee agenten met getrokken pistolen recht voor mijn neus staan.
'Señor Toet?'
'Yes', zeg ik, wetende dat het nu klaar is.
'Houd uw handen voor uw lichaam.' Rustig doen ze mij de handboeien
om. Samen met mijn zoon word ik achter in de auto gezet.
'Het is oké', zei ik tegen hem. 'Niks aan de hand.' Ik ben blij dat het politie
is en geen ontvoering. Ze rijden een rondje met ons terwijl ze ondertussen allerlei vragen stellen.
'Weet u waarom we u hebben aangehouden?'
'Ik heb geen idee, maar dat gaat u me vast zo vertellen.'
'U bent aangehouden op verdenking van drugshandel, leidinggeven aan
een criminele organisatie en vuurwapenbezit. U hebt een groot probleem, meneer.' Ja, dat weet ik ook wel. Lekker snugger van hem.

Als we weer bij ons huis komen staan de straten vol met politieauto's en
busjes met draaiende sirenes. Binnen zit Brenda met handboeien vast aan
een stoel. Zo heftig! Ze nemen me mee het huis in zodat ik kan laten zien
waar de pillen en andere spullen liggen. Ze behandelen ons wel met respect en zijn heel vriendelijk.
'Sorry schat', zeg ik tegen Brenda, 'het spijt me heel erg voor je.' Als ze
alleen mij aanhouden kan ik dat nog wel aan. Natuurlijk heb ik weleens
gedacht: wat nou als je met je gezin in zo'n gevangenis in het buitenland
belandt. Angst daarvoor heeft me echt wel eens overvallen. Die duwde ik

dan snel weer weg. Nu wordt het realiteit. Duizend gedachten schieten door mijn hoofd. Hoe moet het met ons kind, met ons gezin, met onze spullen, het geld, met ons leven?

Als een mak lam wijs ik de spullen aan, omdat ze ze anders toch wel vinden. Voor de laatste keer neem ik het huis in me op. We hadden het net voor twintigduizend euro weer bewoonbaar laten maken. De keuken is mooi wit en netjes betegeld, de muren zijn allemaal strak wit, de meubels mooi schoon en de ramen glimmen. Ik zie hoe de grote schuifdeuren van mijn huis opengaan en kijk mijn tuin in. Alles staat er schitterend bij, de wind speelt zachtjes met de palmen en het water van mijn zwembad klotst zachtjes tegen de rand. Wat een weelde, en ik heb er nooit echt van kunnen genieten. Nu zal ik hier nooit meer terugkomen.

Ik laat ze de pillenmachine zien, en ook de pillen liggen duidelijk zichtbaar in mijn schuur. Dit is echt foute boel. Nadat de agenten zich vergaapt hebben aan ons mooie huis zegt één van hen: 'You have everything, you live a dream life, why do you still do this business?' Het lijkt wel of ze respect voor me hebben. Misschien omdat dit geen doorsnee inbraakje is. Ik grijns en denk alleen maar: droomleven? Je hebt geen idee waar je over praat, jij ziet alleen de buitenkant.

Zo nu en dan probeer ik een blik op Brenda en mijn zoontje te werpen. Dat jochie heeft geen idee waarom mama aan een stoel vastgebonden zit en papa geboeid met allemaal mannen door het huis loopt. Beschaamd kijk ik naar de grond. Wat voor man en vader ben ik...

Inmiddels hebben ze ook de wapens, de sieraden en het kleine beetje geld gevonden en ingeladen in hun busje. Dan worden Brenda en ons zoontje in een politiewagen gezet. Mij brengen ze naar een andere auto. Nog één keer kijk ik naar ons huis. Spijt, boosheid en verdriet vullen mijn hart. Wat een puinhoop, terwijl het zo mooi had kunnen zijn. Dan hoor ik de hond wanhopig blaffen.
'Mijn hond!' roep ik, maar die mag natuurlijk niet mee. 'Laat me de buren vragen om voor haar te zorgen totdat iemand haar voor mij ophaalt.' Dat keuren ze gelukkig goed. Mijn hond is zo belangrijk voor me, die pakken ze me niet af.

Aangekomen op het bureau word ik meteen naar een lelijke, vieze, oude cel gebracht. Het stinkt er enorm en het is erg smerig. Zou Brenda ook in zo'n vieze cel zitten? Geen idee waar ze haar naartoe hebben gebracht, ik wil haar zien! Op het politiebureau stallen ze al onze pillen uit en moet ik laten zien hoe de machine werkt. Ze tellen hoeveel pillen we per uur kunnen maken en zo rekenen ze uit hoeveel ik er dus in totaal heb gedraaid. Ze maken er een hele toestand van en ik weet: we zitten diep in de shit.

Ook Brenda is de pineut, hoewel ze maar zijdelings betrokken was. Ze wist wel wat ik deed en was altijd bij me, maar ze had dit echt nooit gedaan als ik haar er niet in had meegetrokken. Zij haalde soms geld op of bracht een zak pillen weg. Ondanks haar kleine rol hebben ze haar dus wel gezien en daarom wordt ook zij gearresteerd. We zijn er allebei gloeiend bij.

En dan is het meteen groot in het nieuws: *'XTC-laboratorium opgerold in Portugal, het eerste in de geschiedenis!'* Het wordt helemaal opgeblazen. Ik was al clean en aan het afronden. Dit leven wilde ik helemaal niet meer, alles zou anders worden. Alles wás al anders. Maar daar heeft niemand een boodschap aan...

Ons zoontje gaat naar mijn moeder in Nederland, Brenda en ik worden gescheiden door detentie. Het drama is nu compleet. Nu ben ik echt alleen, eenzamer dan ooit. Ik bereid me voor op wat er nog gaat komen. Het zal geen pretje worden, maar ik zal mijn hoofd omhoog houden en als een man ten onder gaan als het zover komt.

Page 3

Police close drug 'factory'

Police have shut down a major drugs "factory" and seized 82,991 ecstasy tablets from a house in Albufeira. The Faro PJ arrested two foreign suspects and four Portuguese nationals aged between 19 and 35 at the factory and seized laboratory equipment.

The factory apparently specialised in producing pink and orange tablets with a ring logo stamped on them, which police suspect were distributed across Europe. According to Gonçalo Amaral, the co-ordinator of the investigation, officers have discovered that the network has links with several other countries and police expect more arrests as their investigations continue.

[…] hile, the GNR has […]

ACASOS

DROGA

'ECSTASY'

Foram descobertas no Algarve 83 mil pastilhas

'Made in Portugal'

Foi descoberta a primeira fábrica portuguesa de 'ecstasy', em Albufeira. Ao fim de um ano de investigações, a Polícia Judiciária apreendeu ali 83 mil pastilhas e outras substâncias utilizadas para fazer a droga, além de três armas de fogo, munições e dinheiro. A PJ deteve ainda dois cidadãos estrangeiros, suspeitos de se dedicarem ao fabrico do produto, e quatro estudantes que o vendiam, todos com idades entre os 19 e os 35 anos.

XTC-laboratorium Portugal

[…]ELA PJ

[…]caína […]na

[…]iciária (PJ) dete[…] Grande Lisboa, […]s suspeitos de […]a e apreendeu […]dividuais de he[…] foi ontem anun[…]

[…]lianta, em comu[…]oga apreendida, […] uma busca do[…]veniente do cen[…] destinava-se a […]a em Portugal. […]a busca domici[…]do produto sus[…]roína, com um […]nitiria obter cer[…]es individuais, e […] de ser cocaína […]e permite obter […]oses individuais, […]ava escondida", […]cado da PJ. […]etidos, três do […] um do sexo fe[…]dãos portugue[…] entre os 23 e […]os têm antece[…] por tráfico de […] casos, por ho[…]

[…]is […]ptado

[…]eral das Alfân[…] em Junho, en[…]s, 33,12 quilo[…]aína e 34 de […]u aquele orga[…]

[…]eral das Alfân[…]ostos Especiais […]no (DGAIEC), […], dá conta da […]dois veículos, […]sóleo colorido, […]00 mil dólares […] 6 milhões de […] (uma moeda […]e 10.760 es[…] Marlboro. –

POLÍCIA JUDICIÁRIA FAZ MAIOR APREENSÃO

Ecstasy era feito em Albu[…]

Laboratório produzia milhares de pastilhas por dia

MADALENA BENTES ▶ **Faro**

A Polícia Judiciária (PJ) de Faro desmantelou, em Albufeira, um laboratório de fabrico e comercialização de ecstasy, o primeiro a ser detectado pelas autoridades em território nacional. A operação resultou na maior apreensão deste produto no nosso País, num total de 82.991 comprimidos.

Na sequência da acção, denominada 'Operação Laboratório', foram detidos seis indivíduos, com idades compreendias entre os 19 e os 35 anos, dois dos quais de nacionalidade estrangeira, responsáveis pela fábrica instalada na região há pelo menos um ano. Os restantes quatro suspeitos, todos portugueses e estudantes, dedicavam-se à revenda do produto no mercado nacional, a partir do Algarve.

De acordo com o coordenador de Investigação Criminal da PJ de Faro, inspector Gonçalo Amaral, a operação resultou de investigações realizadas nos últimos doze meses, período durante o qual foram efectuadas diversas apreensões de comprimidos identificados com o mesmo logotipo, consistência e cor, provenientes do referido laboratório. Trata-se, segundo se apurou, de 'pastilhas' fabricadas com produtos provenientes de um país europeu, não divulgado pela PJ, revestidas pelas cores salmão e rosa, que apresentam numa das bases o desenho de um anel.

Características que permitiram aos inspectores da PJ localizar o laboratório onde operavam os dois estrangeiros, cuja nacionalidade não foi revelada.

Na residência onde se encontrava instalada a fábrica, protegida por um sofisticado sistema de vigilância electrónico, foram detectados, para além dos comprimidos já acondicionados em várias dezenas de pacotes destinados à revenda, diversas matérias utilizadas na composição do ecstasy e objectos necessários à sua produção, entre os quais, embalagens de corantes e uma prensa. No local foram ainda apreendidas três armas de fogo, um computador, um automóvel e dinheiro presumivelmente proveniente da actividade ilícita.

CIRCUITO INTERNACIONAL

De acordo com o inspector Gonçalo Amaral, o laboratório desmantelado em Albufeira era responsável pela transformação final dos comprimidos de ecstasy, fabricados a partir de produtos que entravam em Portugal através de um circuito internacional, cuja ligação a esta rede está agora a ser investigada.

A 'Operação laboratório' contou com a colaboração de outros departamentos nacionais da Polícia Judiciária, com vista a apurar a área de actuação da rede, desde o Sul ao Norte do País.

▲ A DROGA ESTAVA ACONDICIONADA EM DEZENAS DE PACOTES

MADALENA BENTES

QUATRO MORTES EM PORTUGAL

▶ Quatro mortes verificadas em Portugal, no ano passado, estarão relacionadas com o ecstasy, de acordo com as autópsias respectivas. Os exames legais aos cadáveres indicaram, a par de outros estupefacientes, a presença de MDMA, a substância activa desta droga sintética que desidrata e pode aumentar o ritmo cardíaco, bem como, segundo estudos estrangeiros, causar lesões no sistema nervoso central e no fígado.

PRINCIPAIS APREENSÕES

DATA	LOCAL
2002/Maio	Leiria
2001/Março	Samora[…]
2002/Janeiro	Lisboa
2002/Fevereiro	Lisboa
2002/Fevereiro	Matosin[…]
2001/Maio	Lisboa
2002/Janeiro	Arraiolo[…]
2001/Março	Lisboa
2002/Junho	Estoril
2002/Abril	V. R. S.[…]

* quantidade em milhares

DROGA[…]

▶ SUB[…]

O ecstas[…] cujas apr[…] subido. E[…] comprimi[…] que repre[…] 305%. E […] mantém-[…] semestre […] 119.059 […] crescime[…] relação à[…] igual per[…] subida pe[…] registada[…] semestre[…] comprimi[…]

▶ AVIÃ[…]

O avião é […] mais usad[…] ecstasy e[…] menos a j[…] apreensõe[…] passado, […] comprimi[…] chegaram […] 24% provi[…] pesada e […] por carro […]

▶ LISB[…]

A maior ap[…] foi agora […] normal era[…] Em 2001, […] 82.440 pas[…] metade d[…] Branco, G[…] tiveram ap[…]

16

IN DE GEVANGENIS

Nuchter kom ik de gevangenis binnen. En wat ik zie is gewoon een hel. Dreigend staan ze voor me in de grote, betonnen hal. Tientallen, misschien wel honderden gevangenen, verspreid over verschillende groepjes, maar allemaal één lang moment omgedraaid naar mij, die nieuwe. Rechts en links van de grote betonnen hal zie ik twee verdiepingen met cellen, afgesloten door stalen deuren. Van sommige deuren zijn de hoeken verbogen, ik kan wel raden hoe dat is gebeurd. Hier en daar is een raam gebroken en overal liggen peuken en bekertjes op de grond. Nee, dit is duidelijk geen Nederlandse bajes.

Daar sta ik dan, in mijn armen een deken en een tandenborstel, dat is alles. Achter mij valt de deur met een luide knal in het slot, de echo galmt nog lang na. Daarachter ben ik zojuist gevisiteerd. Hun handen waren overal, op plaatsen waar ik ze niet wilde hebben. Billen uit elkaar, balzak omhoog, niets was te gek. Al ken ik het ritueel, het blijft zo vernederend. Hun harde commando's in mijn gezicht, terwijl ik geen bal van dat Portugees versta. En ze vertikten het om Engels te praten, wat ik ook probeerde. 'Doe effe normaal man, wat wil je nou?' Geïrriteerd en opstandig werd ik ervan.
Over buitenlandse gevangenissen heb ik genoeg gehoord om te weten dat ik nu zwaar in de shit zit. Mijn aanklacht is zwaar, mijn verblijf hier zal echt wel even gaan duren. Ondertussen ben ik alles kwijt: Brenda zit aan de andere kant van Portugal in een gevangenis, mijn kinderen zijn ver weg en er is beslag gelegd op mijn huis en mijn spullen. Iedereen wordt in de gaten gehouden, ik kan niemand bellen.

Nu sta ik hier tussen al die gasten. Stuk voor stuk kijken ze naar mij, onderzoekend: wie is die gast? Ik ken dit spelletje en geef een blik van: kom maar op! Als een pitbull sta ik klaar om van me af te bijten, om te overleven. Snel scan ik de ruimte. De groep agressief kijkende Russen moet ik niet hebben, die lui zoeken veel te snel bonje. Er lopen ook veel jonge Portugese gasten die erg druk staan te schreeuwen. Daar wil ik niet mee geassocieerd worden.

Ergens in de hoek staan wat Europees uitziende kerels rustig te kijken. Ondertussen praten ze door, al houden ze me wel in de gaten. Dat moeten de wat zwaardere jongens zijn, die zijn relaxter dan die jonge gastjes. Daar moet ik zijn. Zelfverzekerd stap ik op ze af. Voor ik er ben beginnen ze al te praten. 'Jij bent die Nederlander, hè. Wij hebben je gezien man, op tv, jij zit toch voor die XTC-fabriek?' Mijn reputatie is me al vooruitgesneld dus. Dat voelt toch goed, ondanks de ellende waar ik in zit.

Direct willen ze van alles van me weten en staan er van die kereltjes voor me die dingen voor me willen regelen: mijn cel schoonmaken, koffie voor me halen. Zo werkt dat: degene die onder aan de ladder staat werkt voor degene die er net boven staat. En dat voor twee sigaretjes, of een telefoonkaart met één euro erop. Handig. Eerst maar eens ontdekken wie wie is, voordat ik iets met iemand aanga. Ik kan mezelf wel redden, ik heb nog even niks nodig.

De spanning tussen de Russen en Portugezen heb ik goed aangevoeld. De Russen spelen de baas en de Portugezen zijn dat al vrij snel zat. Als dat uitloopt op een oorlog vallen er doden, het gaat er heftig aan toe. En zo word ik gelijk ingewijd in hoe het hier werkt. Dat het eten niet te vreten is en dat er geen programma is. Van 's ochtends tot begin van de avond hangt iedereen rond op de binnenplaats of buiten. Bewaarders wagen zich er nauwelijks tussen, en als ze komen is het vaak vanwege een incident, en meestal te laat. Om zeven uur 's avonds gaan de celdeuren dicht tot de volgende ochtend. In die tijd ben je overgeleverd aan je celgenoten.

In mijn achtpersoons-cel staan vier stapelbedden, er is een wasbak en een gat in de grond, dat is het. Er slapen allemaal Portugezen en ze hebben helemaal hun eigen ding, ik hoor daar niet bij. Best lastig. We zitten dicht op elkaar, het gat in de grond kan ik vanuit mijn bed zien en dat is vreselijk ranzig. De spetters zitten overal en het wordt nooit schoongemaakt. Vanuit de andere bedden komen allerlei geluiden die ik niet wil horen. Sommigen hebben 's nachts seks met elkaar. Dus heb ik oordoppen in. Ik draai me om naar de muur en denk vooral: mijn God, waar ben ik in terechtgekomen? Slapen is niet eens belangrijk, ik wil gewoon dat soort onzin niet in mijn omgeving.

'DE HEERE,
UW GOD,
IS IN UW MIDDEN,
EEN HELD, DIE
VERLOSSEN ZAL.'

ZEFANJA 3 VERS 17

Bang hoef ik niet te zijn, heb ik al snel door, de Portugezen zijn geen bedreiging voor mij. Dat is erg prettig, want zelfs in je bed niet veilig zijn is slopend. Overdag moet je hier wel alert zijn. Er gebeurt van alles, je hebt zomaar een mes in je buik als je kop iemand niet aanstaat. Op een keer zie ik opeens tien, vijftien man op een jongen springen. Ze gaan net zolang door tot die gast niet meer beweegt, en weg zijn ze, nog voordat de bewakers er zijn. De gewonde gast wordt afgevoerd, geen idee waarheen. 'Wie heeft dit gedaan', brullen de bewakers, maar zij weten net zo goed als wij dat zij er nooit achter zullen komen. Niemand zegt wat. Straks ben jij de volgende. Die gast heb ik niet meer gezien.

Zelf zoek ik geen ruzie en probeer geen vijanden te maken. Het gevaar zit in een klein hoekje, dus je moet wel altijd voorzichtig blijven. Soms heb ik problemen, maar dan zijn er anderen die het voor me sussen. 'Laat deze man met rust, jongen, anders heb je een probleem.' Ik heb geen zin in gedoe, ik ben vooral bezig te overleven en m'n territorium af te bakenen. Dat doe ik door vrienden te maken en daar gebruik ik ook geld voor. Zo werkt dat. Gelukkig heb ik een manier gevonden om weer bij mijn geld te kunnen. Dat maakt het leven binnen namelijk een stuk makkelijker. Bewakers zijn gemakkelijk om te kopen. Hun zware en gevaarlijke baan betaalt minder dan het minimumloon. Dus voor een paar honderd euro halen ze eten uit een restaurant, brengen ze boodschappen en telefoons, je kunt het zo gek niet bedenken. Zelfs watermeloenen met wodka erin laat ik binnensmokkelen. Terwijl ik zelf niet eens drink. Ik doe het alleen maar om status te krijgen.

Geld is macht. Dat weet ik mijn hele leven al. Met geld kocht ik alles wat ik wilde hebben. Het ging altijd om míj, dat het beter was voor míj. Nooit zag ik de gevolgen van het geld dat zíj in bezit kregen, wat dat voor hén betekende. Ik gaf alleen om míjn doel te bereiken. Nu geef ik een paar sigaretjes aan een jongen die elke dag een glas jus d'orange voor me perst en elke dag m'n cel schoonmaakt. Deze jongen kleeft zowat aan m'n rug. Hij is zo gek als een deur, maar zó loyaal vanwege die paar peuken die ik hem dagelijks geef. Hij kan altijd wel aan eten komen, maar die sigaretten zijn echt kostbaar voor hem. Man, die paar euro is echt niks voor mij, en hij is zo gelukkig! Nu pas zie ik wat je met geld kunt doen voor een ander. Dit geven verandert mij. Het gaat niet meer alleen om mijzelf.

Eén van de jongens zit elke dag twee uur lang bij de verpleging om voor mij ibuprofen te halen. Sinds ik binnen ben heb ik chronische koppijn, misschien van de spanning en de focus die ik hierbinnen de hele dag moet hebben. Zelf heb ik geen zin om op die pijnstillers te wachten. Hij helpt mij, maar ik help hem ook, zie ik. Ik geen koppijn en hij een paar peuken en wat te snaaien. Jongens wassen mijn kleren in ruil voor eten of geld. Ik mis het niet eens, al geef ik duizend euro weg, maar voor hen is het waardevol. En zij blijven wél trouw. In tegenstelling tot zo veel mensen die ik vroeger veel geld gaf.

Steeds meer besef ik dat er meer mensen zijn dan ikzelf en dat het leven kostbaar is. Tegelijk is er een leegte in mij die met niets is op te vullen. Die leegte maakt dat ik mezelf ga onderzoeken. Wat een jungle is het, die hele drugswereld. En hoe wonderlijk is het dat ik clean ben en er zelfs niet meer naar taal, terwijl ik de hele dag mensen met drugs bezig zie. Die gasten zijn helemaal de weg kwijt en kunnen amper op hun benen staan. Opeens is het niet meer normaal voor me, terwijl ik daar vijftien jaar lang in zat en nog maar een half jaar vrij ben van drugs. Echt ongelooflijk!
Het is een bevrijding, en tegelijk zit ik vast, tussen deze muren van de hel. Hoe kom ik hieruit?

'DE HEERE IS NABIJ
DE GEBROKENEN
VAN HART,
HIJ VERLOST DE
VERBRIJZELDEN
VAN GEEST.'

PSALM 34 VERS 19

17

GEMIS EN VEROORDELING

Mijn hart breekt om wat ik mis. Elke kleine herinnering doet pijn. *Zijn handje voelt klein en zacht. Mijn arm wordt iets naar achter getrokken, zijn kleine beentjes kunnen mij niet zo snel volgen, en ik pas mijn snelheid aan. Samen lopen we langs de wijngaarden die zich voor ons huis uit- strekken. Zoals elke avond lopen we hier, mijn jongste zoontje, de hond en ik. De nacht heeft het licht laten verdwijnen zodat aan de hemel miljoenen sterren prachtig zichtbaar zijn. En die ene, die is zo prachtig, zo fel. 'Kijk knul', zeg ik. 'Zie je die ster? Mooi hè! Heeft God gemaakt.'*

Mijn hand veegt ruw langs mijn gezicht. Het vliegt me aan, die leegte, dit moment. Zo vanzelfsprekend was het, dat rondje wandelen elke avond met mijn zoontje. Geen idee wie God was maar ik wist: Hij is er, Hij be- staat en Hij is machtig. En mijn jongste luisterde. Hij was bij me. Toen wel. Nu zit ik hier, alleen. Nu is hij zo ver weg, zo onbereikbaar. Geen rondje wandelen met hem, alleen af en toe een babbeltje aan de tele- foon, maar wat zeg je tegen een kleuter? We maken niets mee samen, ik ben niet in zijn leven, en ook niet in dat van mijn andere zoon en de dochters van Brenda, van wie ik houd als mijn eigen kinderen.. Nu ik nuchter en alleen ben doet het zo'n pijn...
Weer zie ik de ster en ik weet dat Brenda hem ook ziet, op dit moment. Van- uit haar cel aan de andere kant van Portugal denken we aan elkaar en zo zijn we aan elkaar verbonden. Maar wat mis ik haar verschrikkelijk! Omdat ik *high profile* schijn te zijn, vluchtgevaarlijk, mag ik niet bij haar op bezoek, terwijl anderen wel hun dierbaren mogen zien. Ze durven een transport van mij gewoon niet aan. Belachelijk. Bellen of schrijven mag ik haar ook niet. Mijn brieven worden onderschept en doorgelicht. Nu stuur ik brieven naar een celmaat van Brenda en zij stuurt haar brieven naar een andere gede- tineerde hier bij mij, die de brieven weer aan mij doorgeeft. Schrijven doe ik veel, het gaat allemaal over de liefde. Inmiddels heb ik ook een telefoon geregeld en kan zij mij stiekem bellen, elke dag om dezelfde tijd.

Brenda zit met dertig vrouwen op een cel, vreselijk vindt ze het. Haar ellende maakt het gemis alleen nog maar pijnlijker. Ik wil bij haar zijn, en bij ons zoontje. Ik durf niet eens te denken aan mijn andere zoon en beide dochters. Nooit heb ik tijd voor ze gemaakt om ze echt goed te leren kennen, altijd was ik met mezelf bezig. Nooit heb ik ze geleerd wat goed was, ik heb ze zo tekortgedaan.

Ik wil hier weg, weg van dit waardeloze leven. Alles kan ik kopen, maar ik heb niks. Wat heeft het me allemaal wel niet gekost? Wat staat me nog te wachten?

Al die jongens hier hebben dezelfde dromen en ambities als ik, al hebben zij ze meestal niet waargemaakt. Aan de muur van mijn cel hangen foto's van mijn auto's, mijn tafel vol sieraden, mijn villa en al dat geld. Het zogenaamde bewijs dat ik een serieuze jongen ben. De jongens willen in mijn buurt zijn, ik heb status, ik heb het gemaakt. Ja, ik ben goed genoeg. Dat wilde ik toch altijd? Schouderklopjes krijgen, indruk maken, winnaar zijn. Nou, dat is nu gelukt. Knap hoor! Nu zie ik dat hun lach gemaakt is. Nu realiseer ik me: wat een verschrikkelijke wereld is dit.

Samen met Julio, een celmaat van me, vraag ik een tweepersoons-cel aan en het wordt toegekend, wonderlijk genoeg. Nu hebben we ons eigen plekje: veel beter, meer rust. Samen gaan we er het beste van maken. We worden vrienden en ik beloof hem te helpen met het opzetten van een bedrijf als hij vrijkomt. Hij wil goedkoop limousines kopen, legaliseren en doorverkopen. De eerste limo zal ik hem geven. Julio wil dat ik met hem meedoe in het bedrijf. 'Nee, ik ga niet meedoen', zeg ik. 'Als ik vrijkom ben ik weg, zo snel mogelijk naar Nederland, het is hier klaar!' Julio leert me Portugees, vooral door de ondertiteling bij de vele films die we samen kijken. Dat helpt me natuurlijk enorm in het contact met de Portugezen. Zo kan ik de juiste mensen vinden, steeds beter communiceren en ondertussen natuurlijk ook mijn gal spuien over hoe corrupt het hier is. Niet over hoe corrupt wíj zijn, maar hoe corrupt het systeem is, hoe negatief het werkt, en hoe vreselijk lang alles duurt. Twee jaar voorarrest voordat je veroordeeld wordt, belachelijk, dat kan toch ook wel in een paar maanden! Twee jaar lang onzekerheid, twee jaar geen bezoek, geen verlof, niks. In hoger beroep ga je niet, want dan duurt het nóg langer.

Advocaten lopen af en aan. Ze willen geld verdienen en beloven mij gouden bergen. 'Prima', zeg ik tegen één van hen. 'Ik wil mijn huis en spullen

'VADERS, TERG UW KINDEREN NIET, OPDAT ZIJ NIET MOEDELOOS WORDEN.'

KOLOSSENZEN 3 VERS 21

terug. Voor mijzelf wil ik een lage straf en mijn vrouw moet naar huis. Dus kom maar op met je plan.'

De advocaat heeft dollartekens in zijn ogen en zegt: 'Als jij mij vijftig-duizend euro betaalt, kan ik wat voor je betekenen.' Zo zeg, dat is niet misselijk. Al heb ik het geld wel, ik vertrouw het toch niet. Hoe zou hij mij kunnen helpen? Volgens mij ben ik gewoon de sjaak: gepakt met een XTC-fabriek en tachtigduizend pillen klaar voor de verkoop. Wat zou een advocaat in vredesnaam nog kunnen doen?

'Kun je me garanderen dat je wat voor me kunt doen?' vraag ik hem. Nee, dat kan hij niet. Dat gaat hem dus niet worden. 'Voor die 50K kan ik echt wel wat leukers bedenken.' Uiteindelijk betaal ik 'slechts' vijfduizend euro aan een advocate en zij doet zo veel ze kan.

Zij komt erachter dat er zeven gasten zijn opgepakt met pillen die ik zou hebben gemaakt. 'Ik ken die gasten niet en heb ze niks verkocht!' roep ik uit als ze het mij vertelt.

'Tja, dat interesseert die Portugezen niets, zij zien een link en dus leid jij een organisatie. Daar staan nog veel zwaardere straffen voor. Ze kunnen je maximaal vijfentwintig jaar geven, maar we gaan natuurlijk proberen dat naar beneden te krijgen.'

Vijfentwintig jaar? Doe effe normaal! Wat is dit voor onzin? Vijfentwintig jaar, dat gaat er bij mij niet in. Toch is het de realiteit, ik weet dat een paar jongens echt vijfentwintig jaar hebben gekregen voor drugshandel. Dat is echt heel erg lang, dat trek ik niet.

Mijn advocate stelt mij gerust: 'Het gaat voor jou waarschijnlijk niet zo-veel worden.' Maar wanneer ik haar vertel hoe vaak ik heb vastgezeten, hoe ik ben gevlucht uit Nederland en wat ik hier in Portugal heb gedaan zegt ze ineens een beetje lacherig: 'Nou, vijfentwintig jaar zou toch zo-maar wél kunnen! Want je hebt toch eigenlijk best wel... uh... Het is niet de eerste keer dat je vastzit ofzo, hè'.

Ik vind het helemaal niet grappig. 'Maak ze duidelijk dat ik niks met die jongens te maken heb!' Meerdere keren word ik opgehaald voor verhoor, maar mijn antwoord is steeds hetzelfde: 'Ik heb niks te melden.' Ook wordt mijn oom een paar keer genoemd vanwege telefoontaps waarin ik met hem bel, maar ik ontken in alle toonaarden. 'Mag ik niet bellen met mijn oom ofzo?' Het zit me erg dwars dat Brenda ook vastzit en ik denk hard na hoe ik haar vrij kan krijgen.

Eindelijk begint mijn rechtszaak. Het is inmiddels 2004 en ik zit hier al twee jaar. Het is een hele toestand. Natuurlijk ben ik nog steeds high profile, dus staat er een groep ninja-achtige figuren om mij heen om me

'MAAR WIE ONRECHT DOET, ZAL HET ONRECHT DAT HIJ GEDAAN HEEFT TERUGKRIJGEN; EN ER IS GEEN AANZIEN DES PERSOONS.'

KOLOSSENZEN 3 VERS 25

naar de gepantserde auto te escorteren. Voor en achter ons rijden motoren, en alles is afgezet alsof ik een oorlogsmisdadiger ben. Ik mag niets meenemen en zit geboeid in de wagen. Eerst rijden ze een aantal rondjes om het gerechtsgebouw. Overal staan mensen, sommige met fototoestellen, gewapende mannen met kogelvrije vesten en politiehonden. Uiteindelijk stopt de wagen tussen allerlei andere voertuigen. De deur gaat open, mijn hoofd wordt ruw naar beneden gedrukt en vliegensvlug word ik naar binnen geloodst. Ik mag met niemand praten.

Het proces duurt van 's ochtends negen tot 's avonds tien. Als enige zit ik de hele dag in de rechtszaal tussen die hele rits ninja's, die mij en de omgeving constant gespannen in de gaten houden. Alle andere verdachten en Brenda zitten in een rustige ruimte waar ze kunnen kletsen en naar het toilet kunnen. Als ík naar het toilet moet laten ze me eindeloos wachten. Doodmoe word ik ervan. Geef me mijn straf nou maar, dan is het klaar.

Zo simpel zien zij het blijkbaar niet. Het eerste gedeelte gaat niet best, en na de pauze loopt de rechtszaal weer helemaal vol. De gastjes die ze hebben opgepakt ken ik helemaal niet, maar door hen wordt mijn zaak zo groot. Zij balen er ook van. Door de link met mij worden zij in een organisatie geplaatst en wordt hun zaak ook ernstiger. Ook Brenda wordt erbij gehaald, terwijl zij alleen in beeld is omdat ze mijn vrouw is. Het ziet er echt beroerd uit. Wij zitten allebei vast en kunnen niet bij onze kinderen zijn. Straks zijn we alles kwijt en we kunnen er niks tegen doen.
Nee. Dit laat ik niet gebeuren. Als Brenda maar vrijkomt, dan kan zij thuis alles opvangen. In gedachten neem ik een beslissing: ik ga dit anders aanpakken. Ze moeten mij hebben en de rest laten gaan. Ik ga de waarheid vertellen. Zonder verder na te denken sta ik op.
De rechter fronst: 'Wilt u wat zeggen?'
Ja, ik wil wat zeggen. Mijn Portugees is inmiddels best aardig en luid en duidelijk verklaar ik: 'Ten eerste. Al die mensen die in mijn rechtszaak zitten: ik ken ze niet. Dat zulke straatdealertjes in mijn proces gestopt worden is een schande voor wie ik ben als crimineel. Ik ben een fabrikant en zij zijn maar straatdealertjes. Nogmaals, ik ken die gasten niet en zou ze nooit vijftig of honderd pilletjes verkopen. Ik verkoop alleen grote hoeveelheden pillen.
En dan ten tweede. Over mijn vrouw: als zij niet doet wat ik vraag, laat ik haar alle hoeken van de kamer zien. Zíj móet doen wat ik haar opdraag. Als ik haar zeg: "Jij gaat geld halen!" gaat zij geld halen. Doet ze dat niet, dan heeft ze een probleem! Zij voert alleen maar uit. Laat haar gaan!'

De rechter kijkt me boos aan. 'Jij bent brutaal!'
'Nee', zeg ik, 'dat is niet brutaal, dat is gewoon de waarheid. De enige crimineel die hier vandaag aanwezig is ben ik. En als je iemand wilt straffen
moet je mij straffen! Laat hen niet het slachtoffer worden van mij. Jullie
willen mij hebben? Nou, hier ben ik. Ik vertel jullie alles wat jullie willen
weten.'
De boodschap komt duidelijk over en ze lijken erin mee te gaan. Toch
ondervragen ze de jongens nog wel. De jongen die eerder verklaarde dat
hij ook pillen had gekregen van Brenda zegt nu – op dwingend verzoek
van mij – dat hij haar alleen maar geld heeft gegeven. Mooi. Deze nieuwe
verklaring helpt Brenda's zaak enorm. Daarna zijn ze vrij snel klaar en dan
mogen we weer gaan, net zoals we gekomen zijn. Wat een toestand.

Veertien dagen moeten we wachten voordat we terug kunnen naar de
rechtszaal voor het vonnis. En de vurig gewenste uitspraak komt er. De
zaal ontploft bijna! Alle jongens worden in vrijheid gesteld en Brenda
wordt per direct vrijgelaten! De enige die veroordeeld wordt ben ik: elf
jaar en negen maanden luidt het vonnis. We krijgen alles terug: ons huis,
onze auto's, onze sieraden, alles.
Nee, ik ga niet in beroep, ik ben allang blij dat ik geen vijfentwintig jaar
heb gekregen! Én ik ben zo blij dat Brenda vrij is. Nu kan zij bij de kinderen zijn. En het belangrijkste: we vragen overplaatsing naar Nederland
aan. Daar zijn de straffen veel lager en dan ben ik over een paar jaar al
vrij. Ik bedank de rechter en de advocaten bedanken mij, want hun cliën-
ten zijn vrij door mijn actie. Met een glimlach van oor tot oor loop ik mee
met de ninja's. Ze snappen er niks van: die gozer krijgt net bijna twaalf
jaar, waarom lacht-ie? Nou, omdat het veel erger had kunnen zijn!

Het is nog een hele toer om al onze spullen weer terug te krijgen. Zo
hangt ons camerasysteem opeens aan het politiebureau en staan onze
meubels inmiddels niet meer in de opslag, maar bij mensen thuis. Gewoon ingepikt, 'te leen' natuurlijk, maar toch is teruggeven blijkbaar lastig.
Wat een corrupt systeem. Bizar hoe mensen wilden profiteren van ons,
terwijl ons leven aan het instorten was. Brenda verkoopt vervolgens alles
zo snel mogelijk, inclusief het huis, en gaat naar Nederland. Eindelijk is zij
weer bij de kinderen en de familie, dat scheelt mij een hoop zorgen.

'DEZE ELLENDIGE RIEP EN DE HEERE HOORDE; HIJ VERLOSTE HEM UIT AL ZIJN BENAUWDHEDEN.'

PSALM 34 VERS 7

18

MADEIRA

Nu ik veroordeeld ben, willen ze niet langer een risico met mij nemen door me in een niet al te best beveiligd Huis van Bewaring te houden. Daarom sturen ze me naar Madeira, een klein eiland met de zwaarst bewaakte gevangenis van Portugal. Daaruit is nog nooit iemand ontsnapt. We maken een tussenstop in Lissabon, waar ik overnacht in een isolatiecel. Het is er pikkedonker, ik heb geen benul van tijd en voel me ontzettend verloren. Overal hoor ik geritsel en gepiep, ongedierte is hier niet vreemd. Woedend stamp ik een paar keer flink luid op de vloer: wegwezen met die beesten.

De volgende morgen staan de ninja's alweer klaar om me over te vliegen naar mijn nieuwe onderkomen. Het is een grote gevangenis, zie ik meteen. Er zijn vier afdelingen met daartussen twee kleine en twee grote luchtplaatsen. Dat ziet er prima uit. Een bewaarder brengt mij echter naar een cel voor mij alleen, een kale cel met verder niets. Geen radio en tv, en ik mag ook niet bellen of bezoek ontvangen. Ik krijg gevangeniskleren aan en word nummer vijf. Geen Johan meer, maar nummer vijf. Ze leggen me heel duidelijk uit hoe het hier gaat en wat de regels zijn. Dan laten ze me achter, alleen in mijn cel.
Wat is dit, een soort quarantaine? Ik dacht dat ik aardig wat gewend was, maar dit is weer wat nieuws. De dagen gaan traag voorbij, de muren komen op mij af en langzaam voel ik dat ik gek ga worden. Dit trek ik niet, twaalf jaar in isolatie! Gelukkig is dat niet het geval. Na acht of negen dagen mag ik er eindelijk uit.
De bewaker brengt me naar een grote cel met twaalf man. Dat is wel weer een grote overgang, maar beter dan geïsoleerd. Er is een grote luchtplaats, echt gigantisch, waar we kunnen voetballen. Er staan ook tafeltjes, je kunt er fitnessoefeningen doen en overal liggen kleedjes om op te chillen. De sfeer is minder heftig dan ik gewend ben, de jongens zijn behulpzamer. Dit is prima!

Midden in de nacht word ik echter weer van mijn bed gelicht en naar een andere afdeling gebracht. Krijg nou wat, ik moet weer op een eenper- soons-cel, zonder tv, zonder radio! Ik snap er niets van en ga de volgende dag verhaal halen bij de chef. Hij kan het wel uitleggen. 'We hebben een fout gemaakt. Kijk, die grote luchtplaats, daar kan een helikopter landen en jou weghalen. Omdat je vluchtgevaarlijk bent kun je dus niet op die afdeling zitten, er is te veel risico op ontsnapping. Deze luchtplaats is klei- ner, hier kan geen helikopter landen.'
Echt serieus, meent hij dat? 'Nou, dan zal ik de operatie maar afblazen', roep ik gekscherend. Het voordeel is dat ik weer alleen op een cel zit. Daar geniet ik maar van, al mis ik wel een radio en tv.

Heftige verhalen kom ik hier tegen. Letterlijk bijvoorbeeld, als ik langs die cel loop waar het zo vreselijk stinkt. De jongen die er zit komt uit een heel klein dorpje op Madeira. Madeira zelf is ook al heel klein, iedereen kent iedereen. Dus weten anderen mij te vertellen dat zijn moeder hem heeft misbruikt, maar dat zij heeft verklaard dat het andersom was. Vervolgens is hij veroordeeld, acht jaar cel heeft hij gekregen. Zo heftig. Die gast is licht verstandelijk beperkt en zichzelf verzorgen kan hij niet. Nooit neemt hij een douche, nooit maakt hij zijn cel schoon. Zelfs zijn tanden poetst hij niet, het lijkt wel of er gras op groeit, zo smerig! Ik kan nauwelijks met hem praten zonder dat ik over mijn nek ga van de lucht die om hem heen hangt en uit zijn cel komt. Dit kan toch niet!
'Geen tijd voor, hè,' zegt de chef als ik hem erop aanspreek, 'en hij is ver- antwoordelijk voor zichzelf.'
Verbijsterd kijk ik hem aan. 'Meen je dat serieus! Hoe onmenselijk zijn jullie?!' Maar er gebeurt niets. Dan doe ik het zelf wel. Ik ga naar die jon- gen toe en zeg: 'Kerel, ik ga je helpen. Ik zal je een tandenborstel brengen, en shampoo en schoon ondergoed. Jij gaat je lekker wassen!' Andere gasten stuur ik op pad om zijn cel schoon te maken. Dat ga ik echt niet zelf doen, dat is te ranzig. Samen slepen we het vieze matras eruit. Te nat en smerig om aan te pakken, ik wil niet weten wat daar in zit van al die jaren. De bewakers gaan dan toch maar op zoek naar een schoon matras. De muren worden weer wit in plaats van geel en er komt een tv. Zijn hele cel wordt zo opgeknapt. Die gast heeft amper door wat hem overkomt, maar ik merk dat ik er vooral zelf heel blij van word. Nooit eerder heb ik zo'n voldaan gevoel gehad als ik iemand geld of spullen gaf. Dus blijf ik dit soort dingen doen en ik heb er lol in.

Soms is het ook uit eigenbelang, als ik eerlijk ben. Zo erger ik mij al tijden aan een gast die tegenover mij aan tafel zit tijdens het eten. Hij heeft maar één tand en eet daardoor heel onsmakelijk, echt geen gezicht. 'Waarom neem jij geen kunstgebit?' vraag ik hem, vooral om zelf niet steeds naar die ene tand te hoeven kijken. Smerig kauwend kijkt hij mij verbaasd aan. 'Weet je wel hoe duur dat is, een paar honderd euro op z'n minst. Hoe moet ik daar aan komen dan?' zegt hij, terwijl de rijstkorrels uit zijn mond mijn richting uit schieten.
Nou, dat geld heb ik wel. 'Oké, ik regel het voor je', zeg ik. En het blijft niet bij dat ene kunstgebit. Bijna de hele afdeling heeft binnen een paar maanden een stralende witte glimlach. Echt kicken!

Natuurlijk zijn er ook gasten die misbruik van me willen maken, omdat ze weten dat ik gemakkelijk spullen weggeef. 'Je moet me nu sigaretten geven, anders steken we je neer onder de douche', roepen ze. Echt niet. 'Ik geef wat ik wil aan wie ik wil. Ik moet niks en ik ben ook niet onder de indruk van jullie, dus als je wilt steken moet je het nu doen.'
Gelukkig springen andere jongens voor mij in de bres, maar het is geen fijne situatie. Die gasten lopen voortdurend langs, de spanning blijft. Iemand steken is hier heel normaal. Dus blijf ik in de buurt van andere gevangenen. Inmiddels ken ik al een boel jongens en bewakers. Als ik ga sporten of naar de dokter moet, kom ik ook lui van de andere afdeling tegen en dan maken we vaak even een praatje. Ook met Pedro, een gast op mijn afdeling, kan ik het goed vinden. Zo is het best te doen.
Met kerst maken we er echt een feest van. Iedereen mag lekkere dingen laten komen die je met je familie in een grote zaal mag nuttigen. Wat overblijft mag mee naar boven. Nou, dat laat ik me geen twee keer zeggen. Mijn familie neemt tassen vol lekkers mee, zoals drop, paling, allemaal dingen die we hier niet kunnen kopen. Een geweldig kerstmaal, en daarna hebben we nog heel lang lekker eten.

De bewakers zien ook wel dat ik geen slechte dingen doe, dat ik wil helpen en vriendelijk wil zijn. Dus na een tijdje doe ik een poging en vraag: 'Mag ik niet terug naar die andere afdeling, samen met Pedro? De gasten daar zijn relaxter, geen stress en drugs zoals hier met die jonge agressieve jongens.' De chef denkt er een paar dagen over na en laat ons dan naar de andere afdeling gaan. Echt te gek. In Nederland krijg je zoiets niet voor elkaar. Omdat de chef Pedro en zijn familie kent en ik veel met die jongen optrek, lukt het ons wel. Veel minder strak is het hier, als je de juiste mensen kent krijg je veel voor elkaar. Dat is soms corrupt, maar ook wel heel prettig als het goed uitpakt.

Ook hier ga ik door met dingen weggeven en ik ontdek hoe gelukkig ik word van gewoon mezelf zijn: een leuke vriendelijke gozer die geen kwaad zoekt; iemand die niet beter wil worden van mensen maar juist mensen helpt en iedereen met respect behandelt. En voor het eerst zijn mensen schijnbaar ook oprecht tegenover mij. Niet om wat ik heb, maar om wie ik ben als persoon en hoe ik omga met anderen. Niet dat ik dat schouderklopje wil om goed genoeg te zijn, al zit dat ook nog wel ergens. Ik word gewoon heel gelukkig van deze manier van zijn, van goed doen. Dit geeft me veel meer voldoening dan hoe ik vroeger leefde. Daarnaast hoor ik persoonlijke verhalen over de gevolgen van drugsgebruik, drugs- handel en criminaliteit. Steeds meer begin ik te zien wat het grote plaatje is, hoe drugshandel een instrument is van het kwaad en hoe de wereld daarop draait. En bovenal realiseer ik me dat er los van die wereld nog een heel andere wereld is. Niet iedereen zit in de gevangenis en niet ie- dereen is aan de drugs. Hoe is het in die andere wereld, die ik niet ken? Hoe is het om in rust en vrede te leven en een normaal leven te hebben? Vroeger leek me dat stom en saai, nu word ik er nieuwsgierig naar, ver- lang ik er misschien zelfs naar.

Ondertussen heb ik nog wel te dealen met de harde realiteit: na deze straf wacht me nóg een straf van ruim zes jaar in Nederland. Voorlopig heb ik dus nog geen normaal leven. Vanbinnen verander ik, maar de mo- gelijkheid om dieper te gaan krijg ik niet, want ik ben continu onder de mensen. De hele dag door is er actie, ik ben nooit alleen. Het zijn lange jaren in eenzaamheid tussen zo veel vreemde mensen.
Onze tweepersoons-cel geeft al meer rust. Samen tv-kijken en wat klet- sen, heel relaxt. Alleen even wegkijken als de ander naar de plee gaat, maar verder is het prima zo. Door een vrolijk gekleurd doek aan de muur te hangen en wat kerstverlichting te scoren maak ik de cel wat mooier. Naar omstandigheden heb ik het best goed. Brenda komt regelmatig vanuit Nederland een hele week op bezoek, zelfs zonder toezicht, al zijn we niet getrouwd. De directie weet wel hoeveel we samen hebben, en ze laten het toe.

Inmiddels zit ik hier nu al bijna vier jaar. Mijn aanvraag voor overplaatsing is vertraagd omdat er nog een aanklacht tegen mij loopt vanwege op- gave van een valse naam bij mijn arrestatie. Wat een teleurstelling toen ik daarachter kwam! Anders was ik na tweeënhalf jaar al terug geweest in Nederland. Het maakt het wachten nog slopender. Al die tijd loop ik op mijn tenen, want als je maar 'boe' of 'bah' zegt krijg je weer gedoe en

'HET IS ZALIGER
TE GEVEN DAN
TE ONTVANGEN.'

HANDELINGEN 20 VERS 35

dan kun je dus nog steeds niet weg. Als iemand een hekel aan je heeft en hij gooit een stuk hasj in je cel, krijg je een rechtszaak en dan kun je niet weg. Koste wat het kost wil ik voorkomen dat ik hier tot in de eeuwigheid zit, dus doe ik mijn uiterste best om mij goed te gedragen, niet op te vallen en verdere aanklachten te voorkomen. Dat brengt een enorme spanning met zich mee.

Het is elke dag overleven. Elke dag. Elke dag alert zijn, nooit een moment je aandacht laten verslappen, want het kwaad ligt op de loer.

'WANT WIJ HEBBEN
DE STRIJD NIET TEGEN
VLEES EN BLOED
... MAAR TEGEN DE
GEESTELIJKE MACHTEN
VAN HET KWAAD IN DE
HEMELSE GEWESTEN.'

EFEZIËRS 6 VERS 12

'U ZULT MIJ ZOEKEN EN VINDEN, WANNEER U NAAR MIJ ZULT VRAGEN MET HEEL UW HART.'

JEREMIA 29 VERS 13

19

EINDELIJK ALLEEN – EN TOCH NIET

Mijn celmaat komt vrij. Gaaf voor hem, en ook voor mij want nu ben ik alleen op cel. Opnieuw heb ik via via illegaal een mobiel weten te regelen. Eindelijk kan ik ongestoord met Brenda videobellen. Zo kan ik haar ogen en gezicht zien. En ook de kids kunnen dan even zwaaien naar pa. Duizenden kilometers van elkaar verwijderd, maar toch even heel dichtbij: samen naar onze noorderster kijken en kletsen.

Ook heb ik veel meer tijd voor bezinning. Wat voor leven is dit toch? En vooral ook: wat voor leven heb ik altijd geleefd? Waarom zou je iemand kwaad willen doen, naar de kloten willen helpen, alleen maar voor geld? Hoeveel mooier is het om andere mensen juist te helpen in plaats van te gebruiken? Dit zijn compleet nieuwe gedachten voor me en ze geven bijna kortsluiting. Tegelijk besef ik dat ik voor het eerst denk als een normaal persoon. Het lijkt wel of er de afgelopen tijd een scheurtje in mijn hart is gekomen. Ik zoek naar de oorzaak, ik zoek naar meer.

Mijn blik wordt regelmatig getrokken naar een afbeelding van Jezus op mijn muur. De tv staat ernaast, dus ik kijk er heel vaak naar, meestal onbewust. Het doet me denken aan mijn eigen Jezusbeeld. Nog steeds intrigeert God mij, en nog steeds snap ik verder niets van Hem. Nu is het alsof Jezus mij vanaf mijn muur aankijkt, terwijl ik naar de tv kijk. Daar volg ik nu al een week de ontdekking van Dode Zeerollen, op *National Geographic*. Iemand wil ze verkopen, maar ze liggen in een kluis met zuurstof en het papier begint te vergaan. Er is geen geld om ze te restaureren en beschermen. Terwijl ik het met interesse volg, denk ik: Waarom is dat zó belangrijk voor ze, dat geschrift? Waarom is die tekst zo boeiend? Er komt iemand in de studio vertellen over de Bijbel en op één of andere manier trekt me dat heel erg. Al een week lang kijk ik elke dag, geen idee waarom.

Mijn hoofd zit vol met gedachten en vragen. Hoe zit het nou met God, met geloof, met het leven? Vaak lig ik op bed muziek te luisteren en na te denken over mijn leven. Over wat er is gebeurd en ook steeds meer over hoe ik het anders wil doen.

Zo ook deze avond. Het is donker. Alleen het schijnsel van de tv verlicht mijn cel een beetje, en onder de deur door zie ik een streepje licht van de gang. Om kakkerlakken en muggen buiten mijn cel te houden doe ik geen lamp aan en kan het raampje open blijven voor de frisse lucht. De kerstlampjes geven nog een beetje sfeer. Ik lig op mijn bed te mijmeren en luister naar rustige muziek op de radio. Een gewone, kalme avond, het is bijna middernacht.
Plotseling zie ik mezelf staan, midden in de woonkamer van Chantal, mijn ex-vriendin. Zo levendig, zo echt, ik ben niet meer in mijn cel, maar dáár. We maken ruzie, Chantal en ik, en ondertussen huilt onze baby. Mijn moeder staat voor me en begint tegen mij te praten. Onze baby gaat nog harder huilen en ik hoor mijzelf tegen mijn moeder zeggen: 'En nou hou je je bek dicht, want anders is daar het gat van de deur!'
Het is precies zoals het toen is gegaan, maar nu zie ik meer. Nu pas zie ik de pijn op haar gezicht. Het is alsof ik haar hart zie breken. Ze begint te huilen en rent de kamer uit. Meteen storm ik achter haar aan. Ik haat mijn vriendin, omdat ik door de ruzie zo tegen mijn moeder praat. Ik pak mijn moeder beet en blijf maar zeggen: 'Sorry, sorry, het spijt me, dat meende ik niet, sorry, sorry, sorry!'
Hier in mijn cel beleef ik het opnieuw, en kan nu alleen maar denken: hoe kun je je moeder zo kwetsen door haar op die manier aan te spreken? Ik begin te huilen en roep: 'Mam, nooit meer, ik zal je nooit meer pijn doen, ik doe je geen verdriet meer.' De woorden komen uit het diepst van mijn ziel. De gedachte aan haar verdriet doet zo'n pijn! Zo duidelijk realiseer ik me hoeveel pijn ik haar heb gedaan, niet alleen op dat moment, maar heel mijn leven. Ze had altijd zorgen om mij, altijd angst. Nu voel ik haar verdriet, zo heftig, zo verschrikkelijk!

Zo ben ik helemaal niet! Ik wil mijn ouders helemaal geen pijn doen, ik wil niemand teleurstellen. Ik wil alleen maar goed genoeg zijn, ik wil dat iedereen me aardig vindt, dat is alles. Heel mijn zijn breekt in stukken, hier op dit moment in mijn cel. Er blijft niets van me over.
En het stopt niet. Het ene na het andere beeld dringt zich nu op. Helder zie ik elk moment waarop ik Brenda en mijn kinderen tekort heb gedaan; hoe ik iemand kwetste door hem in een woedeaanval te bedreigen;

waar ik iemand manipuleerde om mijn zin door te drijven. Ik zie elk moment waarop ik mensen onrecht aandeed voor mijn eigen gewin, hoe ik loog en bedroog en vertrouwen beschaamde. Eindeloos veel beelden komen voorbij, waarin ik mensen bang maakte of kwetste.

Elk beeld is verschrikkelijk! Ik voel hun pijn, angst en verdriet in mijn lijf, als een stomp in mijn maag. Wat heb ik gedaan, wie ben ik geworden?! Met heel mijn wezen schaam ik me, voor alles; voor de reden dat ik vastzit, voor alles wat ik ooit heb gedaan, echt voor alles.

Het is zo veel, zo zwaar.

Het huilen wordt steeds meer schreeuwen. Ik sla mezelf op de borst en trek aan de haren op mijn hoofd. Ik schreeuw het uit: 'Whaaaaah, waarom, waarom, waarom!'

Terwijl ik huil en roep lijkt het alsof ik door een onzichtbare kracht word beetgepakt en voor ik het weet lig ik opeens op de grond. Wat? Hoe kom ik hier, wat gebeurt er?! Ik probeer omhoog te komen om weer op mijn bed te gaan liggen, maar het lukt niet! Het is alsof er duizend kilo op mij ligt, alsof ik vastgenageld ben aan de grond. Wat het ook is, ik kán niet omhoogkomen! Daar lig ik dan als een foetus, mijn gezicht gericht naar de vloer en begraven in mijn handen. Het enige dat ik kan is huilen, huilen, huilen. Het is een huilen dat van heel diep in mij komt, vanuit de bodem van mijn ziel.

Opeens voel ik iets wat er net nog niet was. Als ik mijn hoofd opzij draai, moet ik mijn ogen even stijf dichtknijpen. Het is alsof de zon schijnt in mijn cel, zo'n fel licht, zo sterk. Maar het is midden in de nacht! Ik word gek, wat is dit?!

Terwijl de tranen over mijn wangen blijven stromen kijk ik weer omhoog en voel het licht volledig om mij heen. Mijn hele cel is er vol van! En ik weet, ik weet, ik weet... God is in mijn cel! God is in mijn cel! Dit is gewoon niet normaal! Hij is in mijn cel! Míjn cel!

Het besef overweldigt mij en maakt me vreselijk klein. Het enige dat ik kan denken is: waarom, waarom bij mij?! Waarom komt U naar míj toe? Ik heb allemaal verschrikkelijke dingen gedaan in mijn leven. Onwaardig voel ik mij, echt een kakkerlak, een pisvlek, kots. Zo slecht, zo niets waard, zo goor. En toch bent U hier! Wie ben ik dat ik dit mag zien, mag ervaren, mag voelen?! Het is een liefde zo diep, zo onbeschrijflijk, zo intens, zo overspoelend, explorerend: ik kan het gewoon niet bevatten! En ik voel ook helemaal geen veroordeling. Er is geen boosheid, geen woede, geen vingertje wijzen, helemaal niets van dat alles. Alleen maar pure liefde.

Dan is het alsof iets mij zegt: *Vraag het Mij.* Niet hardop, het is meer een gevoel dat zegt: spreek het uit. Het is alsof ik toestemming moet geven aan God om binnen te komen in mijn leven. Vraag me niet waarom, maar ik weet het. En ik kan alleen maar uitschreeuwen: *'Vergeef mij, Heer vergeef mij, vergeef mij!'* Meer kan ik niet uitbrengen en ik zeg het wel honderd keer, ik schreeuw het uit met alles wat ik heb.

Terwijl ik het zo vaak uitschreeuw: *'Vergeef mij, Heer vergeef mij!'* is de liefde die in mijn cel is – Gods aanwezigheid, het Licht – ín mij! Dwars door mij heen, als een zee van onvoorwaardelijke liefde die mij compleet schoonspoelt. En ik hoor een zachte stem zeggen: *'Ik heb je allang vergeven.'*

Ik ben niet meer in de cel of in de gevangenis, maar op een plek die ik niet kan beschrijven. Het is alsof ik in de hemel ben. Ik word overspoeld door een genade en een liefde die ik nog nooit in mijn hele leven heb gekend. Het is een bovennatuurlijke, geweldige ervaring en tegelijk voel ik me zo onwaardig. Dit is waanzin! Het schopt de voeten onder mijn lichaam vandaan. Het breekt me. Zo veel liefde verdien ik niet! En toch is Hij hier.

Werd ik net nog door duizend kilo aan de grond genageld, nu word ik zo licht als een veertje. Het is alsof ik zweef, zo licht, zo vrij. Toch blijf ik op de grond liggen janken, van blijdschap nu. Ik blijf maar roepen: *'Mijn God, mijn God, wat mooi, mijn God!'* Ik weet amper wat ik doe en zeg en voel. En toch is het echt: het Licht, de Liefde. Die eenheid met Hem die ik niet eens ken, de liefde die ik voel, het is zo intens, zo echt, zo diep!

Het voelt alsof ik ben gestorven en tegelijk alsof ik word geboren; het verdriet van de dood en de vreugde van nieuw leven; de diepte en hoogte die zo enorm pijn doen en tegelijk zo verschrikkelijk veel blijdschap geven. Uitzinnig van vreugde lig ik daar uren op de grond. Af en toe veeg ik mijn wangen schoon. Even bijkomen, even... en bam, dan begin ik weer te janken door die aanwezigheid van God in mij. Niet meer in mijn cel, maar alleen nog in mij.

Ik kan alleen nog maar blije gedachten denken, alleen nog maar hoop zien, liefde zien, toekomst en uitweg en licht zien. De weg is volledig vrij, voor het eerst voel ik echte vrijheid. Er is totaal geen duisternis meer. Het gevoel is zo bevrijdend, zo licht.

Tranen stromen over mijn wangen omdat ik zo helder besef: Ik ben niet meer dezelfde! Dat ik in de gevangenis zit doet me even niks meer, ik denk er nu niet eens aan. Ik ben vrij!

Die nacht slaap ik niet. Nu pas realiseer ik me dat God altijd al bij mij is geweest, in al mijn donkere momenten. Toch is er geen enkele veroordeling! Hij heeft mij altijd beschermd. De gesprekken die ik had met het Jezusbeeldje, Hij heeft ze allemaal gehoord. Hij heeft van me gehouden

'EN PLOTSELING
OMSCHEEN HEM
EEN LICHT VANUIT
DE HEMEL,
EN TOEN HIJ OP DE
GROND GEVALLEN
WAS HOORDE HIJ
EEN STEM.'

HANDELINGEN 9 VERS 3-4

'HIJ HEEFT ONS GETROKKEN UIT DE MACHT VAN DE DUISTERNIS EN OVERGEZET IN HET KONINKRIJK VAN DE ZOON VAN ZIJN LIEFDE.'

KOLOSSENZEN 1 VERS 13

zelfs toen ik alles deed wat Hij verboden heeft. Het was God die mij heeft bevrijd van mijn coke verslaving toen ik Hem erom had gebeden. Hij had mij wél gehoord! Hij sloeg de glazen uit mijn handen en hield de dealer bij me weg! Hij heeft een wonder gedaan in mijn leven, ondanks alles. Geen afwijzing, alleen maar het overweldigende gevoel: jij bent voor Mij goed genoeg! Dit is het mooiste wat me ooit is overkomen, dit moet ik zo snel mogelijk aan mijn familie vertellen!

Voordat de deur 's ochtends opengaat, sta ik al klaar om naar buiten te gaan. De bewaarder staat slaperig voor me. *'Bom dia!'* gaapt hij. Verwonderd kijk ik hem aan, want ik zie zoiets moois, als het gezicht van een engel! En geloof me, die mensen daar zijn echt niet bijzonder mooi. Maar hij is nu prachtig.
'Wauw! Jezus leeft, en Hij houdt van jou en Hij houdt van mij!' zeg ik met een grote grijns. Verbaasd kijkt de bewaker me aan.
Snel loop ik door en ontdek dat iedereen er anders uitziet. De gezichten van al die kerels zijn prachtig! Het is alsof ik in een nieuwe wereld terecht ben gekomen. Alle kleuren zijn anders, het blauw van de hemel is intenser. Ik kan krekels en vogels horen en bloemen ruiken, terwijl ik op een betonnen luchtplaats sta. Het is zo intens, gewoon bizar.
Met een grote glimlach loop ik naar de telefoon en bel Brenda. 'Weet je wat er met mij is gebeurd? Ik heb God ontmoet, schatje, ik heb God ontmoet!'
'Oh ja? Hm, mooi.' Haar stem klinkt schor, afwezig en niet zo enthousiast. Net wakker natuurlijk. 'Fijn voor je, ja, ik ben blij voor je. Goed, mag ik nou nog even slapen?'
'Ja, is goed schatje, maar het is echt!'
'Ja ja, mooi', zegt ze weer, waarschijnlijk om er maar vanaf te zijn. Slapen is ook belangrijk.
Dan maar de luchtplaats op. Eén van die gasten spreek ik wel vaker over zulke dingen en hem vertel ik wat ik heb meegemaakt. Hij reageert gelukkig wél enthousiast. 'Dat is apart, ik ben de laatste tijd ook bezig met de Bijbel en zo, en ik geloof ook wel dat Hij echt is.'
Ik schreeuw bijna: 'Hij is echt, man, zeker weten!' Na het gesprek met die gast bel ik mijn ouders. Omdat mijn vader ooit ook een soort van godsmoment heeft gehad weet hij wat ik bedoel. Ze snappen beiden dat er iets met me is gebeurd. Over Jezus weten ze niet veel, maar het is iets positiefs, dus goed voor mij en daar zijn ze blij mee. Daarna vertel ik het aan de bewaarders en de chef, ik kan gewoon mijn mond niet houden. Ik zie ze denken: die gozer is knettergek.
Nee, man, ik ben eindelijk normaal!

'DAAROM, ALS IEMAND IN CHRISTUS IS, IS HIJ EEN NIEUWE SCHEPPING: HET OUDE IS VOORBIJGEGAAN, ZIE, ALLES IS NIEUW GEWORDEN.'

2 KORINTHE 5 VERS 17

VERLOREN EN GEVONDEN

Lukas 15 vers 11-24

Een zeker mens had twee zonen, en de jongste van hen zei tegen zijn vader: Vader, geef mij het deel van de goederen dat mij toekomt. En hij verdeelde zijn vermogen onder hen.

En niet veel dagen daarna maakte de jongste zoon alles te gelde en reisde weg naar een ver land en verkwistte daar zijn vermogen in een losbandig leven. En toen hij er alles doorgebracht had, kwam er een zware hongersnood in dat land en begon hij gebrek te lijden. En hij ging heen en hij voegde zich bij één van de burgers van dat land, en die stuurde hem naar zijn akkers om de varkens te weiden. En hij verlangde ernaar zijn buik te vullen met de schillen die de varkens aten, maar niemand gaf hem die.

En nadat hij tot zichzelf gekomen was, zei hij: Hoeveel dagloners van mijn vader hebben brood in overvloed en ik kom om van de honger. Ik zal opstaan en naar mijn vader gaan en tegen hem zeggen: Vader, ik heb gezondigd tegen de hemel en tegenover u. En ik ben het niet meer waard uw zoon genoemd te worden. Maak mij als één van uw dagloners. En hij stond op en ging naar zijn vader.
En toen hij nog ver van hem verwijderd was zag zijn vader hem, en deze was met innerlijke ontferming bewogen en hij snelde hem tegemoet, viel hem om de hals en kuste hem.

En de zoon zei tegen hem: Vader, ik heb gezondigd tegen de hemel en tegenover u. Ik ben niet meer waard uw zoon genoemd te worden. Maar de vader zei tegen zijn dienaren: Haal het beste gewaad tevoorschijn en trek het hem aan, en geef hem een ring aan zijn hand en sandalen aan zijn voeten. En breng het gemeste kalf en slacht het, en laten we eten en vrolijk zijn. Want deze, mijn zoon, was dood en is weer levend geworden. En hij was verloren en is gevonden.

En zij begonnen vrolijk te zijn.

'WIE GESTOLEN HEEFT, MOET NIET MEER STELEN, MAAR ZICH LIEVER INSPANNEN OM MET DE HANDEN GOED WERK TE DOEN, OM IETS TE KUNNEN DELEN MET WIE GEBREK HEEFT.'

EFEZIËRS 4 VERS 28

20

NOG STEEDS VAST, EINDELIJK VRIJ

Mijn oude leven is voorgoed voorbij, dat weet ik en dat voel ik aan alles. Het geld dat ik verdiend heb met de drugshandel heeft nu geen waarde meer voor mij. Alles geef ik weg; aan gedetineerden die van alles nodig hebben zoals medicijnen, een kunstgebit, kleding, eten, een televisie, een ticket om familie te laten komen of geld om naar familie aan de andere kant van de wereld te sturen. Ik geef geld aan een bewaarder om zijn schulden te betalen en aan mensen buiten de gevangenis die nood hebben. Wie het ook vraagt, waarvoor dan ook, ik geef wat ik kán geven. Een enorme vreugde haal ik eruit omdat ik zie hoe blij mensen ermee zijn. Eindelijk heb ik het gevoel dat ik iets nuttigs doe met al dat geld dat ik in de duisternis heb verzameld. Vóór mijn bekering gaf ik ook veel weg, maar nu is het echt onbaatzuchtig: geen dank je wel, geen schouderklopje. Van helemaal niemand heb ik iets nodig, ik móet het doen en het voelt geweldig. Dit is wie ik ben geworden door Hem.

Nu ik God heb ontmoet wil ik Hem ook graag beter leren kennen. Brenda brengt mij daarom een Bijbel, een dikke pil. Helaas snap ik helemaal niets van wat daar staat. Zo lees ik: 'Als dan uw hand of uw voet u doet struikelen, hak hem af en werp hem van u', Mattheüs 18 vers 8. Mijn hand afhakken? Ik heb er toch maar twee van...? Het hele boek is mij een raadsel.

Niemand kan het me uitleggen, ik moet het allemaal zelf interpreteren, maar dat kan ik nog helemaal niet. Dat de God van de Bijbel bestaat weet ik, en ook dat Jezus mijn Verlosser is. Wat 'Verlosser' precies betekent, begrijp ik dan weer niet. Dus ik wil Hem heel graag beter leren kennen. Al snap ik er nog weinig van, Gods liefde voor mensen ken ik wel en die laat ik zien. In alle vrijheid praat ik met iedereen, sta open voor iedereen en bid met iedereen die maar wil.
Het valt blijkbaar op dat ik anders ben dan de anderen. Een jongen komt

naar me toe en zegt: 'Ik snap het niet, hè. Jij hebt toch achttien jaar gevangenisstraf gekregen? En je zit hier elke dag op de luchtplaats met een *smile* op je *face*. Je bent hartstikke opgewekt tegen iedereen die je tegenkomt. Hoe kan dat? Wat weet jij dat ik niet weet?'

'God, man. Dat is wat ik weet. Wil je erover praten?' Zijn moeder blijkt ook naar een kerk te gaan en veel voor hem te bidden. Jezus is niet vreemd voor hem. Dus ga ik ook met hem bidden. 'Als je vraagt of Jezus jou wil vergeven doet Hij dat en dan komt Hij in je leven.' Heel simpel, meer weet ik nog niet. Eén ding weet ik wel: mensen worden erdoor aangeraakt.

Zo komen er steeds weer gasten naar mij toe; jongens die op het punt staan zelfmoord te plegen, jongens die zwaar aan de drugs zijn, jongens die hun lange gevangenisstraf niet meer zien zitten, ik mag ze allemaal bemoedigen. Ik vertel ze over God, dat Hij van ze houdt en ze kracht wil geven; dat God hun leven kan veranderen. Veel jongens komen daardoor tot geloof!

Dat zijn mooie ervaringen en bemoedigingen ook voor mij, ook al heb ik nog heel weinig Bijbelkennis. Ik voel me heel vrij, omdat ik de God van liefde heb leren kennen en die liefde wil ik graag doorgeven aan anderen. 'Hij is echt man, Hij bestaat echt en Hij is liefde!'

Als ik uit de gevangenis kom, wil ik naar een kerk waar iedereen blij is, dat weet ik nu al. Heel graag wil ik naar de kerk die ik in mijn jeugd altijd al heb gezien. Daar speelden wij in de buurt en ik herinner me de tekst, over de hele muur: 'Jezus zeide: Ik ben de Weg, de Waarheid en het Leven.' Al heb ik die tekst wel duizend keer gezien, ik snapte er geen bal van en vond het ook maar een eng gebouw met die vreemde tekst erop. Geen idee wat daar gebeurde.

Van de verschillende kerkstromingen weet ik niets, ik wil gewoon een blije kerk waar iedereen aan het zingen en dansen is. Daar word ik vrolijk van. Brenda gaat een paar keer naar die kerk toe. Ze vertelt mij dat dit inderdaad zo'n blije kerk is. Brenda heeft altijd wel geloofd dat er een God is, maar ze heeft zich als tiener vooral laten dopen zodat ze in de kerk kon trouwen. Verder heeft zij niks met de kerk, maar deze diensten vindt ze wel prima.

Ik wil zo graag naar huis, zeker nu ik nuchter én bevrijd ben. Maar daarvoor moet ik nog veel geduld hebben. Nog een jaar lang ben ik bezig met mijn WOTS[2], om aan Nederland te worden overgedragen. De papieren moeten vertaald worden, alles moet worden ingeleverd bij Buitenlandse Zaken, Interpol en iedereen die erbij betrokken is. Pas als dat rond is kan ik terug naar Nederland.

'U BENT HET LICHT VAN DE WERELD.'

MATTHEÜS 5 VERS 14

'WILT U NU VAN HET GEZAG NIETS TE VREZEN HEBBEN, DOE HET GOEDE EN U ZULT ER LOF VAN ONTVANGEN.'

ROMEINEN 13 VERS 3

Eindelijk is dat moment dan aangebroken. Ik mag naar mijn vrouw en kinderen en familie! Nog niet vrij, maar wel een stuk dichterbij. Maar nog meer geduld vragen ze van me. Eerst moeten ze een vlucht regelen van Madeira naar Lissabon, want daar moet ik tekenen bij de rechter. Van daaruit ga ik naar het vliegveld en dan terug naar Nederland. Het blijft een heel gedoe en geregel, terwijl ik niet kan wachten!

Op een ochtend staat er iemand voor mijn neus met de mededeling: 'Jij gaat vrijdag met het vliegtuig, terug naar Lissabon.' Het gaat echt gebeuren! Dus ik geef al mijn spullen weg en neem afscheid van mijn maten. Hoe graag ik ook weg wil, dat doet me wel wat. Zij zijn een deel van mijn leven geweest. We hebben lief en leed gedeeld, samen stormen doorstaan. Met tranen in mijn ogen zeg ik sommige gasten gedag. Het is pijnlijk, hoe uitgelaten ik ook ben dat ik dit achter me mag laten.
Dan is het vrijdag. De dag der dagen. D-day. Dacht ik.
Door een vertraging kan ik pas maandag vertrekken. Die twee extra dagen duren eindeloos. Op maandag zeg ik opnieuw iedereen gedag.
De Special Unit staat weer klaar om me te begeleiden: mannen met bivakmutsen, helmen, kogelvrije vesten en machinegeweren. Zij beveiligden mij altijd als ik ergens naartoe werd verplaatst, zelfs naar de tandarts gingen ze met mij mee. Eerst zetten ze de hele straat af en werd het pand bij de tandarts ontruimd. Vervolgens bleven er drie bewapende mannen om de tandarts heen staan als hij moest boren. Zijn handen trilden en het zweet stond op zijn voorhoofd.
Nu leiden ze me naar buiten, de bajes uit. Geboeid zit ik in de bus en de chef beveiliging van de gevangenis zegt in het Engels tegen mij: 'Johan, ik heb nog nooit iemand als jij ontmoet in de gevangenis. Jij bent een goede man en ik weet dat jij veel goede dingen hebt gedaan in de gevangenis. Daar wil ik je voor bedanken. Jij hebt het verschil gemaakt. Het spijt me dat je op deze manier vervoerd moet worden want ik weet zeker dat als ik had gezegd: "Loop naar het vliegveld", dat je dat had gedaan.' Ik krijg een brok in mijn keel.

In Lissabon kom ik op een zwaarbeveiligde afdeling voor langgestraften, met overal camera's. Niet elke afdeling heeft camera's, waardoor er vaak van alles gebeurt. Als er wel camera's zijn is dat omdat ze je extra in de gaten willen houden. Mij dus ook. Daar wacht ik op het vervolg van mijn reis, nadat ik mijn handtekening heb gezet bij de rechter. 'Over zes weken ga je terug naar Nederland', waren zijn woorden. Daar houd ik me aan vast. Het aftellen begint. Ondertussen kan ik ook hier mijn mond niet houden over God. Er gebeuren allerlei mooie dingen op die afdeling. Een paar jongens leren Jezus kennen door mijn verhaal, en ik bid voor een paar gasten, die meteen verbetering merken in hun situatie. Zelfs de bewaarders sturen hopeloze gevallen naar me toe. Dus sta ik te bidden met geesteszieken, jongens met zelfmoordneigingen en psychoses, maar ook met zware jongens die heftige dingen hebben gedaan.

Eén van de jongens, Pequeño, zit vast voor moord op een drugsripper. Uit angst voor hun leven hebben ze die gast doodgeschoten en ze waren van plan hem in stukken te snijden. Zijn maten zijn vrijgelaten en hij kreeg achttien jaar. Hij is verhard door het leven dat hij leefde en nu moet hij ook hierbinnen sterk zijn om te kunnen overleven. Op een dag wordt hij gepakt met een mobieltje en moet hij dertig dagen de isolatie in. Wanneer hij er met baard en al uit komt loop ik naar hem toe en ga met hem mee zijn cel binnen.

Hij barst in tranen uit en vraagt zich af of hij dezelfde kracht en vreugde kan vinden die hij bij mij ziet. Hij snapt niet dat iemand zoals ik, die er uitziet als een penoze, zo'n zachte man kan zijn die iedereen wil helpen. Dan vertel ik hem dat God mij zo heeft gemaakt door Zijn liefde en dat Hij hetzelfde voor hem wil doen. Huilend stort hij zijn hele hart uit, over hoe hij zich schaamt voor wat hij heeft gedaan en we bidden samen voor vrede en rust in zijn leven. Pequeño komt er wel, dat geloof ik echt.

Hoe mooi dit ook is, ik wil hier wel echt weg nu. De zes weken zijn er inmiddels acht geworden, en nog steeds gebeurt er niets. Daar snap ik niks van. Als ik met Brenda bel en hierover klaag, zegt zij dat ik de WOTS moet bellen. Dat is een goed idee, dan weet ik in elk geval waar ik aan toe ben. De persoon die ik aan de lijn krijg heeft echter een boodschap die wel duidelijk is, maar die ik absoluut niet wil horen: 'U komt niet terug naar Nederland.'

'Hoe bedoelt u: ik kom niet terug naar Nederland?'

'Alle stukken zijn inmiddels in orde, behalve die vervolging voor het opgeven van een valse naam waarvoor u veroordeeld bent in Portugal. In Nederland word je daar niet voor vervolgd. Wij kunnen die straf niet overnemen, dus moet u daar blijven.'

Wat? Ze willen me wel hebben als vuurwapengevaarlijke zware drugscrimineel, graag zelfs, maar voor het opgeven van een valse naam kunnen ze mij niet terugnemen? Man, dat gaat over twee maanden! Al vijfenhalf jaar zit ik binnen, die twee maanden zijn inmiddels toch wel verrekend? Dit betekent dat ik eerst twaalf jaar hier in de bajes moet zitten en pas daarna die andere straf in Nederland kan uitzitten. Dit kan niet waar zijn!

NOG STEEDS VAST, EINDELIJK VRIJ

Dit is zo heftig, na alles waar we al doorheen gegaan zijn. Brenda is ook helemaal op en leeg na dit bericht. Dit gaan we niet volhouden. Toch lijkt het erop dat niemand hier iets aan kan veranderen. De beslissing staat vast.

Zwaar teleurgesteld loop ik naar mijn cel, pak die dikke Bijbel en sla hem open. Mijn oog valt op Johannes 15 vers 7. Daar staat: *'Als u in Mij blijft, en Mijn woorden in u blijven, vraag wat u maar wilt en het zal u ten deel vallen.'* Nog een keer lees ik het. *'Als u in Mij blijft, en Mijn woorden in u blijven, vraag wat u maar wilt en het zal u ten deel vallen.'* En ik lees het nog een keer. En nóg een keer.

BAM! Het is alsof God dat zo als een openbaring in mijn hart uitstort. Dan schreeuw ik het bijna uit: 'Heer, ik bén in U! En U bént in mij. En wat ik wil is een wonder. U bent toch een God van wonderen?!' Wat ik wil vragen is niet een hamburger of zo. Nee! Hier staat: vraag wat je wilt en ik zal het je geven. Alsof God zelf zegt: vraag het maar. En ik vraag: 'Ik wil een wonder Heer, ik wil terug naar Nederland. Alles heb ik weggegeven, ik heb gedaan wat ik kon. Ik heb verteld over Uw liefde, ik heb het goede gedaan. Nu wil ik hier niet meer zijn!'

Het blijft stil. Wel ervaar ik vrede, maar het blijft stil. Wat nu? Hoe lang moet ik nog wachten? Die avond ga ik om een uur of acht al slapen. Normaal val ik nooit zo snel in slaap. De volgende ochtend word ik wakker en ik voel het meteen: er is iets veranderd. Ik heb een enorme rust in mij. Ik loop naar beneden en zoals altijd bel ik eerst even met Brenda.

'Goedemorgen, hoe gaat het?' vraagt ze.

'Het gaat eigenlijk heel goed, ik weet ook niet hoe dat kan.' Brenda baalt nog steeds als een stekker en dat kan ik ook wel begrijpen. Ik probeer haar op te beuren: 'Ik heb gisteravond gebeden, en...'

Op dat moment tikt een bewaarder mij op de schouder. 'Johan, sorry dat ik je even stoor, maar heb jij geld op je kaart staan?'

'Nee, dat heb ik niet', zeg ik. 'Hoezo?'

'O, je gaat maandag weg.'

'Brenda, wacht even, ik bel je zo terug.' Ik hang op en vraag aan de bewaarder: 'Waar ga ik naar toe dan?'

'Dat weet ik niet, ga ik voor je uitzoeken.'

Ik word zenuwachtig. Straks moet ik terug naar Madeira om daar de rest van mijn straf uit te zitten. Maar hij komt al snel terug en zegt: 'Jij gaat naar Holanda.'

'Holanda?'

'*Si*, Holanda, maandag.'

Echt! Zie je wel, er is iets veranderd! Ik val op mijn knieën en zeg:

'Vader, dank U wel dat U zo'n goede God bent. Yabadabadoo! Halleluja!'
De bewaarder kijkt naar me alsof ik gek geworden ben. Het kan mij niets
schelen. Ik ben zo blij en bel meteen Brenda weer op. 'Je raadt het nooit,
maandag kom ik naar Nederland!'
Ze gilt door de telefoon: 'Oh echt, meen je dat? Klopt dat echt? Ik ga de
WOTS bellen!'
'Nee! Niet bellen! Alsjeblieft! Dit is van God. Niet bellen!' Straks bedenken
ze zich nog!
Het weekend duurt vreselijk lang, wat een spanning! Wat als het toch niet
waar is? Buitenlandse zaken zei toch duidelijk: 'Jij komt niet terug naar Nederland.' Punt! En nu zegt iemand: 'Jij gaat wel!' Wat is er dan veranderd?
Eindelijk is het maandag en 's ochtends pak ik meteen mijn spullen.
De gasten met helmen en bivakmutsen en kogelvrije vesten staan er
weer. Nou, ik ga in elk geval naar buiten, dat is een ding dat zeker is, want
ze staan er niet voor niets. Weer fouilleren ze mij. Voor de zoveelste keer
sta ik in mijn blote kont, maar het maakt me allemaal niks meer uit. Op
een dag zal ook die vernedering voorbij zijn.
Het is bloedheet, minstens vijfendertig graden. Als ik de warme bus in
stap, zie ik nog een Nederlander zitten. Ik kijk hem aan, en hij kijkt terug.
'Hé', zeg ik.
'Hé', zegt hij.
'Ga jij naar Nederland?'
'Ja, jij dan?'
'Ja, ik ook man.'
'Cool! Ik heb mazzel', zegt de man. 'Ik heb de plek van iemand anders
gekregen. Diegene zou teruggaan, maar dat is niet doorgegaan. Dus nu
mag ik in zijn plaats terug naar Nederland.'
Die gozer die niet teruggaat, realiseer ik mij, dat ben ik! Dat gaat over mij!
Maar dat zeg ik hem natuurlijk niet. Wel maakt dat het nog spannender
voor me, al probeer ik dat goed te verbergen. 'Oh wat lullig voor die go-
zer', zeg ik. 'En wat tof voor jou!'
Even later vertrekt de bus richting het vliegveld. Ik ben kletsnat van het
zweet. Van de enorme hitte én van de spanning natuurlijk. Op het vliegveld
staat de bus uren stil. De ramen zijn geblindeerd, we kunnen alleen heel
vaag iets zien door de dunne lijntjes langs de rand. Het duurt zo verschrikkelijk lang. Doodsbang ben ik dat er toch iets niet goed zit. De gozer naast
mij zegt maar steeds: 'Ik snap niet dat het zo lang duurt, dit is echt vreemd.'
Nee hè, gaat hij ook nog eens beginnen.
Ik zie alleen wat schaduwen van de mannen die buiten staan te wachten,
verder gebeurt er niks! Ze zijn er natuurlijk achter gekomen. Ik moet vast

'MAAR JEZUS KEEK
HEN AAN EN ZEI:
BIJ DE MENSEN IS
HET ONMOGELIJK,
MAAR NIET BIJ GOD,
WANT BIJ GOD ZIJN
ALLE DINGEN
MOGELIJK.'

MARKUS 10 VERS 27

'WANT WIJ KUNNEN
HET NIET NALATEN
TE SPREKEN OVER
WAT WIJ GEZIEN EN
GEHOORD HEBBEN.'

HANDELINGEN 4 VERS 20

weer terug. 'Alsjeblieft, God, alsjeblieft, laat het niet fout gaan.'
Eindelijk, eindelijk schuift de deur open en staat er een klein mannetje
voor mijn neus. Blond haar, blauwe ogen. Dat is een Nederlander, kan
niet missen. Hij spreekt eerst die andere man aan en zegt dan tegen mij:
'Goedendag. Meneer Toet?'
'Ja, dat ben ik.'
'Hoe gaat het?'
'Nou, een beetje warm.'
'Sorry dat het zo lang duurde, we waren jullie tickets in orde aan het maken.
Dat liep niet helemaal lekker, maar het is gelukt. We gaan nu naar het vliegtuig en dit zijn jullie instructies.' Hij legt mijn buurman de regels uit en komt
vervolgens bij mij. 'Twee mannen van Europol brengen jou naar boven. Eén
van hen gaat bij het raam zitten, daarnaast jij, en dan weer iemand aan de
andere kant van jou. Geen contact maken met andere mensen in het vliegtuig, geen toestanden maken. Als je je goed gedraagt, mogen je handboei-
en af. Zodra je stennis schopt, gaan je handboeien weer om.'
Ik vind alles best. 'Prima, zal ik doen.' Ondertussen denk ik: ga nu maar,
ga nu maar! Het busje gaat rijden en stopt voor het vliegtuig. We mogen
eruit en ik loop de trap op en kijk om me heen. Er gaat van alles door
me heen. Is dit echt het afscheid? Ik loop verder omhoog, het vliegtuig
in en ga tussen die beide mannen zitten. Nog steeds op mijn hoede, nog
steeds niet zeker dat dit echt door zal gaan.
De deuren gaan dicht en het toestel begint te rijden. Yes, yes, yes! Het lijkt
me sterk dat ze het nu nog gaan stoppen. Blijer en blijer voel ik me, en op
het moment dat de banden losgaan van de baan en we in de lucht hangen loopt er een traan van blijdschap langs mijn wang. Ik ga echt terug
naar Nederland. Dit is een wonder! Dank U, Jezus!

Met één van de mannen van Europol knoop ik een gesprekje aan. Hij
vraagt hoe lang ik heb gezeten. Na een paar zinnen begin ik al over God.
Enthousiast vertel ik over Gods liefde voor elk mens. 'Hij houdt ook van jou!
Hij wil ook jou helpen.' Tot mijn verbazing wordt de man onwijs emotioneel. De stoere man van Europol breekt, door Gods liefde. Dat kan natuurlijk
niet, dus meteen staat er een collega van hem voor ons en moeten zij van
plek wisselen. 'Tegen mij houd je je mond dicht', bijt die nieuwe gast mij toe.
'Prima joh, God houdt ook van jou.' Verder houd ik toch maar mijn mond.
De reis gaat snel en ik kan mijn vreugde nauwelijks onderdrukken. We
naderen Nederland en als we landen kijk ik naar buiten en zie dat de zon
door de regenwolken breekt. Er verschijnt een dubbele regenboog boven
het vliegveld en het is alsof God tegen mij zegt: 'Welkom thuis.'

Er bestaan geen woorden voor wat er op dit moment door mij heen gaat. Zo mooi, zo verschrikkelijk mooi.

Ze leiden ons naar buiten en ik word naar een arrestantencel gebracht. In de cel is niks behalve een plastic matrasje. Prima, alles beter dan waar ik vandaan kom.

Het is even wennen dat er in de nacht niet elke twee uur iemand aan mijn celraam staat met een zaklamp om te zien of ik nog leef. Als iemand begint te praten moet ik helemaal schakelen, omdat ik geen Nederlands meer gewend ben. Dus zodra mijn celdeur opengaat zeg ik automatisch: 'Bon dia guarda' en kijken die gasten me aan alsof ik ze uitscheld.

Hollandse boterhammen met boter en kaas, verse melk: het lijkt wel een vijfsterrenontbijt na wat ik gewend was. Zelfs mijn eigen gekochte brood in Portugal smaakte in de verste verte niet zoals de verse Hollandse boterham die ik hier nu krijg. Keer op keer dank ik mijn Hemelse Vader ervoor dat ik weer 'thuis' ben, al ben ik nog niet thuis-thuis.

Na twee dagen word ik voorgeleid aan de officier van justitie. Zij moet mij officieel in verzekering stellen voor deze zaak. De rechtbank ken ik maar al te goed. Hoe vaak ik hier niet ben voorgeleid voor verlengingen, schorsingen en veroordelingen. De geuren in de hal en cellen zijn akelig vertrouwd. De cipiers ogen nog steeds slonzig en vermoeid, ze hebben geen hart voor hun werk. Ze draaien steeds hetzelfde riedeltje af, dag in en dag uit. Deur open en deur dicht. 'Mag ik, heeft u, weet u, wanneer?', dat zijn de meest voorkomende vragen die zij horen van de arrestanten. Vervolgens een hoop gevloek als het antwoord 'weet ik niet' of 'nee' is. Hoe vaak heb ik hier niet gezeten in de stille hoop dat ik naar huis zou mogen? Zo vaak was het antwoord 'nee' en de enige die ik dat kon verwijten was mijzelf. Vandaag zit hier een totaal andere man. Ik weet dat ik in de afrondende fase zit van een prijs die ik moet betalen. Het zijn de vruchten van mijn eigen daden. Daarna is het klaar en kijk ik niet meer achterom, alleen nog maar vooruit. 'Maar één ding doe ik: vergetend wat achter is, mij uitstrekkend naar wat voor is', Filippenzen 3 vers 14.

Dus sta ik met opgeheven hoofd in een zaaltje van de rechtbank.

De officier zit in een hokje met alleen een tafel en een stoel. Ze heeft een starre, ijzige blik in haar ogen. Het eerste wat ze vraagt, met een kritische toon in haar stem, is: 'Meneer Toet, wat doet u hier?!'

'Hoe bedoelt u?' vraag ik onschuldig.

'Nou, u had helemaal niet terug mogen komen.'

Ah, daar heb je het al. Kalm blijven, Johan. 'Tja, maar ik ben er nu toch. Wat gaan jullie doen, nu ik hier toch ben?'

'We gaan u niet terugsturen, maar u had niet terug mogen komen.'

Ik grijns. 'Alle eer is aan mijn God, want Hij heeft een wonder gedaan.'
Ze is duidelijk niet zo vrolijk als ik. En dat terwijl ik degene ben die nog
een paar jaar moet zitten en al een paar jaar heb gezeten. Voor mij is
het des te duidelijker dat de omstandigheden niet bepalen of je gelukkig
bent, maar dat je geloof in God dat doet.
Snel word ik overgebracht naar een Huis van Bewaring in Zwaag. Daar krijg
ik een cel voor mij alleen en kan ik bijkomen van de spanning van de afgelopen dagen. Inmiddels heb ik ook een dagvaarding gekregen voor mijn
oude openstaande straffen en een datum voor mijn Portugese strafzaak.

Op de dag dat ik naar de rechtbank ga ben ik vol verwachting en voel mij
sterk en vol vertrouwen dat de straf aanzienlijk omlaag zal gaan. Maar wat
het ook zal worden, ik heb er vrede mee.
Ik word voor de rechtbank geleid. De aanklager van Justitie vraagt aan
mij: 'Heeft u spijt van wat u gedaan heeft?'
Verbaasd zeg ik: 'Ik ben gepakt, ik heb bekend, ik heb mijn straf gekregen
en die zit ik nu uit. Wat heeft het dan nog voor zin om tegen u te zeggen:
"Ja ik heb er heel veel spijt van?" Ik heb spijt van heel veel dingen in mijn
leven, maar God heeft mij vergeven, en dat vind ik het belangrijkste.'
'Nou, denk maar niet dat je er zo makkelijk mee wegkomt', is haar reactie. 'U hebt een zwaar crimineel verleden, dus reken er maar op dat ik de
maximale straf ga eisen.'
'Als u daar gelukkig van wordt moet u dat vooral doen', antwoord ik
zonder enige schroom. Mijn vertrouwen is in God. Hij zorgt voor mij en
maakte mij vrij van alle veroordeling. Over de uitkomst van mijn straf
maak ik mij geen zorgen. Bovendien ben ik allang blij dat ik terug ben in
Nederland. Mijn familie kan ik weer omhelzen, mijn kinderen zie ik elke
week, dat is alles wat nu belangrijk is.
Voor de rechter mag ik nog wat zeggen als ik dat wil en ik lees een brief
voor die ik zelf heb geschreven. Daarin staat: 'Ik snap dat ik gestraft moet
worden voor mijn daden, daar ben ik het mee eens. God heeft jullie in deze
wereld aangesteld om te oordelen over de misdaden die ik heb gepleegd.
Dus ik vertrouw erop dat jullie je laten leiden door het juiste inzicht en de
straf opleggen zoals het moet zijn.' En ik meen elk woord dat ik zeg. Ik weet
dat God mij toch allang heeft vergeven, ik ben vrij van veroordeling.
Ze geven me de maximale straf voor de zaak in Portugal, acht jaar en zes
maanden. Er staat nog zes jaar en zes maanden open in Nederland, dus na
samenvoeging wordt het vijftien jaar. Twee derde daarvan moet ik uitzitten.
Vijfenhalf jaar zit er al op, dus nog vierenhalf jaar te gaan. Nog steeds heb ik
er vrede mee en blijf vertrouwen dat mijn Hemelse Vader voor mij zorgt.

'EN HIJ HEEFT U TOEN U DOOD WAS IN DE OVERTREDINGEN... SAMEN MET HEM LEVEND GEMAAKT DOOR U AL UW OVER-TREDINGEN TE VERGEVEN, EN HET HANDSCHRIFT DAT TEGEN ONS GETUIGDE UIT TE WISSEN.'

KOLOSSENZEN 2 VERS 13-14

21

NIEUW LEVEN

Het grootste gedeelte van mijn straf moet ik uitzitten in Zoetermeer. Meteen ga ik aan de slag om te kijken wat ik ga doen als ik buitenkom. Nooit wil ik terug naar mijn oude leven.

Al jaren dromen Brenda en ik ervan om te trouwen, maar doordat ik voortvluchtig was, is dat nooit gelukt. Zo graag wilde ik dat ze mijn naam zou kunnen dragen. Nu ik terug ben in Nederland weet ik dat ik mag trouwen, in de bajes. Via het maatschappelijk werk van de bajes regel ik dat ik Brenda in hun kantoor officieel kan vragen. Als zij daar voor mij staat ben ik best zenuwachtig, terwijl we allebei al weten wat haar antwoord zal zijn. Eindelijk ga ik op mijn knieën. 'Bren, we hebben hier lang op gewacht en nu is het dan zo ver: wil je met me trouwen?'

'Ja, natuurlijk! Graag!' antwoordt ze. Yes!

We mogen het huwelijk voltrekken in de kerkzaal van de gevangenis. Samen met wat familie van haar en mij wordt het een heel mooie middag. Brenda ziet eruit als een koningin en ik voel mij de gelukkigste man op aarde. We snijden taart, drinken Jip en Janneke-champagne, we dansen en we bidden met elkaar en even voelt alles fantastisch. Als de middag om is geven we elkaar nog één lange kus en dan mag ik weer alleen naar mijn cel terug. Het is de bittere pil na een zoete middag. Maar mijn lach is niet meer uit te wissen. Ik weet dat deze periode voorbijgaat.

In de gevangenis bezoek ik de kerkdiensten. Ze worden georganiseerd door een traditionele kerk. Het spreekt me niet erg aan, die manier van beleven. Het gaat over God en de Bijbel, dat spreekt me natuurlijk wél aan. Maar ik krijg niet echt antwoorden op al mijn vragen, over de Heilige Geest en wonderen hoor ik niets in die kerk. Met één dominee heb ik wel een bijzondere band. Hij probeert mijn vragen wel enigszins te beantwoorden, maar ik kom daardoor niet echt verder in mijn geloof. Eindelijk

'DAAROM BENT U NIET
TE VERONTSCHULDIGEN,
O MENS, WIE U OOK BENT
DIE ANDEREN OORDEELT,
WANT WAARIN U DE ANDER
OORDEELT, VEROORDEELT
U UZELF. U IMMERS DIE
ANDEREN OORDEELT,
DOET DEZELFDE DINGEN.'

ROMEINEN 2 VERS 1

krijg ik ook een andere vertaling van de Bijbel, maar ik begrijp er nog steeds niet veel van. Wel bid ik elke dag en krijg nu ook andere boekjes, bijvoorbeeld het boek van David Wilkerson, *Het kruis in de asfaltjungle*, over bendeleider Nicky Cruz die Christus leert kennen. Ik herken mij in de radicale bekeringen en word erdoor bemoedigd.

Samen met een paar jongens die ook geloven gaan we bidden in een zaal op de afdeling. Na een tijdje mogen we niet meer op deze manier bij elkaar komen. Natuurlijk praat ik nog steeds wel met jongens over God en ik vertel ze over Gods liefde voor hen. Dat kunnen ze me niet verbieden. Ik maak met niemand ruzie, ik respecteer iedereen en sta voor iedereen klaar. Zo probeer ik het laatste stukje van mijn straf zo goed mogelijk uit te zitten.

De tijd kruipt voorbij. Het is nu 2010 en inmiddels moet ik nog maar ruim een jaar zitten; de eerste zes maanden in een open kamp met elk weekend verlof, en daarna naar buiten met een enkelband. Dan is er licht toezicht. Op deze manier kan ik langzaam weer re-integreren. Negen jaar vastzitten in een systeem dat alles voor mij bepaalde, heeft mij gevormd en beschadigd. In Portugal was alles erg corrupt, chaotisch en wist je nooit waar je aan toe was. Bewaarders waren vaak zelf verslaafd, heel heftig om daartussen te leven. Ik moest voortdurend alert zijn, het was doodvermoeiend. Tegelijk was er veel vrijheid. Bij mooi weer zaten we met zijn allen de hele dag op de luchtplaats, heel relaxt. We deelden ook in elkaars ellende, er was veel saamhorigheid onder de gedetineerden.

In Nederland is de gevangenis juist heel erg gestructureerd. Om acht uur gaat mijn deur open en om vier uur gaat die weer dicht. In die tijd zijn er activiteiten, en als je geen activiteit hebt, ga je weer achter de celdeur. Eten doe je op je cel, niks sociaals dus. Daarna ga je werken. Of het is andersom: 's ochtends werken en 's middags activiteit. *That's it.* Je bent dus erg geïsoleerd en afhankelijk. Als je geen wc-papier hebt, moet je op een belletje drukken en vragen: 'Mag ik een rol wc papier?'
'Ja, als ik tijd heb.'
'Mag ik misschien een aspirientje?'
'Ja, als ik tijd heb.'
De bewakers hebben vaak veel problemen thuis vanwege de stress op het werk. Dat reageren ze af op de gedetineerden. Er is dus vaak een enorme kloof tussen bewaarders en gedetineerden, en het is strak en afstandelijk. Gelukkig kan ik zelf redelijk communiceren met de meeste bewaarders. Toen ik in de gevangenis terechtkwam was ik net een jaar nuchter. Daar-

voor leefde ik vijftien jaar lang in de luchtbel van de drugsverslaving, ver buiten de realiteit, en in voortdurende afwijzing. Eenmaal nuchter probeerde ik de dingen te verwerken, maar dat lukte niet, want ik was nog aan het herstellen en er gebeurde nog heel veel. Vervolgens kwam ik vast te zitten en werd mijn leven en gezin uit elkaar gerukt. Dat heeft veel schade veroorzaakt. Eigen schuld dikke bult, zeker. Maar nog steeds traumatisch.

Er zit ook nog zo veel woede in me. Mijn frustraties over het systeem kon ik niet uiten, omdat ik er anders meteen op zou worden afgerekend. Ook zit er veel woede over al die keren dat ik ben verraden. Omdat God mij heeft vergeven moet ik al die mensen ook vergeven. Dat vind ik ongelooflijk moeilijk. Door sommige mensen heb ik echt lang in de bajes gezeten, al was dat natuurlijk ook het gevolg van mijn eigen daden.

Ook was ik geen goede man en vader en zoon. Daar moet ik mee aan het werk, en dat kan ik niet alleen. Tegelijk komt er nu ook veel angst bij. Wat moet ik doen als ik vrijkom? Ik heb nooit een vak geleerd, geen idee hoe ik aan geld moet komen. Ik heb geen vrienden, geen kennissen, niemand. Alleen mijn vrouw en mijn directe familie. Ik kan met niemand echt over mijn pijn en woede praten. In de gevangenis is daar ook niemand voor. Daar vragen ze alleen: 'Denk je dat je gaat terugvallen in je oude gedrag?' 'Nou, heb jij een glazen bol? Ik niet.'

Ik geef aan dat ik wel gesprekken wil voor het verwerken van mijn trauma's, als onderdeel van de laatste twaalf maanden. Die gesprekken krijg ik bij de Waag. Zij willen mij helpen met het omgaan met agressie. Helaas helpen de gesprekken mij niet.

Eindelijk mag ik ook op verlof! Brenda haalt mij zaterdagochtend op en ik mag tot zondagavond bij haar blijven. Als ik de poort uit loop en ineens vele meters voor me uit kan kijken is het alsof ik een nieuwe wereld in stap. Al negen jaar leef ik tussen betonnen muren en nu loop ik naar buiten in een wereld die compleet is veranderd. Het is allemaal zo onwerkelijk, en de emotie overweldigt mij.

Ik zie Brenda bij de auto staan terwijl de bajes achter mij steeds kleiner wordt. Zo zit je negen jaar zwaar beveiligd achter slot en grendel alsof je een gevaar vormt voor de samenleving en zo doen ze de poort voor je open alsof er niks aan de hand is. Ik stap in haar oude auto, zo laag, dat ben ik helemaal niet meer gewend. Ze heeft een telefoon waar ze mee op internet kan. Ongelooflijk! Ik kende alleen nog het trage inbellen op de computer...

Brenda neemt mij mee naar haar huurhuis, een rijtjeshuis in een achterbuurt, waar zij woont met onze zoon; haar huis waar ik nog nooit ben geweest en waar ik zo benieuwd naar ben. Toch ben ik niet echt aangenaam verrast door wat ik aantref. Naast haar voordeur ligt een dikke hondendrol en de lelijkste woorden galmen door de straat. Politieauto's rijden rond en het is er vreselijk druk met auto's en geluiden. Dit is totaal anders dan ik gewend ben. Ik woonde in een villa. Met zwembad. En een groot hek eromheen. Wat is dit?! Het is een enorme stap voor mij, maar natuurlijk ook voor mijn gezin, dat het al die jaren zonder mij heeft moeten doen en het niet gemakkelijk heeft gehad. We proberen net te doen alsof het allemaal normaal is, maar ik kan de spanning voelen van hoe het zal zijn nu ik weer thuis ben.

Nog voor ik over de drempel stap vliegt mijn zoon mij al in de armen. 'Papa, wil je mijn kamer zien?' roept hij. Hij pakt mijn hand en neemt me mee. Binnen is het sober en minimalistisch: kleine keuken, klein trappetje omhoog. We lopen samen naar boven. Nou, daar is het een zootje! Maar hij is helemaal blij. 'Kijk pap, Star Wars en Pokémon, heb ik allemaal gekregen!' Wat een vrolijk en enthousiast kind is het toch. Samen gaan we weer naar buiten en ik speel een tijdje met hem. We skateboarden en ik geniet intens van hem.

Het huisje geeft me een klein beetje een indruk van onze financiële situatie, maar verder heb ik nog geen idee. In de gevangenis heb ik alles weggegeven, maar ik heb geen idee waar we nu staan. Brenda werkt hard, een leuke baan in de zorg, maar financieel redt ze het daar niet mee. Omdat ze regelmatig bij mij op bezoek kwam dacht ik dat alles goed ging. Ze heeft er ook nooit iets over gezegd. Nu kom ik erachter dat het haar veel moeite heeft gekost om het hoofd boven water te houden en dat het geld echt op is. Erger nog, we hebben al een paar maanden huurachterstand, onbetaalde rekeningen en veel andere schulden.

Het is zo'n verschil met waar ik vandaan kom, waar geld geen rol speelde. We hebben nog een heel lange weg te gaan. Onze financiële situatie baart me zorgen en soms ben ik bang dat ik terug moet naar mijn oude leven om het weer goed te krijgen. Gods beloftes en wat er in de Bijbel staat ken ik nog niet goed genoeg om te geloven dat alles goedkomt.

Op zondagmorgen ga ik voor het eerst in mijn leven naar een kerk, de kerk die ik ken uit mijn jeugd. Het is reuze spannend en ik heb geen idee wat ik kan verwachten, maar hier heeft alles met God te maken dus het zal vast wel helemaal geweldig zijn, hoor ik mezelf denken. Meteen als we binnen lopen word ik aangeraakt door God. Een warme gloed overvalt mij. Ik krijg er kippenvel van. Het is geweldig! Al die mensen die daar God aanbidden, dat voelt zo heerlijk en zo goed! Hier heb ik naar

'MIJN VOLK GAAT TEN ONDER DOOR GEBREK AAN KENNIS.'

HOSEA 4 VERS 6

verlangd. Al die tijd stond ik alleen. Natuurlijk praatte ik wel met andere mensen, maar ik ben nog nooit met zo veel gelovigen bij elkaar geweest. Nu word ik ondergedompeld in Gods liefde, omringd door broeders en zusters. Dit is echt een warm bad!

Ik stel mij voor aan de voorganger en vertel dat ik in de bajes zit, maar tot geloof ben gekomen. Hij vindt het geweldig! 'Super, ik ga je interviewen, wat een verhaal!'

Brenda wordt ook enorm geraakt door de dienst, ik zie het aan haar. Als er een oproep wordt gedaan om voor je te laten bidden stoot ik haar aan: 'Is dit niet voor jou?' Ze knikt, ze voelt het ook, en even later staat ze op en gaat. Ze bidden met haar en op dat moment geeft zij haar hart aan Jezus. Even later staan we weer naast elkaar en ik ben helemaal gelukkig. Dit voelt als thuiskomen. Nu horen we ergens bij, al weet ik nog niet goed wat dat precies is. Het is in elk geval de familie van God.

Deze mensen zijn allemaal honderd procent eerlijk, houden allemaal van God en hebben allemaal Zijn liefde. Het zijn zulke lieve mensen, want ze kijken zo blij. In de bajes was ik gewoon een boef en werd ik meestal ook zo behandeld. Hier zien mensen niet aan mij dat ik een boef ben geweest en net jaren heb gezeten. Ze zijn gewoon vriendelijk tegen me, willen mij zelfs een knuffel geven. 'Goed dat je er bent!' Ze lijken oprecht geïnteresseerd in mij. Ik voel me helemaal warm worden omdat ik erbij mag horen. De voorganger is ook superaardig en charismatisch. Dit wordt onze kerk, ik hoef niet verder te zoeken.

Tijdens elk verlof ga ik naar deze kerk. Bij de avondmaalsviering wordt gevraagd te gaan staan als je zonde in je leven hebt. Je moet je zonde belijden en dan pas mag je deelnemen aan het avondmaal. Doe je dat niet, dan eet en drink je jezelf een oordeel, zeggen ze, en dan kun je ziek worden of vroeg sterven. Dus sta ik elke avondmaalsviering op. Want ik heb nog wel wat zonden te belijden.

Ze zeggen ook dat als je wilt dat God je zegent, je veel moet geven, van je geld en van je tijd. Als jij iets groots wilt, moet je eerst iets groots doen voor God. Je moet gaan dienen. Doe je dat niet, dan ben je geen trouwe dienstknecht en dan kan God je ook niet gebruiken. Ook moet je gehoorzaam zijn aan je voorganger en aan iedereen die hij over je aanstelt. Je mag niet aan de familie van de voorganger komen. Ze zijn geroepen door God, de Godsmannen, en jij moet gewoon komen en hun gehoorzamen. Op woensdag is er bidstond, daar hoor je bij te zijn, net als elke zondag in de dienst. Je hoort tien procent van je inkomen te geven, en meer. Als je niks te doen hebt geef je die tijd aan de kerk.

Omdat ik nog bijna niets van de Bijbel weet, plaats ik mijzelf onder het gezag van deze leiders en hun regels. Gehoorzaam kom ik overal waar ik moet komen. God verwacht dat van mij, dus dan doe ik dat. Natuurlijk doe ik het ook nog steeds om goed genoeg te zijn voor God, daar ben ik goed in.

Radicaal als ik ben, handel ik niet altijd even liefdevol. Als iemand mij vraagt: 'Als ik niet in Jezus geloof, ben ik dan niet gered?' zeg ik: 'Nee, dan ga je rechtstreeks naar de hel.' Dat is mijn logica, een houvast: 'Als je dit niet doet, gebeurt er dat. Als je zus doet, gebeurt zo.' Heel duidelijk, heel zwart wit. Er is voor mij geen middenweg, zo zit ik in elkaar. 'Het staat er, dus dan is het zo!' Genade ken ik niet.
Zo praat ik ook tegen mijn familie, maar zij kunnen daar niet goed tegen. Mijn broer en mijn vader willen niet eens meer met mij praten. Onze jongste dochter heeft veel problemen, maar de manier waarop ik met haar over Jezus praat drijft haar juist bij mij weg. Ik weet niet hoe ik haar kan overtuigen. Jezus was heel duidelijk, toch, over wat goed en fout is? Waarom snappen ze dat niet? Dit horen zij toch ook in de kerk?
Dat horen ze inderdaad, en daarom gaan ze niet graag mee naar de kerk. Zelf word ik daar juist zo enthousiast. Het blijft bijzonder, de kerk uit mijn oude buurt, ik moet hier gewoon zijn. Ze hemelen mij op: 'Ex-crimineel bekeert zich!' Ook in de dienst wordt dat regelmatig gezegd: 'We hebben hier ook een ex-crimineel in ons midden. Hè, Johan?' Op die manier word ik bijna hun eigendom, zo voelt het in elk geval. Eerlijk gezegd vind ik dat niet zo fijn, maar ik heb het ervoor over. Voor God. Voor Hem doe ik alles, en ik ben nog steeds blij met de kerk.

Minder blij ben ik met onze financiële situatie. We hebben veel schulden en ik weet echt niet hoe ik aan geld moet komen. Ik zou niet eens weten hoe ik ergens aan de bak moet komen, zonder papieren en werkervaring. Brenda verdient te weinig en krijgt niet altijd op tijd betaald. Het is ook meteen weer op vanwege de schulden. Toch wil ik mijn gezin wel graag meenemen naar de stad om kleren te kopen, uit eten te gaan of gewoon een weekendje weg. Eigenlijk ken ik alleen mijn oude manier om aan geld te komen. Natuurlijk ben ik los van de criminaliteit en weet ik dat ik daar helemaal niet meer in terug wil. Maar nu ben ik buiten en word ik op de proef gesteld.
Iemand uit mijn oude leven stelt me een mooie deal voor. Hoopvol kijkt hij me aan, terwijl hij mij probeert te overtuigen van een ongekende kans om snel veel geld te verdienen. Ik herinner mij hoeveel geld ik deze oude

vriend in het verleden heb laten verdienen toen hij voor mij werkte. Hij is de enige van al mijn oude kennissen die zo nu en dan eens geld bracht bij mijn familie toen ik vastzat en alles op was omdat ik het had weggegeven. Ik zie de hoop in zijn ogen dat de Johan die er toen was er nu nog steeds is; die Johan die geld kon maken en overal wel zijn contacten voor had. Ik heb geen rooie cent, ik ben al jaren uit de roulatie, maar mijn reputatie staat schijnbaar nog als een huis als het gaat om serieus zaken doen. Ik hoor de woorden uit zijn mond komen die me zo bekend zijn. 'Dit is appeltje eitje, er is geen risico, een gouden kans. Je loopt zonder moeite binnen.' De woorden vervagen, ze zijn zo vertrouwd, in een wereld die ik door en door ken. Het zijn een paar stappen, en dan is het geld of bajes. Het verhaal verandert nooit, de motivaties veranderen nooit. Ik ben zo moe van dit leven. Maar wat moet ik doen? Ik kan niets anders, ik heb helemaal niks meer en woon met schulden in een achterbuurt. Mijn status, mijn levensstijl, mijn identiteit, het is allemaal weggevaagd. Ik wil mijn gezin alles geven, maar er is niks om te geven. Ik zie geen oplossingen, ik zie geen mogelijkheden. Niemand zegt mij: 'Dit moet je doen.' Ik ken maar één weg en dat is deze weg. 'Doe wat je moet doen, niemand doet het voor jou' is mijn motto.

'Johan?' Ik schrik op uit mijn gedachtestroom. 'Luister je wel? Mijn klant wil elke maand vierhonderd kilo cocaïne hebben. We hebben geen risico met geld, je krijgt elke week honderdduizend euro, dat is duizend euro per kilo. Je hoeft hen alleen met elkaar in contact te brengen. Jouw contact wil leveren en mijn contact wil kopen. Hij heeft geld zat, beter kan niet toch?' Het klinkt allemaal zo lekker makkelijk. Ik knik en luister naar zijn pleidooi voor het kwaad. Het kan snel en veel geld zijn, alle poppetjes staan op hun plek. Maar ik weet uit ervaring dat het in de praktijk nooit gaat zoals je wilt, en dat niets voor niets is. 'Laat me er even over nadenken.'

Op weg naar huis blijft het maar door mijn hoofd malen. Ik kan dit doen. Al zou het maar een paar keer goed gaan, dan heb ik meer dan voldoende om opnieuw mee te beginnen. Het kan mij uit de problemen halen. Of er juist in brengen. Zou het deze keer anders gaan? Ik hoef niet meer de grootste te zijn, ik wil alleen geld verdienen voor een toekomst met mijn gezin. Dan spreken mijn gedachten opeens luid. Johan, even serieus, overweeg je dit nu echt? Ben je vergeten waar je de afgelopen ruim negen jaar hebt gezeten? Ben je vergeten dat je alles hebt weggegeven juist omdat je dit niet meer wilt? Ben je vergeten wat God voor jou heeft gedaan? Ik beantwoord mijn eigen gedachten: 'Ik wil dit ook helemaal niet meer!' Het voelt ook helemaal niet juist, maar ik weet het niet meer. Hoe moet ik voor mijn gezin zorgen en een normaal leven leiden? Ik heb niks en kan niks. Ik zie geen uitweg uit deze ellende zonder geld!'

Mijn hoofd tolt van de tweestrijd. Ik weet dat ik dit niet wil. Ik weet ook dat er op dit moment niks anders is dat uitkomst biedt. 'God, help mij toch, ik wil niet meer terug naar wat was!'

Dan ineens hoor ik Gods stem: 'Open je Bijbel.' Duidelijke taal en ik weet gewoon dat ik moet gehoorzamen. Ik lees echt niet elke dag in de Bijbel, eigenlijk zie ik daar ook nog steeds niet het belang van in. Ik weet van God en Jezus, maar de Bijbel snap ik nog niet goed.

'Open je Bijbel.'

'Ja oké, ik ga het zo doen.'

'Open je Bijbel.'

'Oké, ik ga het nu doen. Tjonge...' Eenmaal thuis open ik meteen mijn Bijbel en zie Mattheüs 6 vers 33. *'Zoek eerst Mijn Koninkrijk en Mijn gerechtigheid en al die andere dingen zullen je erbij gegeven worden.'*

'Wat?!' Meteen sta ik weer in brand, net zoals de dag dat ik in Johannes 15 vers 7 las dat ik Hem alles kon vragen en ik een paar dagen later op wonderlijke wijze toch in Nederland terug was. Weer krijg ik een openbaring. Boem, zo mijn hart binnen, alsof ik ontplof! God zegt tegen mij: 'Als je nou eens Mij gaat vertrouwen, als je Mijn Koninkrijk zoekt en Mij gaat leren kennen, dan zal Ik je al het andere geven. Ik weet wat je nodig hebt. Maak je daar maar geen zorgen over.'

Wauw! Dit is echt, Hij is hier! Van gekkigheid maak ik een vreugdedansje, omdat Hij tegen mij praat! Omdat ik de Bijbel nog niet ken, kan ik leugens nog niet goed onderscheiden van de waarheid. Ik kan nog niet zoals Jezus de leugen te lijf gaan met de woorden: 'Er staat geschreven...', Mattheüs 4 vers 1-11. Weet ik veel wat er geschreven staat.

Nu vraagt God mij Hem te vertrouwen met iets wat ik niet kan aanraken, niet kan zien. Het is een enge, onbekende wereld. Zekerheid ken ik: gezin, geld nodig, nu! Maar God zegt nu: 'Ga niet terug naar die oude weg, Ik heb je daaruit getrokken, vertrouw Mij!' Wauw! Ik zíe Hem nog steeds niet, maar hoor Hem heel duidelijk!

Ik breek en bekeer mij en zeg: 'Heer, ik vind dit dood- en doodeng. Maar al slaap ik onder een brug en heb ik geen onderbroek meer aan mijn kont, ik ga nooit meer terug die weg op. Ik neem deze vreemde weg en vertrouw U. Laat het me zien, Heer.' Het is echt weer een bekeringsmoment. Een duidelijke keuze om het op een andere manier te gaan doen. Wat er ook gebeurt: nooit meer terug! Ik weet het zeker, net zoals ik zeker wist dat ik geen tabak of coke meer zou roken. Niet te beschrijven. Het is

'VERTROUW OP DE HEERE
MET HEEL JE HART
EN STEUN OP JE EIGEN
INZICHT NIET, KEN HEM IN
AL JE WEGEN, DAN ZAL HIJ
JE PADEN RECHTMAKEN.'

SPREUKEN 3 VERS 5-6

een wilsbesluit, uit het diepst van mijn zijn. Ik begin te huilen en er komt een enorme rust over mij.

De volgende dag ga ik naar die gozer toe die mij die deal aanbood. 'Luister, ik heb mijn leven aan Jezus gegeven. God heeft tegen mij gesproken en gezegd dat ik op Hem moet vertrouwen. Dus ik ga niet mee met jullie voorstel. Als je me tegenkomt op straat ken je me niet. Wij nemen nu afscheid, that's it. Je hoeft me nooit meer te benaderen en ik verwijder alle contacten, hier scheiden onze wegen. Dikke streep eronder.'

Hij is verbijsterd. 'Ja, maar we kunnen zo veel geld verdienen! En dan kom jij ineens met Jezus? Kom op man, we hebben het allemaal nodig!' probeert hij nog. Het is duidelijk dat hij niet snapt wat het voor mij betekent om te geloven in Jezus en ik leg hem rustig uit wat er met me is gebeurd. Hij vindt het mooi voor mij dat ik iets heb gevonden wat me rust geeft. En hij ziet dat ik het meen. Maar hij blijft het jammer vinden dat ik nu niets meer wil doen. We nemen met een handdruk afscheid van elkaar. 'Het beste', roept hij me na als ik de deur uit loop om niet meer achterom te kijken. Het maakt me niks meer uit wat een ander zegt, wat God zegt is veel belangrijker. Tijd voor een nieuw seizoen.

Binnen een maand verandert onze situatie radicaal. Iemand biedt ons zijn ruime huis te huur aan, midden in de rust en voor dezelfde huurprijs als ons rijtjeshuis. Geweldig! Ik wil weg uit die wijk, weg uit de criminaliteit en agressie daar, het drugsgebruik en het gedrag dat daarbij hoort. Het herinnert me te veel aan mijn verleden. Er wordt de hele dag gevloekt van het ene raam naar het andere raam. Daar wil ik met mijn gezin niet tussen zitten en nu krijg ik de kans om weg te gaan.

Ook het werk van Brenda loopt een stuk beter. Alles neemt een andere wending. God zei dat ik Hem moest vertrouwen en dat heb ik gedaan. Dat wilsbesluit is blijkbaar al genoeg, Hij weet dat ik Hem vertrouw. Hij laat mij duidelijk zien dat Hij een God is van Zijn woord.

We verdienen nu een redelijk inkomen en proberen schulden terug te betalen. Maar het is zo veel. Ik heb mijn enkelband om en mag bepaalde tijden werken. Op een caravanterrein doe ik het onderhoud. In de weekenden ben ik vrij. Dan heb ik nog steeds mijn enkelband om.

Het wennen aan mijn vrije leven kost meer tijd dan ik had gedacht. Ik beleef elk moment buiten zo intens, de indrukken zijn zo heftig, mijn zintuigen zijn elke keer helemaal van slag. Wanneer we 's avonds ergens heen rijden zie ik alleen maar lichtjes en geen weg. Onbegrijpelijk hoe mensen zo kunnen rijden zonder ongelukken te maken! Al negen jaar ben ik niet meer buiten geweest in het donker. Elk weekeind dat ik naar buiten mag sta ik stijf van de adrenaline en de week erna ben ik van slag door de indrukken van de snelle wereld en alle ruis om ons heen.

Elke week meld ik mij bij de reclassering. Nog steeds heb ik woede- en paniekaanvallen. Dan denk ik: zie je wel, het komt nooit meer goed. Ik heb heel sterk het idee dat God mij niet alles heeft vergeven. Hij heeft mij Zijn vrijheid laten ervaren, maar sinds ik naar die kerk ga en ik mijn zonden moet belijden voor het avondmaal, denk ik steeds: dít kan Hij mij vast niet vergeven hebben. Hierdoor klaagt mijn verleden mij steeds weer aan. Eens een zondaar, altijd een zondaar. Dus sta ik elke avondmaaldienst op om mijn zonden te belijden. Vaak sta ik in mijn eentje, tussen vierhonderd mensen die blijven zitten. Zo, die mensen zijn dus allemaal wel heilig.

En weer voel ik die afwijzing. Van God, van de voorganger en van iedereen. Het is elke keer hetzelfde verhaal. Want ja, ik heb weer een keer porno gekeken, een woedeaanval gekregen, gescholden, ik moet dus weer gaan staan. En de rest blijft zitten. Zal ik daar ooit komen, vraag ik me wanhopig af. Mijn gezin leg ik hetzelfde op. We móéten met z'n allen naar de kerk, anders zijn we afvallig. We móéten naar de bidstond. God vraagt dat van ons. Denk ik.

'ZO VER HET OOSTEN IS VAN HET WESTEN, ZO VER HEEFT HIJ ONZE OVERTREDINGEN VAN ONS GEDAAN.'

PSALM 103 VERS 12

22

VRIJ EN TOCH NIET

Het is eind 2011 en eindelijk zit mijn straftijd erop. De enkelband mag af,
de controle van de reclassering stopt. Ook de Waag kan ik gedag zeggen.
Met helemaal niemand heb ik meer iets te maken, ik ben een vrij man.
Tien jaar van mijn leven heb ik betaald voor de misdaden die ik heb be-
gaan. Eindelijk kan ik proberen om echt opnieuw te beginnen en ik ben er
helemaal klaar voor.

Brenda heeft betaald werk en daar leven we van. Dus wanneer ze vanuit de
kerk vragen of ik als vrijwilliger in de keuken wil komen werken, zeg ik ja.
'Hoe vaak kun je komen werken?'
'Nou, ik ben vijf dagen beschikbaar.' Dus ga ik vijf dagen in de week in
de keuken werken. Ik kan aardig koken en daar wordt gretig gebruik van
gemaakt. Dagelijks kook ik voor een man of dertig en met evenementen
kook ik soms wel voor honderdvijftig mensen, helemaal in mijn eentje.
Geweldig vind ik dat, zelfstandig bezig zijn, en ik heb het gevoel dat ik
iets belangrijks doe voor God: zijn mensen iedere dag weer een heerlijke
maaltijd voorschotelen, gemaakt met liefde.
Ik werk hard en mag zelfs in één van hun huizen wonen, omdat ik voor
hen werk. We geven al best veel aan de kerk; geld dat we eigenlijk niet
kúnnen geven omdat we nog zo veel schulden hebben. Alles doe ik voor
de kerk, omdat ik dat voor God doe. Al hun regels volg ik op. Ik doe het,
maar het is ook wel enorm vermoeiend. In de gevangenis was ik helemaal vrij en relaxt met God, en Hij met mij. Nu ik vrij ben, lijkt het geloof
mij juist vast te zetten.
Boven alles wil ik God dienen en Hem leren kennen. Daarom luister ik
ook preken van anderen, buiten de kerk. Dagelijks luister ik naar toespra-
ken en lees ik boeken die mij kunnen helpen. Dit vertel ik ook aan de
voorganger, maar tot mijn verbazing zegt hij dat het beter is om alleen
naar de preken in deze gemeente te luisteren. Hè? Ik moet toch luisteren
naar God? Het kan toch niet zo zijn dat ik nooit naar iemand anders mag

'U ZULT DE KRACHT VAN DE HEILIGE GEEST ONTVANGEN DIE OVER U KOMEN ZAL.'

HANDELINGEN 1 VERS 8

luisteren, naar een andere mooie boodschap die gaat over God? Volgens mij staat dat ook echt niet in de Bijbel, tot nu toe ben ik dat in elk geval nog niet tegengekomen.

Mijn vrijheid wordt steeds meer vervangen door *moeten*, en ik betwijfel of ik dat wel wil. Ik ervaar ook steeds zo'n afwijzing in de kerk, een gevoel van veroordeling als ik niet doe wat zij zeggen dat ik moet doen. God zelf opent langzamerhand mijn ogen. In één van de diensten, waar ik nog steeds enorm word aangeraakt, zeg ik tegen God: 'Ik wil U kennen.' Op het moment dat ik dat uitspreek ben ik op een andere plek. In die ruimte is alleen maar liefde. Dat duurt twee uur lang, alleen maar liefde, en ik zou hier voor altijd willen blijven, in Zijn liefdevolle, genadige armen. Ondertussen snik ik onophoudelijk. Het lijkt wel opnieuw een bekering, ik ervaar heel krachtig Gods Geest.

Vanaf het moment dat ik zei: 'Ik wil U leren kennen', lijkt God zichzelf steeds duidelijker bekend te maken. Door de Bijbel en door mensen heen. Hij leidt mij onder andere naar onderwijs over Gods genade en daar leer ik veel van. Sommige dingen wist ik diep van binnen al, maar kon ik nog niet onder woorden brengen, omdat ik geen kennis van de Bijbel had. Nu wijd ik mijzelf toe aan het lezen van de Bijbel. Elke dag ga ik zo veel mogelijk lezen, lezen, lezen. Ik wil het snappen! Van 's ochtends negen tot 's middags één zit ik alleen maar naar onderwijs te luisteren. Ik zuig het op als een spons en daardoor gebeurt er veel met mij. Ik kom erachter dat ik gerechtvaardigd ben door geloof, uit genade. Genade is een onverdiende gunst. Ik leer dat ik al vergeven bén. Niet een heel klein beetje, maar honderd procent. De Bijbel zegt: *'Al waren uw zonden als scharlaken, ze zullen wit worden als de sneeuw',* Jesaja 1 vers 18. En: *'Ik zal hun ongerechtigheid vergeven en aan hun zonde niet meer denken',* Jeremia 31 vers 34. Ik ben heilig en rechtvaardig, goed genoeg, zonder prestatie. Dat is echte vrijheid.

Al die vragen die ik had worden nu allemaal in één keer beantwoord! Het voelt alsof God al die kennis in mij uitstort, met Zijn liefde. Ik loop helemaal over! Ik lees in de Bijbel en het smaakt naar meer. Het is als zoete honing.

We besluiten om niet meer naar die kerk te gaan, omdat we daar die vrijheid niet zo ervaren. Een andere kerk vinden valt niet mee, dus staan we er voorlopig even alleen voor. Het werk in de keuken van de kerk stopt ook, dus heb ik veel vrije tijd. Die besteed ik met liefde aan onderwijs en Bijbellezen en zo leer ik steeds meer.

Toch is mijn ervaring met deze kerk voor God blijkbaar nog niet klaar. Hij zegt tegen mij: 'Jij moet de leiders vergeven, want zij weten niet wat ze doen.' Eerst ben ik verbaasd over deze opdracht. Dan realiseer ik me dat ik hen veroordeel, net zoals zij mij hebben veroordeeld. Ik ben dus geen haar beter. Een pijnlijk besef.

Dus ik besluit hen te vergeven. En niet alleen hen, maar al die mensen die mij op wat voor manier dan ook onrecht hebben aangedaan. Met een oprecht hart vergeef ik iedereen en kan het zo loslaten en aan God geven. Ik koester totaal geen wrok meer en voel me daardoor heerlijk vrij. Tegen alle verwachtingen in ga ik terug naar die kerk. Ik wil laten zien dat God echt liefdevol is en dat er een andere weg is. Met een grote bos bloemen ga ik samen met Brenda naar de kerk en vraag of we terug mogen komen. Door het stof gaan we. Alleen omdat ik God wil gehoorzamen. Ze zijn verrast. Ze vergeven me mijn vertrek, bedanken me voor de mooie bloemen en we mogen terugkomen. Ik kan ook meteen weer aan de slag in de keuken. We zijn terug. Nog niet helemaal tevreden met hoe het gaat, maar we doen het ermee.

Ondertussen blijf ik veranderen door alles wat ik lees en leer over God, en kan ik steeds beter uitleggen wat geloven inhoudt, ook aan mijn kinderen en familie. Met onze jongste dochter gaat het nog steeds helemaal niet goed, vanwege alles wat zij in haar leven al heeft meegemaakt. Ze is depressief en snijdt zichzelf. Eerder stond zij niet open voor mijn manier van praten over God. Nu ik veranderd ben komen mijn woorden beter aan. Ook mijn woedeaanvallen zijn flink minder geworden. Gesprekken hebben niet geholpen, maar Gods liefde brengt heling. Ik word liever, zachter, en ik kan mensen beter accepteren. Ook geniet ik meer van het feit dat ik vrij ben. Mijn leven krijgt regelmaat. Het gevangenisdenken kan ik loslaten, ik begin in vrijheid te leven.

In één van mijn gesprekken met onze dochter over haar problemen zeg ik: 'Als jij één pil zou kunnen nemen zodat je helemaal zou genezen, zou je die dan nemen?'

'Ja, natuurlijk', zegt ze.

'Jezus is die pil. Als je Hem inneemt, zal je leven nooit meer hetzelfde zijn. Dan word je vrij.'

Deze keer staat ze er wel voor open. 'Denk je echt dat dat zo is?'

'Ik weet het zeker. Hoop jij dat het zo is?'

'Ja, dat hoop ik wel.'

'Dat is voor Jezus genoeg. Hoop doet leven. Zullen we samen bidden?'

'Wat moet ik dan precies doen?'

'VERDRAAG ELKAAR EN
VERGEEF DE EEN DE ANDER,
ALS IEMAND TEGEN IEMAND
ANDERS EEN KLACHT HEEFT;
ZOALS OOK CHRISTUS U
VERGEVEN HEEFT,
ZO MOET OOK U DOEN.'

KOLOSSENZEN 3 VERS 13

'ZIE,
IK MAAK ALLE
DINGEN NIEUW.'

OPENBARING 21 VERS 5

Ik roep Brenda erbij en we gaan met z'n drieën op de bank zitten. Met onze handen in elkaar bid ik: 'Vader, dank U wel dat U Jezus heeft gestuurd om voor onze zonden te sterven.' Giechelend zegt onze dochter het na. Het is nog zo vreemd voor haar. Samen vragen we God om in haar leven te komen. Er gebeurt niets, zegt ze, maar ik ben al zo blij dat we dit samen hebben mogen doen.

Als ze later die avond gaat slapen, vraagt ze aan God: 'God, als dit echt is, wat Johan zegt, dan wil ik dat. Laat mijn leven dan nooit meer hetzelfde zijn.' Ze begint heel erg te huilen en op dat moment, alleen met God, verandert haar leven, het wordt als nieuw.

De volgende dag vraag ik haar hoe het gaat en ze zegt: 'Het gaat goed hoor.' Dat herhalen we een paar dagen en dan zegt ze: 'Weet je dat ik niet één keer aan zelfmoord heb gedacht sinds we met elkaar hebben gebeden?' Normaal dacht ze daar elke dag aan. 'Ik heb geen pillen meer ingenomen en ik heb blije gedachten!'

'Wauw! God heeft jou bevrijd!'

Met tranen in haar ogen zegt ze: 'Het is echt zo, hè?'

'Ja, het is echt zo.'

Nog steeds slaapt ze slecht. Nu ze God heeft leren kennen zeg ik: 'Ga maar in bed liggen en dank God voor de heerlijke nachtrust. Ook al slaap je de hele nacht niet, morgen doe je precies hetzelfde. Spreek Zijn waarheid maar uit, Hij geeft jou een goede nachtrust.' Dat doet ze, en vanaf dat moment slaapt ze goed! Als ze nu een bed ziet slaapt ze al, ongekend gewoon! Ze stopt met haar gesprekken met de psychiater en met de medicijnen. Ze is compleet vrij.

Niet lang daarna wordt mijn jongste zoon aangehouden voor diefstal van een game voor op zijn Playstation. Ik mag hem van het bureau ophalen en ik zie zijn hangende koppie. Meteen denk ik aan hoe mijn ouders zich gevoeld moeten hebben iedere keer als het bij mij weer raak was. En hoe mijn moeder zei: 'Wacht maar tot je zelf kinderen hebt.' Dit wil ik niet voor mijn jongen, hij moet toch beter weten. Ik ben boos, vooral omdat ik het niet begrijp. Hoe kan hij dit doen nadat ik hem heb gewaarschuwd? Hij weet hoe het met mij is afgelopen, een beter voorbeeld kon hij niet krijgen. Waarom doet hij het dan toch? Ik vraag hem of hij dit leven wil, en hij schudt zielig nee. Ik vraag hem: 'Wil je samen bidden voor vergeving?' Dat wil hij wel en in de auto bidden we samen. We vragen of Jezus in zijn leven wil komen. Hoe bijzonder! Vol blijdschap deel ik het nieuws thuis en dank God dat nu al twee van onze kinderen Jezus 'hebben aangenomen', zoals dat wordt genoemd. We vragen onze zoon en dochter of zij gedoopt willen worden en dat willen ze wel. Dus bij de eerste de beste doopdienst staan ze allebei met een wit gewaad zenuwachtig op het podium om het water in te gaan en een nieuw leven te beginnen. Ik ben zo trots als een pauw.

Mijn moeder is ook bij de doopdienst aanwezig. Zo nu en dan komt ze met ons mee naar een kerkdienst. Ze ziet behoorlijke veranderingen in ons leven en ze is erg blij dat we zo'n andere weg gekozen hebben. Nooit heb ik het gevoel dat zij het raar vindt, of dat ze het niet zo fijn vindt dat we nu de hele dag over Jezus praten. Mijn moeder is zelf door de nonnen opgevoed in een kindertehuis en heeft daar best traumatische herinneringen aan. De liefde was erg ver te zoeken en daarom zei ze altijd als we grapjes maakten over bidden voor het eten: 'Ik kook het met de aardappelen mee.' Maar deze manier van geloven spreekt haar wel aan en daarom is ze er af en toe bij. De doopdienst van haar kleinkinderen wil ze natuurlijk niet missen. Ik praat met haar en vertel haar: 'Ma, als je een keuze maakt voor Jezus, wordt jouw leven ook een heel stuk beter. Hij wacht echt op jou.' Ze begrijpt het, en ze besluit om ook Jezus aan te nemen! Meteen na de dienst, als we boven koffiedrinken, ga ik met haar in een rustig hoekje zitten. We bidden samen. Echt niet te geloven, ik kan mijn geluk niet op! Ik vertel het aan iedereen die het maar wil horen. En mijn hoop dat ook de rest van de familie tot geloof zal komen, groeit enorm. Ik ben zo vol vuur dat ik de hele dag met een grijns op mijn gezicht rondloop. God is echt supergoed!

23

EEN ONBEKENDE WEG

Op een schitterende dag ben ik vroeg opgestaan om het bos in te trekken. Ik zie de zonnestralen door de bomen breken en verbaas mij over hoe God Zich iedere keer weer manifesteert door Zijn schepping heen. Halverwege ga ik even zitten op een boomstronk. Terwijl ik mijn ogen gefocust houd op mijn Hemelse Vader worden mijn hele hart en wezen vervuld met een enorme dankbaarheid en kan ik mijn tranen niet meer bedwingen. Wat is er veel gebeurd in zo'n korte tijd. 'Heer, U bent alles aan het herstellen in mijn leven en U laat me nu zien dat ik mij echt geen zorgen hoef te maken, omdat U altijd bij mij bent. Ik leer U steeds beter kennen en ga U steeds meer vertrouwen.'

Voor ieder wonder en iedere zegen die ik al heb mogen ontvangen dank ik Hem, het is een lange lijst. Helder zie ik in mijn gedachten de dag dat Hij in mijn leven kwam, hoe Hij overal bij was, in angst, in strijd, in onzekerheid. Hij herstelde de relatie met mijn vrouw, met mijn kinderen en met mijn familie en Hij zorgde dat ook zij werden aangeraakt door Zijn liefde. Hij gaf me een huis, werk en eten en Hij leerde mij Zijn ongekende goedheid en genade kennen. Hij gaf me voorspoed in alle facetten van mijn leven.

Vanuit blijdschap over al Zijn zegen sta ik op en begin Hem te loven voor Zijn goedheid. 'O, grote Koning, nooit meer zal ik dezelfde zijn, want U kwam en overwon mij, U greep mijn hart en mijn ziel en U maakte mij weer helemaal nieuw. Ik heb vergeving ontvangen dankzij Jezus en U gaf mij uw Heilige Geest. Wie ben ik dat U die zo groot en machtig bent, U die zo heilig en puur bent, Zichzelf aan mij openbaart, mij kent en met mij wil wandelen? Vader, ik zal nooit vergeten wat U voor mij heeft gedaan en zal U prijzen in alles wat ik doe, denk of zeg. U hebt mij gered en U hebt mij lief als Uw zoon. Dank U wel Vader, in Jezus' Naam!' De vreugde en de enorme dankbaarheid naar God toe doen mijn hart bijna exploderen. Ik ben nog nooit zo gelukkig geweest.

'BID, EN U ZAL GEGEVEN WORDEN, ZOEK, EN U ZULT VINDEN; KLOP, EN ER ZAL VOOR U OPENGEDAAN WORDEN.'

MATTHEÜS 7 VERS 7

Dan ervaar ik dat God tegen mij begint te spreken. Hij laat me een aantal dingen uit mijn leven zien. Hij zegt dat ik niet terug had moeten gaan naar die kerk, maar op Hem had moeten wachten. Hij wil een andere weg met mij bewandelen: ik ben een evangelist en zal de wereld overgaan om Zijn evangelie te verkondigen. Vele kerken zal ik bezoeken om te preken en vele mensen zullen worden aangeraakt. Hij laat me ook een beeld zien dat Hij mij al eerder heeft getoond: ik zie een massa mensen, als een grote zee, en al die mensen hebben hun handen in de lucht omdat zij zich overgeven aan de levende God. Zelf sta ik op een podium om hen te helpen het Koninkrijk van God binnen te gaan.

Wauw. Ik voel me bijna beschaamd dat ik deze dingen zie, omdat ze zo groot zijn dat het haast overdreven lijkt, maar God spreekt duidelijk: *'Niet door kracht en niet door geweld, maar door Mijn Geest zegt de Heere'*, Zacharia 4 vers 6. Niet jouw werk, maar Mijn werk. Niet jouw kunnen, maar Mijn genade. Beperk Mij niet in wat Ik in je leven kan doen als je Mij wilt vertrouwen en dienen.'

Ik geloof Hem en geef me helemaal over aan Zijn woorden en beelden. God zegt dat het tijd is om deze kerk nu echt te verlaten. Alles heb ik gegeven, ik bezocht elke dienst, elke feestdag en gehoorzaamde in alles. God laat mij zien dat ik graag goed genoeg wilde zijn voor de leider, maar dat ik alleen maar goed genoeg hoef te zijn voor God. En dat ben ik al.

Dus nemen we nu definitief afscheid van deze kerk. Maar wat moet ik nu gaan doen?

In één van mijn Bijbelstudieboeken vind ik een kaart van een Bijbelschool. Dat lijkt me kicken! Op de open dag hoor ik dat je een studie kunt doen van vijf dagen in de week. Dat is best pittig. Na veel wikken en wegen, en na aanmoediging van Brenda, besluit ik om het te doen. 'Oké Heer, hier ben ik, ik geef mezelf aan U, ik ga mij toewijden om twee jaar lang vijf dagen per week naar de Bijbelschool te gaan.'

Daar ga ik en het is fantastisch! Het eerste jaar ontvang ik heel veel kennis over God en Zijn liefde. Alles valt op z'n plek. Naast het onderwijs ga ik ook naar de gevangenis om daar te spreken, en de straat op om met daklozen te praten. Niet als een opdracht van school, gewoon vanuit mezelf. Ik heb echt een hart voor mensen die niemand meer ziet zitten; die onbegrepen zijn, gebroken en beschadigd. Juist hen wil ik laten weten dat ze er mogen zijn en dat God ze geweldig vindt. Ik heb sterk het gevoel dat juist ik met mijn verhaal deze mensen beter kan bereiken dan iemand die niet zo'n leven heeft gehad. Ook Brenda heeft veel meegemaakt en heeft daarom hart voor de vrouwen die we ontmoeten.

We delen tasjes met toiletspullen uit en doen er een kaartje bij: 'God houdt van je.' Dat kaartje kan misschien wel hun hele leven veranderen. Ook deel ik kleren uit, van mezelf, of ik koop handschoenen, mutsen, sjaals en soms jassen. Op een dag valt mijn oog op een jongen die nerveus uit zijn ogen kijkt. Hij draagt een T-shirt en het is echt al behoorlijk koud buiten. Ik wenk hem naar me toe, maar hij voelt zich zichtbaar ongemakkelijk. Dan laat ik alles vallen waar ik op dat moment mee bezig ben en zeg tegen mijn zoon die dit keer mee is: 'Let even op de spullen.' Ik loop naar de jongen toe en spreek hem aan. 'Hé maat, hoe gaat-ie?' 'Niet zo best, maar ik ben dankbaar dat ik leef', antwoordt hij.
'Wat een mooie instelling gozer, daar kunnen een hoop mensen nog wat van leren!' zeg ik tegen hem. Hij glimlacht ongemakkelijk. Ik vertel hem waarom wij daar zijn, en dat we hem ook graag iets willen geven. 'Ja, dat is goed', zegt hij. Snel roep ik mijn zoon om een zak met spullen te pakken en het te brengen. Ik geef het aan de jongen en verbaasd kijkt hij naar de inhoud.
'Is dat allemaal voor mij?' vraagt hij me.
'Allemaal. En heb je het niet koud zo zonder jas?' vraag ik hem.
'Best wel', zegt hij.
Zonder nadenken doe ik mijn eigen jas uit en geef die aan hem. Nu is hij compleet verbijsterd. 'Nee joh, je gaat toch niet je eigen jas weggeven?' stamelt hij.
'Niet alleen mijn jas, je mag ook mijn schoenen hebben, en hier heb je ook nog een paar tientjes om lekker eten te halen. God vindt jou helemaal geweldig!' Hij is ontroerd en weet niet wat hij moet zeggen. 'Je hoeft niks te zeggen, Jezus wil gewoon dat je Hem leert kennen zoals Hij echt is: een heel goede God.'
'Hoe kan ik Hem dan leren kennen?' vraagt hij mij oprecht. Dan leg ik hem kort het evangelie uit en vraag hem of hij zich wil bekeren en Jezus zou willen aannemen. Dat wil hij. We bidden samen en dan geef ik hem een hele dikke knuffel. Zijn tranen kan hij moeilijk bedwingen. En ik ook.
'Ik ga gauw verder, want mijn tenen bevriezen', zeg ik daarna lachend tegen hem. En zo nemen we afscheid. Zo gebeuren er veel mooie dingen en ik merk dat ik gelukkig word als ik mensen kan helpen.

Mijn jongste zoon gaat vaak mee en hij is erg lief voor de mensen die we tegenkomen. Ik ben super trots op hem. Brenda gaat soms ook met me mee. Ze vindt het nog wel wat ongemakkelijk om met mensen die ze niet kent zomaar over Jezus te praten. Mijn moeder steunt alles wat ik doe en heel soms geeft ze zelfs een kleine bijdrage zodat ik meer spulletjes kan ko-

pen om weg te geven. Mijn pa vindt het allemaal wel best. Hij heeft er niks
op tegen dat we andere mensen helpen, maar zodra ik over de kerk begint
zegt hij: 'Daar hou ik niet van. Mij krijg je nooit niet de kerk in, rare toestanden!' Hij heeft zijn mening nooit onder stoelen of banken gestoken.
Ondertussen vind ik samen met Brenda weer een kerk. Het is een relaxte
kerk waar ik niet gelijk iets hoef te doen. Dat is voor nu even goed. Elke
week neem ik wel nieuwe mensen mee naar de dienst, iedereen die ik
tegenkom nodig ik uit om met me mee te gaan. Brenda schudt af en toe
haar hoofd als we weer een extra auto nodig hebben omdat het niet past,
maar we hebben altijd de grootste lol.

Ook mijn oudste zoon en zijn vriendin zijn steeds vaker van de partij.
Sinds ik ben vrijgekomen heb ik beter contact met hem, en soms blijft hij
ook een weekeind bij ons slapen. Zo leren we elkaar steeds een beetje
beter kennen. Hij is een geweldige gozer.
Op een dag is hij met zijn meisje bij ons thuis en we praten weer eens
over het geloof. Het gaat steeds dieper en dan stel ik hun uiteindelijk de
vraag: 'Willen jullie Jezus in je leven? Dat zou toch geweldig zijn?' Blijkbaar
is het de juiste vraag op het juiste moment, want ze knikken allebei ja!
Kort na hun bekering besluiten mijn oudste zoon en zijn meisje zich te laten dopen en ook mijn moeder wil zich laten dopen. Samen met nog een
aantal andere mensen die tot geloof gekomen zijn gaan we naar de kerk
om iedereen te laten dopen. Het is zo'n mooi gezicht om mijn moeder
daar in het wit op het podium te zien staan. Voor vijftienhonderd mensen
getuigt ze dat Jezus haar Heer is. Ook vertelt ze hoe trots ze is op haar
zoon, omdat ze door mij Jezus op een andere manier heeft leren kennen.
Ik krijg een brok in mijn keel en ben overgelukkig.
Dan loopt mijn oudste zoon het podium op, geeft daar als een natuur-
talent zijn getuigenis en krijgt een groot applaus. Man, wat zou hij een
geweldige spreker zijn! Ik kan mijn tranen bijna niet bedwingen. Kijk dan:
al die mensen die gekozen hebben voor Jezus en nu gedoopt zijn, zelfs
mijn eigen moeder en oudste zoon! Dit wil ik elke dag meemaken en
doen: mensen bij Jezus brengen. En het liefst natuurlijk mijn eigen vader.

Op een avond zitten mijn vader en ik samen op de bank naar een na-
tuurprogramma te kijken, want daar houdt hij zo van. Zonder dat hij het
doorheeft kijk ik aandachtig naar de diepe groeven in zijn gezicht en naar
zijn gerimpelde handen. Zijn tattoos zijn me zo vertrouwd. Een anker, een
stuurwiel, een boot in de golven en de naam van zijn liefje op zijn knok-
kels. Ze vertellen een verhaal van een geharde zeeman. Hier zit de man

met wie ik zo veel strijd heb gehad, maar van wie ik zo veel ben gaan houden dat het pijn doet. De man die ik als klein jochie zag als mijn vijand, is mijn allerbeste vriend geworden.

De man die hij was is hij allang niet meer. Sloeg hij in zijn eentje hele cafés leeg, nu kan hij door het longemfyseem, waar hij al jaren mee kampt, nauwelijks meer naar het toilet lopen. Ik zie de hopeloosheid in zijn ogen als hij plotseling naar me kijkt en mijn blik opvangt. Terwijl hij diep probeert in te ademen door het zuurstofslangetje dat in zijn neus zit, zegt hij: 'Johan, ik kan dit niet meer. Ik dacht dat ik er was geweest, het was verschrikkelijk!'

Mijn hand ligt op zijn schouder. Al een paar weken gaat het steeds slechter met hem. Hij is zelfs een keer op zijn knieën gevallen omdat hij helemaal geen lucht meer kreeg. Het longemfyseem begint zijn tol te eisen, ieder virusje kan fataal zijn. Ziekenhuizen durft hij niet te bezoeken uit angst voor infecties. Daarom zit hij nu alweer weken aan de antibiotica.

De laatste paar maanden praten we veel over het leven, over onze ideeën en over het geloof. Soms spelen we samen de hele avond gitaar. Soms delen we verhalen met elkaar, van vroeger en ook van nu. Sinds ik heb besloten niet meer mijn gelijk te halen over het geloof, zijn we enorm dicht naar elkaar toe gegroeid. Hij heeft me nu al vaak gezegd hoe trots hij op mij is en dat hij van me houdt. Al was het bij een enkele keer gebleven, het was genoeg om al de pijn van vroeger te vergeten. Al jaren neem ik hem niks meer kwalijk. Hij is zoals hij is en ook hij is goed genoeg. Nu ben ik graag bij hem en we respecteren elkaar.

Mijn moeder is deze avond naar de bingo. Terwijl mijn hand over zijn schouder wrijft wil ik maar één ding en dat is hem vasthouden. Hij herhaalt steeds maar weer hoe klote hij het vindt voor mijn moeder om haar achter te laten. Ik beloof hem dat mijn broer en ik echt voor haar zullen zorgen. 'Maar, pa, we zijn nog niet van plan om afscheid van je te nemen hoor, jij bent een taaie', zeg ik, terwijl ik hem zachtjes in zijn schouder knijp. Ik wil zo graag voor hem bidden, maar ik ben bang dat hij het niet wil. We mogen bidden voor de zieken, leer ik op de Bijbelschool. En hier zit mijn pa, ziek. Ernstig ziek. Ik wil bidden.

Toch speelt mijn angst voor falen en afwijzing blijkbaar nog een grote rol als het gaat om mijn vader. Dus zeg ik hem gewoon gedag en loop de deur uit. Op weg naar buiten word ik echter bewogen om weer naar hem terug te gaan. Dus ik verzamel moed, loop terug en bel weer aan. Hij doet open en zegt hijgend: 'Ben je wat vergeten?'

Ik antwoord hem: 'Ja, klopt. Ik wil als het mag heel graag voor je bidden, pa.' Wat is dit spannend! Even is het stil en dan zegt hij: 'Dat is goed, maar ik ga niet op mijn knieën of zo hoor.' Ik lach een beetje, omdat dat het beeld is dat hij heeft bij het geloof.

'Pa, jij hoeft niks te doen, je kunt lekker blijven zitten, ik bid voor jou.' Dat vindt hij prima. Een beetje gespannen leg ik mijn hand op zijn rug en met tranen in mijn ogen bid ik met heel mijn hart: 'Lieve God, dank U wel voor mijn geweldige papa. Ik weet dat U nog meer van hem houdt dan dat ik doe, en dat U niet wilt dat hij ziek is. U zegt dat ik als Uw kind voor de zieken mag bidden in Jezus' Naam. Mijn pa is ziek. Dus elk virus en elke bacterie die mijn vader aanvalt: ik gebied je te verdwijnen in Jezus' Naam!' De tranen rollen nu over mijn wangen en ook mijn pa is erg aangedaan door het gebed. Hij bedankt me en we knuffelen elkaar stevig. Ik ben zo blij dat ik voor hem heb gebeden, het voelt geweldig. Al na een dag begint mijn vader op te knappen en in no time voelt hij zich weer stukken beter! In het jaar dat erop volgt gaat het erg goed met hem, hij is een stuk vrolijker en doet dingen met ons die hij nooit deed.

'Pa, we willen komen met kerst.'

'Ja gezellig!'

'O echt? Want normaal vind je dat toch allemaal niks?' Nu vindt hij alles geweldig. Ik vraag me af of hij iets weet wat wij niet weten.

Op een dag zit ik weer naast hem op de bank. Ik heb hem wat christelijke liedjes gestuurd die hij heeft geluisterd en we hebben het erover. Hij vertelt dat hij zo geraakt is door een tekst die vertelt dat God hem kent, dat Hij weet van zijn zitten en van zijn opstaan. Hij bedoelt Psalm 139. Ik lees hem de psalm voor en hij wordt meteen enthousiast: 'Die ja! Mooi he! God kent mijn gedachten en mijn hart, Hij weet dat ik van Hem houd en dat geeft me zo veel rust.'

Ik antwoord hem: 'En God houdt zo giga veel van jou pa, dat Hij Zijn Zoon gaf voor jou zodat jij niet hoeft te sterven, maar mag leven met Hem!'

Op dat moment zegt mijn pa: 'Ik weet dat Jezus voor mij is gestorven en dat Hij de Zoon van God is, dat geloof ik echt.' Ik kan mijn oren niet geloven! Mijn vader noemde Jezus zojuist zijn Verlosser! Ik zie zijn ogen glinsteren en ik weet: mijn vader is gered. Dat was hij misschien al toen hij jaren geleden dat godsmoment kreeg, maar nu ervaart hij het diep in zijn hart!

Vanaf nu praten we bijna alleen maar over het geloof, en ik weet: wat er nu ook gebeurt, het is goed. Ook de rest van de familie merkt dat mijn vader enorm veranderd is. Hij is veel liever en zachter.

Een jaar na zijn opleving wordt hij toch weer ernstig getroffen door een virus. Het is duidelijk dat zijn einde nu nabij is en we afscheid moeten nemen nu het nog kan. Hij geeft mij zijn gouden ring, die hij ooit van mij heeft gekregen toen ik nog om die dingen gaf en er geld voor had. De ring heeft emotionele waarde en daarom berg ik hem goed op. Ik draag hem zelden, maar hij is mij zeer dierbaar. Uiteindelijk raakt mijn vader in een coma, en na een paar dagen blaast hij zijn laatste adem uit, terwijl wij allemaal in huis zijn.

Wanneer de as van mijn vader uitgestrooid wordt op zee, wordt er een brief van hem voorgelezen: 'Als jullie deze brief horen ben ik dus dood.' In de brief vertelt hij dingen die mijn hart raken: over mijn moeder, over ons en over hoe hij zijn rust heeft gevonden. Blijkbaar wist hij dat hij nog maar kort te leven had, maar hij heeft het naar niemand uitgesproken. Wat een bijzondere en sterke man was hij toch!

Ik ben zo trots dat hij mijn vader was. Als ik aan hem denk is dat altijd met vreugde en nooit met pijn of spijt. God heeft dat helemaal hersteld, zo goed is Hij. Nu is mijn pa bij de Heer en die wetenschap geeft me bijzonder veel vreugde. Want de Bijbel zegt: *'Opdat een ieder die in Hem gelooft niet verloren gaat maar eeuwig leven heeft',* Johannes 3 vers 16.

Gods liefde en mijn verlangen om mensen over Hem te vertellen krijgt meer en meer impact op mij als persoon en op mijn gedrag. Mijn manier om over Jezus te praten is nu minder dwingend en meer gedreven vanuit liefde voor de mensen die ik spreek. Wat zou het gaaf zijn als ook mijn broer[3] en onze oudste dochter Gods liefde mogen ervaren. Ik gun het ze zo.

Mensenlevens zien veranderen door Gods liefde, dat is mijn passie. Ook op de Bijbelschool zoek ik naar wegen hoe God mij hiervoor kan gebruiken. Geïnspireerd door het onderwijs en de handvatten die ik krijg, ga ik zelf verder studeren en de hele Bijbel uitpluizen. Steeds stel ik mezelf de vraag: 'God, wat zegt U tegen mij? Hoe kunt U mij gebruiken?' Al snel mag ik ook lessen maken en binnen de school spreken. Het ontdekken van God verandert mij enorm en Brenda ziet dat ook. Daarom komt zij een jaar later ook naar de school.

Naast onderwijs ontvangen en geven, gaan we ook de straat op en praten met mensen over Gods liefde. Als mensen pijn hebben vragen we of we voor hen mogen bidden en meestal vinden ze dat prima. Ik wil doen wat er in de Bijbel staat en maak verschillende wonderen mee, een enorme bemoediging! Ik ben het niet die het doet, Hij is het. Er is maar één Geneesheer en Zijn Naam is Jezus. Ik vind het prachtig en brand van verlangen om meer wonderen te zien. Kom maar op!

Daarom sta ik te trappelen om in mijn tweede jaar op missie te gaan naar Roemenië. Brenda gaat ook mee. In Roemenië gaan we spreken in kerken, activiteiten organiseren voor de jeugd en huisbezoeken brengen aan de Roma. De mensen leven in enorme armoede en ondanks dat, of misschien juist wel daardoor, staan ze heel erg open voor God. Hier voel ik me als een vis in het water. Voor heel veel mensen mag ik bidden en velen van hen worden genezen en bevrijd van demonen.

In het Romadorp waar wij naartoe gaan woont een jongen met een vergroeide rug. Hij is een jaar of twaalf en moet al bijna zijn hele leven lang hout halen, waardoor zijn rug krom gegroeid zou zijn. Hij heeft veel pijn. Op de röntgenfoto die we toegestuurd krijgen, is te zien hoe krom zijn rug is, verschrikkelijk. Hij heeft echt hulp nodig en ons wordt gevraagd een korset voor hem mee te nemen.
Dat dacht ik toch niet. 'Wij gaan geen korset meenemen, we hebben Jezus bij ons, de Zoon van de levende God!' Dat is blijkbaar toch niet helemaal voldoende, en het korset gaat mee. Het ligt achter in onze bus als we naar het dorp rijden waar die jongen woont. Wij rijden langs een stuk of vier andere huizen, brengen daar voedselpakketten en bidden voor de mensen. Na ongeveer anderhalf uur is onze tijd om en gaan we terug naar ons hotel. Vlak voordat we het dorp uitrijden zie ik een knulletje met een kromme rug voor een huisje staan.
'Kijk, dat is de jongen voor wie we dat korset hebben meegenomen', zegt onze Roemeense chauffeur met wie we samenwerken. 'Zal ik even stoppen?'
Enthousiast zeg ik: 'Zeker stoppen! We gaan voor hem bidden!'
'Zal ik het korset meenemen?' vraagt hij behulpzaam.
'Nee, laat dat maar even in de bus liggen', zeg ik vol geloof.
We lopen naar de jongen toe en hij nodigt ons uit in zijn huisje. Daar staat hij, naast zijn moeder: een jongen die letterlijk gebogen is, neergedrukt door een enorme last. Klein, zwak en belemmerd om zich te kunnen ontwikkelen als een zelfverzekerde man.
Ik wil al gaan bidden: 'Rug, in de Naam van Jezus, wees genezen.' Nog voordat ik die woorden kan uitspreken, zegt God echter tegen mij: 'Herinner je je die vrouw die al achttien jaar kromgebogen door het leven ging? Zij werd naar beneden gedrukt door een geest. Toen Jezus haar vrijzette kon ze weer rechtop staan. Stuur die demon weg.'
Dat verhaal uit Lukas 13 ken ik. Ik pak de jongen vast en zeg: 'In de Naam van Jezus, laat hem los, nu!' De knul begint te zweten, valt op de grond en maakt spastische bewegingen. Zijn moeder begint te huilen en te krijsen.

Even later staat de jongen opeens op. Kaarsrecht staat hij voor me, zijn schouders ontspannen en hij is vrij! Het was demonisch en het is nu verbroken! Voor de krijsende moeder bid ik hetzelfde: 'In de machtige Naam van Jezus, wijk satan!' Ook zij valt meteen op de grond en beweegt hevig. Even later staat ze rustig op. De chauffeur en ik kijken elkaar verbijsterd aan. Wat gebeurt hier? God strijdt voor onze ogen en door onze woorden met demonische krachten, en maakt deze mensen vrij!

De vrouw komt direct tot geloof, omdat zij de kracht van God heeft gezien en ervaren en omdat haar zoon is genezen. Hun gezichten stralen als de zon. We krijgen knuffel na knuffel, zo dankbaar zijn ze.

Het is echt geweldig om demonen weg te mogen sturen in Jezus' Naam! Dit is een kickstart, *I'm on fire!* Vanaf dat moment bid ik voor iedereen die maar wil.

Na afloop van de diensten waar ik spreek komen veel mensen naar voren voor gebed. Natuurlijk voel ik me enorm bemoedigd en trots dat God dit allemaal door mij heen doet. Tegelijk moet ik ook nederig blijven. Ik doe zelf namelijk helemaal niets, het is God die door ons heen wil werken. Niemand hoeft mij of iemand anders op een voetstuk te plaatsen. Vroeger had ik een ego waar je u tegen zei. Altijd wilde ik de grootste en de beste zijn. Gelukkig maakt God mij al vanaf het begin duidelijk: het gaat niet om Johan. Paulus wist dat ook. Hij zegt: *'Niet meer ik leef, maar Christus in mij',* Galaten 2 vers 20.

God werkt door iedereen, met dezelfde opstandingskracht. De Bijbel zegt namelijk in Markus 16 vers 17: *'En hen die geloofd zullen hebben, zullen deze tekenen volgen: In Mijn Naam zullen zij demonen uitdrijven; in vreemde talen zullen zij spreken; op zieken zullen zij de handen leggen en zij zullen gezond worden.'* Je hoeft dus alleen maar te geloven dat Hij het door jou heen wil en kan doen.

Dit is het evangelie dat ik mag doorgeven: weet wie je bent in Christus. Iedereen heeft Gods kracht in zich. We mogen allemaal opstaan en schitteren voor Zijn Koninkrijk. Niemand heeft een excuus.

'EN ALS U OP WEG
GAAT, PREDIK DAN:
HET KONINKRIJK
DER HEMELEN IS
NABIJGEKOMEN.
GENEES ZIEKEN,
REINIG MELAATSEN,
WEK DODEN OP,
DRIJF DEMONEN UIT.'

MATTHEÜS 10 VERS 7-8

'GA DAN HEEN, ONDERWIJS AL DE VOLKEN, HEN DOPEND IN DE NAAM VAN DE VADER, EN VAN DE ZOON, EN VAN DE HEILIGE GEEST, HUN LEREND ALLES WAT IK U GEBODEN HEB, IN ACHT TE NEMEN.'

MATTHEÜS 28 VERS 19

24

BRAZILIË

Tierend en scheldend loopt de man achter iedereen aan. Ik voel de span-ning om me heen en ook in mij. Aan de ene kant gebroken kinderen in hun vieze kleertjes en met een verloren blik, die niet weten wie ze kunnen vertrouwen en of ze vandaag wel te eten krijgen. Aan de andere kant de dealers, de alcoholisten, de crackverslaafden en de prostituees. Het is een mengelmoes van waanzin en goddeloosheid. De huisjes die gebouwd zijn van oude stenen, planken en plastic lijken op instorten te staan. Autowrak-ken worden geplunderd. Dode ratten, afval en losse troep liggen overal op straat. Mijn hart bonst. Ik voel de negatieve lading. Het is nu of nooit. Alle ogen zijn op mij gericht, zelfs vanuit de huisjes en van de daken voel ik dat ik word bekeken. Wat ga ik doen? Loop ik op de man af of laat ik het gaan?

Inmiddels is het 2016. Samen zijn Brenda en ik op meerdere missies ge-weest. We beginnen steeds meer te merken dat hier ons hart voor brandt: op plekken zijn waar anderen graag aan voorbij gaan, het verschil maken in mensenlevens door wie we zijn als kinderen van God. Verder geef ik af en toe lessen over de Bijbel en spreek ook in kerken of in een gevangenis. We vinden het allebei geweldig en worden enorm bemoedigd door de wonderen en bekeringen die we meemaken.
Onze familie en omgeving zijn inmiddels helemaal gewend aan onze nieuwe manier van leven. We horen alleen maar positieve geluiden. 'Wat zijn jullie veranderd!' en 'We worden blij als we naar jullie kijken, jullie stralen gewoon en zien er zo gelukkig uit!' Zo voelen we ons ook! We staan elke dag op in dankbaarheid voor weer een nieuwe dag waarin we ons geliefd weten en weer mogen wandelen met onze God. En ook al zijn we verre van perfect en maken we fouten, Hij ziet ons hart en onze wil om Hem te dienen. In Christus zijn wij volmaakt, zoals staat in Kolossenzen 2 vers 10. Wat een geweldige Vader hebben wij!
Na vier jaar Bijbelschool en missies klopt God behoorlijk hard aan mijn hart en zegt: 'Voorwaarts. Voorwaarts.' Hij wil dat we verder gaan, iets

anders gaan doen en ik voel dat ik dat ook wil, al weet ik nog niet goed wat dat is. De school is blij met ons en wil natuurlijk graag dat wij blijven. Maar God is behoorlijk duidelijk en ik wil Hem volgen. Als evangelist in hart en nieren wil ik mijn vleugels uitslaan.

Natuurlijk ga ik ook nu radicaal en enthousiast aan de slag. 'Brenda, God roept mij om Hem te gaan dienen en dat moeten we officieel maken. We moeten een stichting oprichten en we hebben een ANBI-status nodig.' Als ik het doe moet het meteen goed zijn. Ik weet niets van stichtingen, maar iets in mij maakt duidelijk dat het zo moet.

Het oprichten van een stichting kost driehonderd euro. Ondertussen zijn we nog bezig onze schulden af te betalen, dus ik heb helemaal geen geld om ook maar iets te beginnen! Waar haal ik die driehonderd euro zo snel vandaan? Opeens herinner ik mij de gouden ring van mijn vader. Ik weet zeker dat hij het geen probleem zou vinden als ik de ring gebruik om iets goeds te doen in de wereld. Dus ga ik met de ring naar het pandjeshuis en vraag aan de eigenaar hoeveel geld hij mij hiervoor kan lenen. 'Driehonderd euro', zegt hij. Wauw, precies het bedrag dat ik nodig heb!

Onze stichting is binnen een paar weken een feit, het wordt de One in Him Foundation. Vanuit de stichting willen we de hele zomer avonden organiseren waar we mensen onderwijzen over wie zij zijn in Christus. Voorlopig mogen we het gebouw van de school gebruiken. We hebben nog geen netwerk, dus we moeten alles zelf uitzoeken en organiseren: licht en geluid regelen, folders maken en uitdelen en zelfs het doopbad moet ik zelf opblazen en weer leeg laten lopen. Je moet er wat voor over hebben. We doen het samen, Brenda en ik, we betalen alles uit onze eigen zak en we doen het met liefde.

De eerste avond zijn er ongeveer vijftig mensen en het is geweldig. We mogen met veel mensen bidden en er worden vijf mensen gedoopt. Om drie uur 's nachts lig ik pas in mijn bed, maar dat maakt me niets uit, ik vind het fantastisch!

De tweede avond zijn er meer bezoekers en de derde avond tellen we er ongeveer honderd! Zo gaan we door en het bezoekersaantal blijft groeien. Het is een prachtige zomer, waarin veel mensen worden gedoopt én verder worden toegerust. Dit is het begin van ons werk. Het tempo waarin alles gaat, is alleen maar mogelijk door Gods leiding.

Tegelijk brandt mijn hart om de wereld in te gaan, mensen ver weg het evangelie te brengen én te ondersteunen als ze arm zijn. Regelmatig

spreek ik het uit, omdat ik de verlangens van mijn hart kenbaar wil maken en woorden zo veel kracht hebben. Brenda weet dat ook. Zij vraagt: 'Als je een land zou mogen kiezen, waar zou je dan naartoe willen?' Zonder aarzelen zeg ik: 'Brazilië.' Ik weet al wat zij gaat zeggen. 'Ik heb precies hetzelfde.' Wauw, dat is gaaf!
Natuurlijk laat ik het ook nu niet bij woorden, en kom meteen in actie. We besluiten om zes weken met een rugzak door Brazilië te trekken en van kerk naar kerk te gaan om te kijken wat God wil doen. We zijn er nog nooit geweest en kennen daar helemaal niemand. Toch zijn we er allebei van overtuigd dat we moeten gaan. Dat zeggen we ook tegen mensen, al weten we niet hoe en wat en al hebben we geen rooie cent. Het zal gebeuren, dat weten we allebei zeker.

We krijgen gegevens van iemand in Brazilië en skypen een paar uur lang met haar. We pakken het voortvarend aan en maken meteen een planning: niet pas voor volgend jaar, maar zo snel mogelijk. De hele zomer gebruiken we om geld op te halen voor onze reis naar Brazilië. Mooi om te merken dat mensen ons hierin willen steunen, al weten we zelf nog niet eens wat we daar willen gaan doen. Vier mensen besluiten zelfs om met ons mee te gaan. Uiteindelijk is alles geregeld en gaan we echt. Ik heb geen idee waar we terecht zullen komen, we zien wel wat er gebeurt. Het verlangen om de wereld in te gaan komt van God, en we gaan. Ga, die opdracht neem ik heel serieus!
Eenmaal geland en buiten het vliegveld voelt het voor ons allebei net zoals in Roemenië: hier moeten we zijn. De taal klinkt nu zelfs vertrouwd, door onze tijd in de Portugese bajes. Het is alsof we hier al op zijn voorbereid toen we God nog niet eens kenden. Bizar. Dit is een nieuw avontuur in ons al zo bewogen leven, maar deze keer is het in dienst van de Heer.

We komen terecht in São Paulo, waar we midden in een natuurgebied zullen verblijven. Ik hoor de apen roepen, er vliegen papegaaien en enorme vlinders, we zijn omringd door overweldigende natuur: het is een paradijs! We slapen op een zolder en verder is er niks, geen bed, geen deur voor de wc, lekker primitief. Maar we hebben de grootste lol.
De eigenaar heet Alex en hij vertelt dat hier één keer in de zoveel tijd mensen bij elkaar komen om over van alles te praten, ook over het geloof. Het zijn meestal jongeren en vaak zijn ze teleurgesteld in kerken.
Er schijnt meer focus te liggen op het houden van de geboden dan op het echt liefhebben van God en mensen. Vaak voelen ze zich daardoor veroordeeld en niet goed genoeg. Ah, dat ken ik.

Al meteen ervaren we dat God hier herstel wil brengen. Drie dagen blijven we en de sfeer is erg goed. Ze vragen of wij met hen meegaan naar een sloppenwijk, een *favela*, en of ik midden in die favela op straat mijn getuigenis wil vertellen. Dat is best spannend! Ik ben nog nooit in een sloppenwijk geweest, maar ik ken alle verhalen wel; hoe er iedere dag mensen worden vermoord, dat er constant geweld, prostitutie en criminaliteit is. Dat is het beeld dat ik heb en daar word ik niet vrolijk van. Op de ochtend voor we op pad gaan loop ik de berg op in het gebied waar we verblijven, om met mijn Vader te praten. 'Heer, als het Uw wil is dat ik dit doe, dan doe ik het. Ik zal niet vrezen en volledig op U vertrouwen. Al kost het mij mijn leven, ik ga voor Uw Koninkrijk en om van Uw liefde te vertellen. Dank U dat U mij met een leger engelen beschermt tegen de duisternis van dat gebied. Hier ben ik, zend mij en gebruik mij tot eer van Uw Naam. Amen.' Nu ben ik klaar om te gaan.

Eenmaal aangekomen in de favela zie ik een grote rotzooi. Huisjes van planken, stenen en bij elkaar geraapt puin staan tegen elkaar opgebouwd en het ziet eruit alsof het elk moment in elkaar kan storten. Kinderen rennen op blote voeten door de straten waar de honden poepen en waar overal afval en glas ligt. Ze moeten uitkijken om niet in drugsspuiten te trappen. Uit iedere hoek klinkt keiharde muziek, van alles door elkaar heen. Mensen schreeuwen, drinken op straat, terwijl auto's toeterend door de smalle straatjes rijden. Boven ons hoofd bungelen elektriciteitskabels in grote kluwen. De hoogspanningskabels lopen over de sloppenwijk heen en de situatie is levensgevaarlijk. Links en rechts liggen grote dode ratten op straat; ze zijn waarschijnlijk vergiftigd en niemand ruimt ze op. Midden in een straat slaan verslaafden oude huisraad en sloopauto's aan puin. Het is een bekend gezicht, dat verslaafden zichzelf dwangmatig bezighouden met niks. Dat is wat crack met je doet. Dit is echter wel de extreme vorm. De junkies zitten gespannen met elkaar te gebruiken onder een zelfgemaakt tentje van oude troep. Soms schreeuwen ze agressief naar elkaar, terwijl de kinderen er gewoon rondhuppelen. Meerdere straatdealers zie ik onder onze neus gewoon hun handel verkopen. Het is een geoliede machine, ik ken de bewegingen en de blikken maar al te goed. Hier is pure duisternis en ik krijg er de kriebels van omdat het zo lijnrecht tegen Gods plan voor de mens ingaat. Ik denk aan wat Jezus zegt: *'De dief komt alleen maar om te stelen, te slachten en verloren te laten gaan; Ik ben gekomen opdat zij leven hebben en overvloed hebben'*, Johannes 10 vers 10. Ook Brenda kan haar tranen nauwelijks bedwingen, ons hart huilt voor deze mensen.

We hebben een paar clowns meegenomen. Tientallen kinderen staan blij te schreeuwen, terwijl de clowns een dansje doen en ballonnen uitdelen. Hun gezichtjes stralen, maar ik zie trauma en leed achter hun lach. Gebrokenheid. Deze kinderen zijn diep beschadigd. Er is hier heel veel liefde en aandacht nodig. En wat is hier ook een hoop praktisch werk te doen! Was ik maar weer miljonair, dan zou ik de hele sloppenwijk vernieuwen en werk creëren voor deze mensen.

Abrupt word ik uit mijn gedachten gehaald als iemand mij op de schouder tikt en zegt: 'Het is zover, jij bent aan de beurt.' De man geeft mij een microfoon en dan is het aan mij. Gespannen kijk ik om mij heen en begin mijn verhaal. Het voelt allemaal best dreigend aan. Zachtjes bid ik: God, het is uw getuigenis, spreek door mij alstublieft en raak hen aan. De mensen willen het blijkbaar graag horen en blijven staan om te luisteren. Er stopt zelfs een bus vol mensen om ook even te horen wat ik te vertellen heb.

Eén man is wel erg aanwezig en agressief. Hij rent als een gek achter mensen aan, heel bedreigend. Terwijl ik blijf doorpraten hoop ik dat hij ophoudt. Ondertussen staan er mensen gewoon verder te dealen onder mijn neus. Ik ken het provocerende gedrag en het bevalt me niet. De situatie wordt er niet prettiger op en ik bid: 'God, draai de sfeer om in Jezus' Naam, de duisternis moet nu wijken.'
Dan zegt God ineens tegen mij: 'Ga naar die agressieve man toe en geef hem een knuffel.' Wat? Die gekke man? Nu? Dat is wel even wat anders dan ik in gedachten had. Midden in deze sloppenwijk, tussen de dealers, de verslaafden en criminelen moet ik die agressieve man een knuffel geven? Ik sta een moment in twijfel, de spanning is om te snijden, alle ogen zijn op mij gericht. Maar niet meer ik leef, maar Christus in mij. Oké, als U het zegt...
Terwijl de mensen wat onrustig naar de man kijken, zeg ik in mijn microfoon: 'Wat kost het om naar iemand toe te lopen en hem een knuffel te geven? We zijn toch broeders en zusters van elkaar?' De mensen kijken mij verbaasd aan en dat snap ik wel. Met bonzend hart loop ik naar de agressieve man toe, die mij wantrouwend aankijkt. Vervolgens leg ik mijn hand op zijn schouder en geef hem een knuffel. En terwijl ik hem zo even vasthoud, lijkt het alsof de hemel openbreekt en de duisternis wordt weggejaagd. De hele atmosfeer lijkt te veranderen, het voelt nu ineens licht! Tijdens de omhelzing voel ik ook dat deze man een grote bult heeft aan de zijkant van zijn lichaam. Dus ik aarzel niet en bid daarvoor. Meteen begint de man te huilen. Hij wordt aangeraakt door de liefde en compassie die ik hem geef, die kennen ze hier duidelijk niet. Net rende hij nog

schreeuwend in het rond en nu is hij aangeraakt en ook nog genezen! Bemoedigd loop ik weer naar mijn plek en zeg: 'Ik leg nu mijn microfoon neer, kom maar naar mij toe als je gebed nodig hebt. Het Koninkrijk van God is hier.'

Alsof ze daarop hebben gewacht stromen de mensen naar me toe, en ze hebben eigenlijk maar twee wensen: 'Ik heb genezing nodig, en kan ik ook een knuffel krijgen?' Wauw! Mensen worden nu letterlijk aangeraakt, ik zie de Heilige Geest werken en er gebeuren prachtige wonderen en tekenen.

Dit is de plek waar ik wil zijn, tussen deze mensen. Net als in Roemenië ben ik hier als een vis in het water. Mijn hart huilt van vreugde! Voor de wereld zijn zij het laagste van het laagste, uitschot. Juist aan hen wil God Zijn liefde uitdelen, door mij heen. Ik mag knuffelen met de smerigste mensen op straat. Juist voor iemand die wordt uitgekotst is Gods liefde zo belangrijk. Ze mogen zich weer mens voelen, geliefd door mensen en door God.

Ook Brenda straalt terwijl ze mensen staat te knuffelen en bemoedigende woorden van God over hen uitspreekt. Er rollen vele tranen over de gezichten van de mannen en de vrouwen. Brenda en ik kijken elkaar vluchtig aan, en lezen in elkaars ogen: dit is onze roeping. Wij mogen Gods liefde handen en voeten geven, in woord en daad.

Na een lange middag vol knuffels en gebed, genezingen en bevrijdingen en tientallen selfies, komen we weer terug bij het huis van Alex. De adrenaline giert door mijn lijf, ik ben helemaal hyper en opgeladen. Ik kan weken zo doorgaan, zo goed voel ik me. Wat een manifestatie van Gods liefde en Koninkrijk! Enthousiast praten we hierover na. En langzaamaan begin ik wat tot rust te komen.

Als ik weer wat ben bijgekomen zegt God tegen mij: 'Ga over het stuk land lopen dat naast Alex' huis ligt.' Inmiddels weet ik dat God vreemde opdrachten geeft die wel blijken te kloppen. Toch weet ik nu echt even niet waar Hij mee bezig is. Ik zie alleen maar bomen. Wat moet ik daar? Daarom vraag ik eerst maar even aan Alex wat voor grond dat is.

'Er wordt niets mee gedaan. Het is eigendom van die lui verderop. Het is denk ik wel te koop, maar de eigenaren zijn er bijna nooit, het wordt lastig om daar iets mee te regelen.' Nog steeds heb ik geen idee waarom ik daar moet lopen, maar ik ben maar gewoon gehoorzaam, en ook wel benieuwd.

'Bren, kom.'

'Wat ga je doen?'

'God roept.'

Over dat stuk land loop ik rondjes door de bosjes en ik zeg steeds: 'Elk stuk grond dat mijn voetzool betreedt, komt in het bezit van het Konink- rijk van God.' Blijkbaar brengt God deze tekst uit Deuteronomium 11 vers 24 in mijn gedachten en dus spreek ik het steeds opnieuw uit. Brenda staat aan de kant. Ze denkt dat ik gek ben en wil absoluut niet meelopen. 'Wat een idioot!' mompelt ze.

'Dat hoor ik wel hoor!' roep ik naar haar terwijl ik rustig doorwandel en me ook echt wel een beetje gek voel. Na een tijdje stop ik ook maar en zeg tegen Alex dat ik de eigenaren moet spreken. Hij denkt dat dit echt niet gaat lukken, maar ik houd vol. Ik heb niet zomaar rondjes gelopen, toch? Opeens krijg ik een bedrag in mijn gedachten. BAM. Dan moeten we het dus kopen.

Nog meer dring ik erop aan dat ik de eigenaren te spreken krijg. Eindelijk gaan we ernaartoe en pas na drie keer bellen gaat de poort open. De ei- genaresse is thuis en zij vertelt dat ze niet alleen grootgrondbezitters zijn, maar ook christen.

'Hoe groot is het stuk grond, en kan ik het kopen en erop bouwen?' Geen idee waarom we dat stuk grond zouden moeten hebben. Ik doe alleen maar wat God tegen mij zegt. Op de kaart wijst ze het stuk grond aan dat ik bedoel. Ze zegt dat het te koop is en noemt het dubbele bedrag van wat ik in mijn gedachten heb gekregen. Ik kijk haar even aan en zeg dan: 'Weet je dat zeker? Want ik heb een heel ander bedrag doorgekregen van God.' Even is ze stil en kijkt nadenkend uit het raam. Dan draait ze zich weer om en noemt precies het bedrag dat ik in mijn gedachten had. 'Hier mag je het voor hebben.' Dat is de helft! En dus precies mijn bedrag, maar dat wist zij niet. Dit is te gek!

'Bedankt! Klein probleempje: we hebben het bedrag niet. Maar we willen het stuk grond wel graag hebben!' Over God vertrouwen gesproken. Heel spannend, maar ik doe het gewoon!

De vrouw moet er natuurlijk weer even over nadenken, maar zegt dan: 'Als je een deel aanbetaalt en de rest per maand betaalt, dan mag je het hebben.' We hebben een deal! In een land dat ik niet ken en waar ik verder bijna niemand ken, kopen wij voor de stichting een stuk grond waarvan ik niet weet waar het voor is bedoeld, en waar we ook geen geld voor hebben. Wie doet dat nou?!

Alex vindt het fantastisch en ziet onze samenwerking al helemaal voor zich. 'Wij zijn één keer in de sloppenwijken geweest, het zou heel mooi zijn als we dit vaker samen kunnen doen!' Hij heeft echt hart voor de armen en de kwetsbaren. Samen kunnen we veel meer doen dan hij tot nu toe alleen voor elkaar heeft gekregen.

Langzaam vormen zich ideeën in mijn hoofd en ik deel ze met Brenda. 'Ik heb het idee dat God hier een missiehuis wil bouwen waar we mensen kunnen toerusten en meenemen op missie. We moeten in Nederland hierover vertellen en mensen vragen geld te geven voor dat stuk grond.' Ook Brenda is enthousiast. Zo bijzonder hoe we dezelfde verlangens krijgen en steeds meer samen kunnen optrekken.

We gaan terug naar Nederland en organiseren een bijeenkomst. Superspannend. 'God, U zegt dat ik dit moet doen, dan moet het geld er ook komen!' We vertellen over onze plannen en diezelfde avond krijgen we het bedrag voor de aanbetaling bij elkaar, plus de toezeggingen van partners om het restantbedrag per maand te betalen. In één avond voorzien!

Voor onze missie hebben we eigenlijk ook een bus nodig, het vervoer is echt een probleem. De stichting heeft nog geen geld, dus zelf een bus kopen is geen optie. We zullen erom moeten vragen. Er zijn vast mensen die willen helpen, door gebed maar ook door financiën. En als ik het niet uitspreek, weten mensen niet dat ik het nodig heb. Dus ik zeg het overal waar ik kom. 'Ik vraag het echt niet voor mezelf, we hebben die bus nodig voor de stichting, dat scheelt ons veel geld.'

Dan komt er iemand naar me toe die zegt: 'Ik krijg het heel erg op mijn hart van God om jullie te helpen een bus te kopen. Dus ik wil een gift geven van twintigduizend euro.' Prijs God, daar kunnen we een heel mooie bus voor kopen! God denkt daar echter iets anders over. Die nacht droom ik over een gave nieuwe bus. Dan hoor ik Gods stem. 'Heb je echt een nieuwe bus nodig, of hoeft hij alleen maar goed te zijn en neem je genoegen met iets minder mooi?'

Au. 'Ja, natuurlijk Vader.'

We vinden een bus van twaalfduizend euro, die meer dan prima is. Tegen de gulle gever zeg ik dat ik dus geen twintigduizend euro nodig heb. Dat ik het eerlijk zeg en niet de hele gift incasseer, vindt hij geweldig. Daarom geeft hij ons later een groot bedrag om onze eigen schulden af te lossen. Onder andere dankzij deze gift en Gods overige bovennatuurlijke voorzieningen zijn wij nu geheel schuldenvrij.

Zo kunnen we ons werk voortzetten. Meerdere keren per jaar gaan we met een groep naar Brazilië. We bezoeken sloppenwijken en organiseren daar van alles voor de kinderen en hun ouders. We zien mooie resultaten. Ook zijn we veel bij de daklozen, gaan we naar de afkickklinieken en brengen eten en kleding. We spreken over Gods liefde en maken die zichtbaar. In Zijn Naam mogen we wonderen doen.

Met de jongens uit de afkickkliniek gaan we ook de straat op om voor mensen te bidden. Zo bizar: eerst verslaafd, door alles en iedereen afgewezen en nooit goed genoeg. Dan tot geloof gekomen en met een nieuw besef van wie ze zijn in Christus, bevrijd en vol kracht. En nu de straat op om voor anderen te bidden. Verbaasd kijken ze ons aan. 'Zijn mijn zonden echt vergeven? Kan ik ook bidden voor mensen?'
Jezus zegt: 'Wie in Mij gelooft, zal de werken die Ik doe ook doen, en hij zal grotere doen dan deze (...)', Johannes 14 vers 12. Dat is onze visie: leer mensen zelf vissen. Deze visie dragen we over op anderen en we leiden ze op om het werk daar te kunnen uitvoeren. En steeds komen op wonderlijke manieren nieuwe mensen bij ons.

Brenda zegt al een tijdje: 'We moeten Roberta eens opzoeken.' Haar vriendin is Braziliaanse, maar wij hebben haar leren kennen toen ze met man en kind in een armzalig kamertje in Portugal woonde. We hebben haar geholpen om een winkeltje te starten. Ze kent ons verleden maar al te goed, dat van drugs en criminaliteit. En natuurlijk heeft ze onze arrestatie op het nieuws gezien. Uiteindelijk moest ze terug naar Brazilië omdat haar man haar had verlaten en al hun geld had opgemaakt.
We hebben haar al jaren niet meer gezien en ik vraag me af of ik door haar herinnerd wil worden aan ons verleden. Maar Brenda houdt vol. Zij heeft nog steeds af en toe contact met haar en haar dochter, en ze wil hen heel graag naar ons project halen. 'Je weet nooit wat er gebeurt.'
Dat klopt en toch twijfel ik. Op één van mijn wandelingen vraag ik aan God wat ik hiermee moet en Hij zegt: 'Je moet haar laten komen.' Dat is duidelijke taal.
We betalen haar vlucht – Brazilië is heel groot – en het is fantastisch om haar na al die tijd terug te zien. We geven elkaar een knuffel, praten bij en het voelt vertrouwd. Ze komt erbij zitten als ik de mensen vertel hoe God naar hen kijkt en wat we de komende veertien dagen gaan doen. Dit is natuurlijk compleet nieuw voor haar, zo kent ze ons niet. Opeens begint ze te huilen! Ook haar dochter is heel emotioneel. 'Ik wil wat jullie hebben!' zegt ze.
'Oké, dat kun je krijgen', zeg ik, en weet nu waarom ze naar ons toe moesten komen. In een uurtje leg ik hun het evangelie uit. Ik vertel hoe God in hun leven kan komen. Op dat moment geven ze hun hart aan Jezus. Ze worden gedoopt in water en met de Heilige Geest. Direct daarna begint Roberta te helpen door te vertalen, voor mensen te bidden en te helpen waar ze kan. Wat een toewijding!

Zo voegt God de juiste mensen toe aan het project. En zo blijven er geweldige dingen gebeuren en verandert Hij mensenlevens totaal. Steeds weer gaan er groepen vanuit Nederland naar Brazilië. Het zijn allemaal christenen en toch worstelen ook zij soms nog met trauma's uit het verleden, afwijzing of wat voor pijn ook. Velen van hen gaan veranderd naar huis, met nieuwe inzichten over Gods liefde en wat Hij zegt in de Bijbel. We laten mensen steeds weer zien dat God onvoorwaardelijk van hen houdt. Dat ze goed genoeg zijn. Al in het dagboek dat ik bijhield tijdens mijn detentie schreef ik daarover, lees ik later terug. *'God houdt onvoorwaardelijk van mij en er is niets wat ik kan doen of laten om Hem meer of minder van mij te laten houden.'*

Je hoeft Gods liefde niet te verdienen. Je bent goed genoeg. Die boodschap willen we brengen in Brazilië, en in heel de wereld.

Tegelijk moet ik dat nog elke dag tegen mezelf zeggen.

Op missie in de sloppenwijk

'IK ZAL NIET STERVEN MAAR LEVEN, EN IK ZAL DE WERKEN VAN DE HEERE VERTELLEN.'

PSALM 118 VERS 17

25

BIJNA DOOD, NIET VERSLAGEN

Veel kerken in Brazilië openen hun deuren voor ons. En ik geloof dat dit nog maar het begin is van wat God door onze bediening heen aan het doen is. Dat wordt alleen maar bevestigd door de strijd die we ervaren. Soms wordt die strijd mij bijna fataal.

Op 1 januari 2018 nemen we in Brazilië afscheid van de groep waarmee we op missie zijn geweest. We hebben twee fantastische weken en een onvergetelijke kerst gehad. Brenda en ik blijven nog een week om zaken te regelen voor de missie in februari. Ook ben ik nog uitgenodigd om te spreken in nieuwe kerken.

Wat hebben we veel gedaan deze missie. Eerst al het regelwerk vooraf. Vervolgens het kopen en verpakken van honderden kerstcadeaus en kledingsetjes op maat voor de kinderen. Dan was er nog de organisatie van een groot feest met allerlei attracties, inclusief eten voor al die kinderen en hun ouders. Verder bezochten we klinieken, gaven we trainingen en preekten we. We maakten voedselpakketten en deelden die uit, brachten de daklozen eten en kleding en rustten de gehele groep toe. Het was een vol programma en we zijn nu best moe. Toch hebben we energie om nog even door te knallen voor zijn Koninkrijk. Dus bezoeken we nog een keer de honderden daklozen, aan wie we broodjes, drinken en fruit uitdelen en voor wie we bidden.

Op de avond voor ons vertrek naar Nederland zal ik nog één keer spreken in een gemeente waar ik nog niet eerder ben geweest. Zij hebben mij aangekondigd via sociale media en op hun website, en kijken uit naar mijn komst. Ook ik verheug me erop om een geweldig woord van God met hen te mogen delen. En ik kijk uit naar de wonderen en tekenen die God zal doen. Hij zegt immers in de Bijbel: *'Maar zij gingen overal heen om te prediken, en de Heere bevestigde het Woord door de tekenen die erop volgden'*, Markus 16:20.

Het is een uur of twaalf in de middag en Alex en ik zijn met elkaar in overleg over de komende missie. Buiten raast een behoorlijke wind, het is koud en het regent al dagen. Heel soms breekt de zon gloeiend heet door, maar is dan ook zo weer weg. Opeens krijg ik het erg koud en zeg tegen Alex dat ik even een uurtje ga liggen zodat ik lekker ben uitgerust voor vanavond. Als ik op mijn kamer kom en nog even met Brenda sta te praten begint mijn lichaam ineens hevig te trillen. Ik sta te klappertanden alsof ik tot op het bot bevroren ben. Brenda zegt: 'Je hebt het gewoon koud, ga even lekker onder de dekens liggen.' Maar ik weet dat dit geen kou is, want zo heftig is mijn reactie op kou anders nooit. Toch ga ik onder de dekens liggen en probeer even te slapen.

Als ik wakker word, voel ik me behoorlijk beroerd. Ik spreek gezondheid uit over mijn lichaam en geef de schuld aan een koutje, het stelt niks voor. Na een warme douche maak ik me klaar voor vertrek. Nog steeds voel ik me allesbehalve optimaal, en het wordt eigenlijk steeds beroerder. Satan wil volgens mij niet dat ik vanavond ga preken. Hij wil mijn focus roven en er zo voor zorgen dat deze mensen de waarheid niet horen over Gods ongekende liefde en genade. Dan heeft hij pech. Al moet ik op handen en knieën, ik ga sowieso preken!

Zodra ik op het podium sta, is het alsof er niks aan de hand is. Ik preek mijn longen uit mijn lijf en het is een geweldige avond. Tijdens mijn oproep komen er wel honderd mensen naar voren voor gebed. Ik bid voor iedereen en er gebeuren vele genezingen en bevrijdingen. Ook worden mensen gedoopt met de Heilige Geest. Het is geweldig en ik voel me als een vis in het water.

Wanneer de laatste twee mensen aan de beurt zijn voor gebed voel ik de trillingen weer terugkomen, en heb ik nauwelijks controle over de spasmes. Misschien denken die mensen dat het een uiting van Gods Geest is, want ze beginnen mee te trillen en te shaken. Nadat ik afgerond heb wil ik zo snel mogelijk weg, want ik voel me steeds slechter. Nog maar amper haal ik de auto, en daar ga ik languit liggen en kan bijna niet meer praten. Ik spuug en ben doodziek.

Na een rit van twee uur dank ik God dat we weer op het project zijn aangekomen, zodat ik mijn bed in kan. Die nacht slaap ik nauwelijks en de volgende dag voel ik me nog slechter. Alex oppert een dokter of ziekenhuis, maar ik wijs dat resoluut af. Ik ben absoluut niet tegen dokters, prijs God voor hen, maar ik ren niet voor ieder wissewasje meteen naar een arts. Eerst ren ik naar mijn Geneesheer Jezus, al kan ik amper lopen. Het lijkt er zelfs op dat ik vandaag niet in staat ben om naar huis te vliegen.

Brenda probeert hemel en aarde te bewegen om de tickets om te zetten naar een andere dag, maar ik besluit om toch gewoon naar huis te gaan. Liever thuis dan in een vreemd land op dit moment. We wagen het erop en nadat alles is ingepakt brengt een bezorgde Alex ons naar het vliegveld. Het is nu bidden en afwachten of ik het red om in het vliegtuig te komen zonder dat ik de boel onderkots. Het zal wel een griep zijn, het valt allemaal wel mee. Tijdens de vliegreis van veertien uur heb ik gelukkig weinig last, en ik dank God voor Zijn goedheid. Het is alweer bijna over, zie je wel, niks aan het handje.

Helaas, te vroeg gejuicht. Op het moment dat ik in Nederland buiten het vliegveld sta komen de trillingen in alle hevigheid terug. Constant heb ik het gevoel dat ik moet overgeven. Sinds zondag heb ik al niets meer gegeten en het is nu dinsdag, dus er komt ook helemaal niks uit. De misselijkheid blijft echter wel en ik voel me vreselijk beroerd. Zo snel mogelijk gaan we naar huis, ik wil naar bed. Liters vocht zweet ik uit vanwege de hoge koorts en ik blijf trillen en neigen tot overgeven.

Woensdagochtend ben ik helemaal van de wereld. Normaal communiceren lukt niet meer en ik voel me ongelofelijk beroerd. Ik vervloek de satan en zijn streken en ik prijs God dat Hij ook nu gewoon bij mij is. Hij is mijn enige troost, ik weet dat, hoe ziek ik mij ook voel.

Woensdagavond hang ik meer dan een half uur boven de wc en krijg ik ineens ernstige hartkloppingen. Het is zo heftig dat ik het idee heb dat ik een hartaanval krijg. Volledig buiten adem kruip ik naar de bank, al kan ik nauwelijks meer normaal bewegen. Vervolgens kruip ik over de grond weer terug naar de wc. Zo ziek ben ik nog nooit geweest en het voelt echt alsof ik doodga. God, wat is dit toch? Vele kilo's ben ik al kwijt. Op zich is dat niet verkeerd, na een kilo of zes te zijn aangekomen van al dat heerlijke eten in Brazilië. Maar het gaat nu wel erg hard, zo blijft er niks meer van mij over.

Brenda maakt zich nu wel ernstige zorgen, en zij dringt er bij me op aan om naar een huisarts te gaan. Mijn hart raast als een bezetene en ik besef dat het serieus mis is met mij. Dus geef ik toe en laat haar een afspraak maken. Op donderdagochtend – ik ben nu vier dagen ziek – ondersteunt Brenda mij, zodat ik de kamer van de dokter in kan lopen. Het lukt amper, ik kan niet op mijn benen staan en daarom mag ik in een aparte kamer op een bed liggen totdat de dokter tijd heeft. Het lijkt eeuwen te duren. Eindelijk komt er een arts, en na een paar vragen verwijst hij mij meteen door naar het tropenziekenhuis in Rotterdam. Terwijl Brenda ons daarnaartoe rijdt denk ik alleen maar: waar is mijn bed? Weer moet ik een hoop vragen beantwoorden voordat ik in een rolstoel naar een ander gebouwtje gebracht word. Omdat ik zo ziek ben, willen ze mij in eerste instantie geen bloed afnemen. De dame wil zelfs een ambulance bellen om mij op te halen. 'Laat maar, prik maar gewoon', mompel ik. Schiet alsjeblieft op, denk ik erachteraan. Uiteindelijk gaat ze akkoord. Daarna moet ik weer terug naar het andere gebouwtje. Het is slopend, ik ben stuk. Daar aangekomen willen ze toch ook nog urine onderzoeken, dus hup, weer terug. Ik voel me net een jojo. Ze zijn wel serieus bezorgd en willen alles uitsluiten, dus ik protesteer niet en laat het allemaal over mij heen komen.

Nadat ik urine heb afgegeven en weer terug ben in het eerste gebouw krijg ik een arts te zien. Nog niet alle uitslagen zijn binnen, maar hij denkt dat het buiktyfus is. Het tweede deel van het woord ken ik erg goed, het is vaak genoeg gebruikt als scheldwoord, omdat het zo vreselijk klonk. Nu blijkt het mee te vallen, ik mag naar huis met medicijnen en de arts zegt dat het snel over zal gaan. Hè hè, eindelijk naar mijn bed.

Net als we de parkeerplaats af willen rijden komt er een zuster aangerend. Ze heeft een rolstoel bij zich en zegt buiten adem:
'Meneer Toet, wilt u alstublieft nog even naar binnen komen, het is misschien toch iets anders.' Brenda en ik kijken elkaar aan. Wat zou het nog meer kunnen zijn? Ongerust gaan we weer naar binnen. De arts verzoekt mij om mezelf op te laten nemen in het ziekenhuis, want daar kunnen ze alles rustig nakijken. Hier ben ik niet blij mee, ik haat ziekenhuizen.
'Doe het maar,' zegt Brenda, 'ze kunnen maar beter goed uitzoeken wat je hebt. Het is vast zo voorbij.'
Ze heeft gelijk, dus laat ik mij in het reguliere ziekenhuis opnemen. Daarna gaat zij naar huis en word ik op een tweepersoonskamer gelegd. De man naast mij mist een been, de wond is ontstoken en hij heeft veel pijn. Door het gordijn maak ik een praatje met hem en vertel dat God van hem houdt.
'Ik geloof niet in God', zegt hij.
'O, je hoeft niet te geloven om God van je te laten houden. Hij houdt al van je, daar kun jij niks aan doen. Het is jammer als je die liefde niet wilt accepteren, maar dat verandert niets aan Zijn liefde voor jou.'
'Nou, dat zijn positieve woorden, bedankt man!' De man klinkt iets vrolijker dan net.
'Bedank God maar, Hij is het die van je houdt, niet ik', antwoord ik, en we lachen allebei.

Nog steeds weet ik niet goed waarom ik hier nu lig, artsen zie ik niet en ik krijg geen medicijnen. Tegen de avond wordt de man plotseling van

mijn kamer afgehaald. Vervolgens komt een arts met een heel serieus gezicht aan mijn bed zitten. Ze vraagt mij om te gaan zitten en de rand vast te houden, omdat ze een ernstig bericht heeft. Verbaasd kijk ik haar aan terwijl ik mezelf omhoog hijs. Dan zegt ze: 'Meneer Toet, u hebt gele koorts. Er zit een dodelijk virus in uw lichaam dat uw organen aantast. Ze kunnen gaan bloeden, u kunt geel worden en zelfs aan dit virus overlijden. De verwachting is dat uw toestand nog veel slechter gaat worden. We gaan u uit voorzorg in quarantaine plaatsen en u mag niet meer van uw kamer af. De verpleging en artsen zullen beschermende pakken en mondkapjes moeten dragen. Dat lijkt onprettig, maar is echt noodzakelijk, het virus kan zeer besmettelijk zijn.'
Ze legt nog allerlei voorschriften en handelingen uit, maar die gaan allemaal langs me heen. Vriendelijk reageer ik: 'Ik word niet geel, ik krijg geen bloedingen en ga zeker niet dood, want mijn God heeft een hoopvolle toekomst voor mij. Ik verbreek alles in de Naam van Jezus. Niets persoonlijks dokter, ik geloof gewoon mijn God.'
De arts reageert heel relaxt en gaat gewoon verder met uitleggen dat ze veel bloedtesten zullen gaan doen, en ook al mijn organen en dergelijke zullen onderzoeken. Tegen de veel te hoge hartslag krijg ik een pilletje en verder is het afwachten, zegt ze. 'Wij kunnen niets voor u doen, er is geen medicijn.' Echt wel, dat is mijn Geneesheer Jezus!

Als de arts weg is bel ik Brenda, en vraag haar verder tegen niemand iets te zeggen, alleen tegen een paar vrienden zodat zij voor mij kunnen bidden. Ze is erg bezorgd, maar ik zeg haar dat alles goed zal komen. Die avond komt ze nog wel naar me toe om mij te zien. Zelf is ze ook behoorlijk ziek, waarschijnlijk van een voedselvergiftiging. De satan heeft het op ons beiden gemunt.
Nadat ik afscheid heb genomen van Brenda en alle drukte van artsen en verplegers is afgenomen, ga ik op de rand van mijn bed zitten en richt mij op God. 'Vader, U hebt alles meegekregen wat zij vandaag over mij hebben uitgesproken, maar ik heb alles tegengesproken, omdat U een hoopvolle toekomst heeft voor mij. Ik weet dat U Uw woord nakomt.
U zegt: "U zult niet sterven maar leven."
U zegt: "Door Mijn striemen is er voor u genezing gekomen."
U zegt: "Ik heb een hoopvolle toekomst voor u."
U zegt: "Wees in geen ding bezorgd want Ik ben met u."
U zegt: "Vertrouw op Mij, Ik zal u nooit begeven of verlaten."
U zegt: "Verheug u, en nogmaals verheug u."
Lieve Vader, ik geloof wat U zegt, ik prijs Uw Naam. Zelfs als ik sterf, bent

U goed. Ik wil U danken voor de geweldige tijd die ik nog heb mogen beleven met mijn gezin, en de machtig mooie dingen die ik U heb mogen zien doen. U bent goed geweest voor mij, bent nog steeds goed voor mij, en zult altijd goed blijven, wat er ook gebeurt. Ik houd van U en weet dat dit niet Uw wil is. Ik leg mijzelf in Uw handen. In de Naam van Jezus verbreek ik de gele koorts en elk ander virus, elke andere bacterie of wat mij dan ook aanvalt vanuit de duisternis. Ik spreek gezondheid, kracht en herstel uit in de Naam van Jezus, en ben niet bang. Ik zal leven, in Jezus' Naam!' Terwijl ik deze woorden uitspreek, voel ik een rust en vrede over mij komen die niet van deze wereld zijn. En ik weet het zeker: ik ben genezen.

De volgende ochtend komen de artsen weer aan mijn bed en ik vertel hun dat ik genezen ben. Toevallig is één van de artsen een Braziliaanse, met wie ik in het Portugees kan praten. *Estou curado, Deus es bon!'* 'Ik ben genezen, God is goed!'
Ze kijkt me lachend aan en zegt: 'Nou dat gaan we allemaal bekijken, als je waardes en dergelijke omhoog gaan is dat mooi, maar dit virus komt met vlagen. Je denkt: ik ben beter, en even later komt het nog erger terug.'
Mij maakt ze niet bang, en rustig antwoord ik: 'Nee hoor, Jezus heeft mij genezen.' Ze laat het maar zo, en vertelt dat ze nog allerlei testen wil doen en vraagt of ik bereid ben om een aantal artsen te zien. 'Je bent de tweede patiënt in dertig jaar die met gele koorts is teruggekomen naar Nederland, zo'n uniek exemplaar willen ze graag zien.'
Omdat ik in een opperbeste bui ben zeg ik: 'Ja hoor, geen probleem, laat maar komen.' Ondertussen denk ik: er valt niets aan mij te zien, ik heb helemaal geen gele koorts meer! Gisteren kon ik niet praten, niet lopen en niet nadenken. Vandaag sta ik zelfs rechtop en heb een glimlach van oor tot oor. De artsen die ik zie zijn zeer verbaasd, want een God als die van mij hebben ze nog niet eerder ontmoet.

In de avond komen mijn familie en een stel vrienden. Mijn maat bidt nog dat mijn hartslag naar beneden gaat en ik snel herstel. Tegen de verpleegsters, de artsen en de mensen die langskomen getuig ik van mijn genezing. Op zondag pak ik mijn spullen in en zet ze alvast klaar, hoewel de arts heeft gezegd dat het niet zeker is of ik naar huis mag. Maar mijn waardes zijn absurd goed en alles ziet er helemaal prima uit. Ik weet het toch zeker, denk ik bij mezelf, ik ben genezen, dat zei ik toch. Alleen nog hartkloppingen, verder voel ik me honderd procent beter.

'IK ZAL DE HEERE LOVEN MET HEEL MIJN HART, IK ZAL AL UW WONDEREN VERTELLEN.'

PSALM 9 VERS 2

'WEES NUCHTER EN WAAKZAAM; WANT UW TEGENPARTIJ, DE DUIVEL, GAAT ROND ALS EEN BRULLENDE LEEUW, OP ZOEK NAAR WIE HIJ ZOU KUNNEN VERSLINDEN.'

1 PETRUS 5 VERS 8

GOED GENOEG

Op maandagochtend komen de beide artsen die me vanaf donderdag hebben bijgestaan samen vertellen dat ik naar huis mag. 'Het is echt een wonder dat jij zo snel bent hersteld. In het gebied waar jij bent geweest is een uitbraak van gele koorts. Er zijn honderden mensen overleden aan het virus.'

Alle apen uit die omgeving, de dragers van het virus, zijn afgemaakt, parken zijn gesloten en in totaal moeten tweeënzeventig miljoen mensen worden gevaccineerd tegen het dodelijke virus. In de Braziliaanse bladen en op het nieuws wordt genoemd dat er ook een Nederlander is getroffen door de gele koorts. Ook in Nederland wordt mijn verhaal in diverse bladen en op sociale media genoemd. De artsen nodigen mij zelfs uit om op een congres over mijn genezing te vertellen, voor meer dan zeshonderd artsen. Wat een kans om God te eren!

Eenmaal thuis in de rust kan ik pas verwerken wat er is gebeurd. Heel sterk ervaar ik dat God wil dat ik van mijn genezing en Zijn grootheid en macht getuig, nu mijn verhaal zo in de media is gekomen.

Daarom neem ik contact op met een christelijk platform en deel mijn getuigenis aan de telefoon. In een paar zinnen vertellen zij mijn verhaal op hun website. Na een paar dagen krijg ik vreemde mails binnen, en ook reacties onder het artikel. Allereerst natuurlijk van mensen die het belachelijk maken dat ik zeg dat God mij heeft genezen. Voorspelbaar, dat doet me niet veel. Zij kennen God niet en spotters zijn er altijd. Zij vallen God aan en niet mij. Daar kan God wel mee dealen.

Het zijn totaal andere reacties die mij wel diep raken. Er blijkt nog een Johan Toet te zijn, die ooit in Brazilië is aangehouden voor het bezit van kinderporno, en die naar Nederland zou zijn gevlucht. Mensen sturen mij dreigende mails omdat ze denken dat ik die persoon ben. Ook al is het niet waar, mensen denken toch: waar rook is, is vuur.

Ik ben behoorlijk nijdig! Het schaadt mijn naam, mijn integriteit en het werk van de stichting. Hoe kun je jezelf tegen zulke lelijke leugens weren? Mijn alibi – dat ik ten tijde van het bezoek van die man aan Brazilië zelf gedetineerd zat in Portugal – kan ik moeilijk overal online gaan zetten. Dat gaat niemand wat aan. Men zal toch wel snappen dat ik niet meerdere keren per jaar naar Brazilië zou gaan als ik die bewuste meneer Toet was? Blijkbaar denken ze niet zover door.

Mooi is dat. Voor het Koninkrijk van God ga je naar de andere kant van de wereld en je geeft jezelf helemaal, je wordt getroffen door een dodelijk virus en overleeft het door Gods genezing, je getuigt daarover om God de eer te geven en dan word je afgemaakt vanwege iets dat je helemaal niet hebt gedaan! Terneergeslagen denk ik: zoek het allemaal even lekker uit, laat mij met rust. Ik kap ermee. Hier heb ik geen zin in.

Opeens realiseer ik me dat dit precies is wat de duivel wil. Hij trapt nog even na omdat zijn aanval op mijn lichaam toch niet dodelijk bleek te zijn. Hij wil dat ik de handdoek in de ring gooi, dat ik ermee stop en dat dus niet tot stand zal komen wat God door mijn leven wil doen.
Meteen sta ik op en begin de duivel te verwerpen in de Naam van Jezus. 'Al kost het mij mijn leven, ik stop nooit, want niet meer ik leef, maar Christus in mij. Mijn antwoord op angst is: "Ik doe het toch!" Donder op, lelijke slang! Ik ga gewoon door, wat je ook op mijn pad werpt, elke leugen zal aan het licht komen. Jij zult ontmaskerd worden, duivel! Jij kunt mij niet verslinden!' En tegen God zeg ik: 'Heer, U kent de waarheid, laat deze aan het licht komen. U zegt: "Ik reken af met jouw vijanden, Mij komt de wraak toe." Heer, ik leg alles in Uw handen, ik vertrouw op U. In Jezus' Naam, amen.'

Twee dagen na de mails word ik gebeld door een vriendelijke onderzoeksjournalist van een grote landelijke krant. De man vertelt mij dat hij allerlei bezorgde telefoontjes en mails kreeg van mensen die denken dat de persoon in kwestie zich in Brazilië en Nederland vrij kan bewegen. 'Er zijn destijds in de Tweede Kamer vragen over geweest hoe deze man kon vluchten met hulp van de Nederlandse ambassade. Het is een internationale rel geweest, en veel mensen zijn daarom nu verontwaardigd.'
Dat snap ik helemaal. Maar wat heb ik ermee te maken? De journalist gaat verder: 'Bij het onderzoek naar jouw gegevens kwam ik er meteen achter dat jij niet degene bent om wie het gaat. Andere geboortedatum, andere geboortestad en ga zo maar door.'
Ja, dat had ik hem ook kunnen vertellen. Omdat het verder niets met mij te maken heeft zal hij de bezorgde mensen op de hoogte stellen van het misverstand, en zo nemen we afscheid aan de telefoon. Wat een bizar verhaal, dit verzin je niet! En dat allemaal omdat ik online heb getuigd van mijn genezing van de gele koorts, opgelopen in Brazilië. Alleen satan kan zo'n verwarring zaaien, maar de waarheid maakt vrij.
Daarop krijg ik diverse excuusmails van mensen die mij eerder hebben beschuldigd. De vervolging en strijd zijn voorbij. Voor nu. Alle eer aan God die mij beschermt en bewaakt. Voor Hem ga ik vol moed door, en ik laat me door niets en niemand tegenhouden om Hem bekend te maken. Wat er ook voor nodig is.

In 2007 zei God al dat ik een boek zou schrijven. In 2017 vertel ik mijn getuigenis bij het tv programma *Hour of Power*, dat ongeveer een half miljoen keer wordt bekeken, en ik weet het nu zeker: mijn verhaal moet verteld worden.

Niet omdat Johan geweldig is, maar omdat Jezus geweldig is.

Niet omdat ík de antwoorden heb, maar omdat Híj het antwoord ís.

Niet om wat ik gedaan heb, maar om wat Hij heeft gedaan.

'GOD WIL NIET DAT ENIGEN VERLOREN GAAN, MAAR DAT ALLEN TOT BEKERING KOMEN.'

2 PETRUS 3 VERS 9

EPILOOG
ZIJN HART, MIJN HART

Gods onvoorwaardelijke liefde voor mensen heeft me gegrepen. Ze is zo puur en zuiver, niet te benoemen, te hoog, ik kan er niet bij, zegt David in Psalm 139. Alles wil ik ervoor doen en ik heb een brandend verlangen om de hele wereld van deze liefde te vertellen, want ik gun dit iedereen.
God heeft mij geroepen om aan vele mensen het evangelie te brengen en die roeping wil ik dolgraag volbrengen. In mijn dagboek lees ik dit al terug, geschreven in 2007: *'Ik besluit om God te dienen met heel mijn leven, omdat Hij de beste baas is voor wie je maar zou kunnen werken.'* In mijn cel liep ik al heen en weer en 'preekte' ik: 'Lieve mensen, heeft u al gehoord van de liefde van Jezus?' Mijn hart brandt voor deze roeping.

Mijn boodschap is geen moeilijk theologisch verhaal, maar gewoon simpel. God heeft Zijn Zoon gegeven, ook om jou te redden! Je zou wel gek zijn als je daar nee tegen zegt.
Ja, het is spannend, maar God zegt: 'Begin gewoon, dan komt het vanzelf.' En ik ben begonnen. Heel mijn leven wijd ik aan het lezen in de Bijbel en het vertellen over Zijn liefde.
Sommige mensen denken misschien: die Johan is gek geworden. Ja, misschien wel. Anderen vinden mij misschien overmoedig. Dat is zeker niet zo. Het gaat hier niet om Johan, het gaat om God! Hij is geweldig en Hij houdt van iedereen. Dat moet heel de wereld weten.

God heeft mijn leven compleet getransformeerd en hersteld. Dat is geen sprookje, het is levensecht. Als God in staat is zo'n finaal gebroken en verhard leven, ondergedompeld in duisternis, in het licht te brengen, te helen en te gebruiken tot eer van Zijn Naam, dan kan Hij dat met elk leven doen! Want: *'Jezus is gekomen om te redden wat verloren is'*, Mattheüs 18 vers 11 en *'Ik zal u tot een Vader zijn, en u zult Mij tot zonen en dochters zijn, zegt de Heere, de Almachtige'*, 2 Korinthe 6 vers 18.
Ik weet zeker dat God alles wat Hij voor mij en voor mijn gezin heeft gedaan, ook voor jou wil doen. *'Want zo lief had Hij de wereld –* niet alleen Jantje of Pietje, nee, de wereld: dat is iedereen – *dat Hij Zijn Eniggeboren*

'WAT GEEN OOG HEEFT GEZIEN, WAT GEEN OOR HEEFT GEHOORD EN IN GEEN MENSENHART IS OPGEKOMEN, DAT IS WAT GOD BEREID HEEFT VOOR HEN DIE HEM LIEFHEBBEN.'

1 KORINTHE 2 VERS 9

Zoon gaf, opdat een ieder die in Hem gelooft niet verloren gaat, maar eeuwig leven heeft', zoals dat staat in Johannes 3 vers 16.

Het lijkt misschien zo onlogisch, ver van je bed en misschien helemaal niet voor jou bestemd. Maar niets is minder waar. Het is juist voor jou en voor ieder die zich verloren voelt in deze wereld. Als ik jou kon laten voelen wat ik voel, en kon laten zien wat ik zie, dan zou ik dat meteen doen. Want ik weet zeker dat je dan geen seconde meer zou twijfelen en meteen in Gods armen zou rennen.

Ga de uitdaging aan en onderzoek het. Zeg eens vanuit je hart: 'God, als U echt bent, dan wil ik U kennen, hier ben ik.' Ik zei het ook toen ik radeloos was en geen uitweg meer zag, en je weet inmiddels wat Hij deed!

En als je God al wel kent, lees meer over Hem. Al ben jij niet geroepen als evangelist, je bent wel geroepen om discipel van Jezus te zijn en te wandelen in zijn voetsporen. Lees de Bijbel, leer God echt kennen. Hij heeft iets veel beters voor jou dan een slaperig christen-bestaan. Laat jouw licht schijnen, zodat de mensen God zullen verheerlijken, zoals staat in Mattheüs 5 vers 16. Hij wil jou brengen op ongekende hoogtes en je laten schitteren in jouw ware bestemming.

God is echt en Hij houdt van jou. Dat heeft niets met kerk of met religie te maken, dat is een persoonlijke relatie tussen God en jou. Het maakt niet uit of je al je hele leven gelooft, of bent afgedwaald; of het nu de omstandigheden waren of dat het je eigen keuze was om de weg kwijt te raken. God zegt: 'Mijn zoon, Mijn dochter, Ik mis je en wil je zo graag alles geven.'

Lieve lezer, het maakt niet uit wie je bent, wat je nu doet of wat je hebt gedaan. God heeft via Zijn Zoon Jezus voor jou de weg vrijgemaakt om weer thuis te kunnen komen.

God zegt tegen jou: 'Jij bent goed genoeg!'

IK DAAG JE UIT

Als jij bent geraakt door mijn verhaal en wat God kan doen, en je wilt jezelf ook graag aan God overgeven, bid dan het gebed dat hieronder staat.
Let op: het gaat niet om de woorden die je bidt, maar om de motivatie van je hart. *'Als u met uw mond de Heere Jezus belijdt en met uw hart gelooft dat God Hem uit de doden heeft opgewekt, zult u zalig worden. Want met het hart gelooft men tot gerechtigheid en met de mond belijdt men tot zaligheid.'* Romeinen 10 vers 9-10
Met andere woorden: als je de onderstaande woorden uitspreekt, zet je hart dan open en geloof wat je zegt. Dan zul je opnieuw geboren worden en aangenomen worden als Zijn kind.

Gebed:

'Vader God, ik kom tot U en vraag U: vergeef mij.
Ik kan en wil mezelf niet meer rechtvaardigen. Ik keer mij af van mijn oude leven en ik bekeer me tot Jezus. Ik geloof dat Uw Zoon Jezus voor mijn zonden is gestorven en dat U Hem heeft opgewekt uit de dood. Ik neem Jezus aan als mijn Verlosser en als mijn Heer. Hier ben ik, ik geef mijzelf aan U. Neem mijn leven en breng mij terug in mijn ware bestemming, om een geliefd kind van U te zijn.
Ik geloof dat ik nu Uw kind ben en dat U mij helemaal nieuw maakt.
In Jezus' Naam. Amen.'

Gefeliciteerd! Jij bent zojuist een kind van God geworden!

Welkom thuis!

NAWOORD

Tegen iedereen die ik benadeeld heb wil ik zeggen: het spijt mij oprecht. Wat is gebeurd kan ik nooit meer ongedaan maken, wat ik heb afgenomen kan ik nooit meer teruggeven. Wel kan ik zeggen dat mijn leven nu zegen brengt in plaats van vloek. De oude Johan is morsdood. *'Niet meer ik leef, maar Christus in mij',* Galaten 2 vers 20. Ik bid mijn Hemelse Vader dat jullie dezelfde liefde van God zullen ontdekken in jullie leven.

Tegen iedereen die mij heeft bestolen, bedreigd, bedrogen, gekwetst, verraden, bespuugd, beschadigd, geslagen en ontvoerd wil ik zeggen: ik heb jullie allemaal, stuk voor stuk, niemand uitgezonderd, oprecht vergeven.

Verder wil ik iedereen bedanken die in mij is blijven geloven. Natuurlijk in het bijzonder mijn vrouw Brenda, mijn ongekende engel, steun en toeverlaat, zonder wie mijn leven een totaal andere wending zou hebben genomen. Schat, ik ben je dankbaar dat je mij nooit hebt losgelaten, ook al heb ik je daar vaak meer dan genoeg reden voor gegeven. Ik dank God voor één van de mooiste geschenken in mijn leven en dat ben jij. Ik hou van jou met mijn hele zijn. Jij verdient het allerbeste. Met jou wil ik oud worden en de wereld veroveren voor Zijn Koninkrijk. Jij bent mijn ware liefde.

Ik wil mijn lieve moeder bedanken voor haar onvoorwaardelijke steun en goede zorg in de donkerste periodes van ons leven. Jij bent een Godsgeschenk voor iedereen die jou kent. Ook gaan mijn respect en dank uit naar mijn vader die nu bij de Heer is. Pa, ik wil dat jij weet dat ik geen andere vader hier op aarde had willen hebben dan jou. Ik hou van je zoals je was en we zien elkaar zeker weer!

Mijn kinderen wil ik bedanken dat zij mij nooit iets kwalijk hebben genomen en mij het gevoel geven dat ik voor hen goed genoeg ben als papa en als mens. Door jullie heen zie ik Zijn ongekende goedheid en liefde elke keer weer. Hij gaf mij jullie als geschenken uit de hemel, die elke dag vreugde brengen in mijn bestaan.

Daarnaast wil ik alle mensen bedanken die ons steunen in het werk dat wij doen voor Zijn Koninkrijk, en die door de jaren heen onze dierbare vrienden zijn geworden. Jullie zijn stuk voor stuk kostbaar en het bewijs dat goede vrienden wel degelijk bestaan. Ook wil ik graag alle leiders bedanken die met ons samenwerken en in eenheid dienen in het Koninkrijk, en ons veel wijze raad hebben gegeven.

Boven alles wil ik mijn Hemelse Vader danken en alle eer en lof geven, voor alles wat Hij heeft gedaan in mijn leven. Vader, ik heb U iedere dag weer opnieuw nodig om te kunnen bestaan. Zonder U ben ik niets, kan ik niets, zal ik nooit iets zijn. Maar voor U ben ik altijd goed genoeg.

Ik zal nooit vergeten waar U mij gevonden heeft.
In welke staat.
Gebroken, verloren, angstig, eenzaam en leeg.
Ik voegde niets toe aan de maatschappij, ik was een last en een vloek.
Ik schaadde mensen en mezelf.
Ik was egoïstisch. Zelfzuchtig. Ik-gericht.
En U vond mij. Kwam tot mij.
Overkwam mij. Overspoelde mij.
Transformeerde mij. Redde mij.
Nu vormt U mij, kneedt U mij
Koestert U mij, gebruikt U mij.
Ik dank U ervoor, prijs U ervoor.

Want ik zal nooit vergeten waar U mij vond.
Ik was niets.
Ik had niets.
Ik kon niets.

Maar U hebt mij gemaakt.
Hersteld.
Verzorgd.
Ik ben waar ik ben door U alleen.

Laat ik nooit denken dat ik ben waar ik ben door mijzelf.
Door mijn sluwheid. Mijn kennis.
Mijn intelligentie. Mijn kracht.
Mijn wijsheid. Mijn karakter.

Ik zal 't nooit vergeten.
U was het.
U bent het.
En U zal 't altijd zijn.

Ik ben wat ik ben door wat U van mij heeft gemaakt.
Van niets naar iets.
Van nutteloos naar nuttig.
Van zinloos naar zinvol.
Van wees naar kind.
Van leeg naar vol.
Van eenzaam naar geborgen.
Van gebroken naar heel.

Van verdriet naar geluk.
Van liefdeloos naar liefdevol.

Van wat ik was.
Tot wat ik nu ben.

Aan U alle eer.
Alle glorie.
Tot in eeuwigheid.

Dank U wel in Jezus' machtige Naam. Amen.

Johan Toet, discipel van Jezus Christus van Nazareth,
en zoon van de levende God.

NAWOORD VAN BRENDA

Het is zeven uur in de ochtend als de telefoon gaat. Dat zal Johan zijn om te vertellen over zijn nacht. Sinds ik terug ben in Nederland belt hij mij vaste prik elke morgen op vanuit de Portugese gevangenis waar hij vast-zit. Sinds de dag dat we elkaar kennen, zien of spreken we elkaar dagelijks en dat zetten we ook nu zo voort.

Maar deze ochtend hoor ik een heel ander geluid aan de andere kant van de lijn. Ik hoor een storm in mijn oor; 'Bren, Bren, Bren, ik heb God ontmoet vannacht!'. 'O jee, mag ik alsjeblieft weer gaan slapen...' zeg ik direct.
Het eerste wat door me heen gaat is dat het wel weer iets van voorbijgaan-de aard zou kunnen zijn. Zoals eigenlijk alles in zijn leven. Altijd op zoek naar extremen, altijd op zoek naar een kick. Zou die kick dan nu gaan over-slaan in godsdienstwaanzin? Zou de ene verslaving plaats maken voor de andere? Zou hij ook nu weer zichzelf hiermee willen gaan bewijzen? Want voor zover ik Johan ken, is alles wat hij doet een manier om iets te bewij-zen. Aan zichzelf, zijn ouders, aan mij, de kinderen, zijn vrienden of wie of wat dan ook. En in alles is hij altijd vooral op zoek naar zichzelf.
Maar niets is minder waar. God is écht in zijn leven gekomen en het is duidelijk geen bevlieging.
Er volgt een lange weg voor Johan maar nu kan hij naar zichzelf kijken zoals God naar hem kijkt, en kijkt hij naar de wereld zoals God dat doet. Zijn vertrouwen in mensen is langzaam weer gegroeid, zijn afhankelijk-heid van mij heeft nu plaatsgemaakt voor afhankelijkheid van God. Hierdoor leven we nu samen als één, gelijkwaardig en met dezelfde pas-sie en visie. Ik ben Johan dankbaar dat hij mij geholpen heeft om mijn eigen weg met God te vinden zodat ik mijn eigen roeping en passie heb mogen ontdekken. We leven nu zij aan zij.

Nu, nadat het zo'n 15 jaar geleden is dat hij een ontmoeting had met de levende God, is er de Johan in mijn leven die ik 24 jaar geleden door alle onzekerheden, alle bewijsdrang, alle gezichten heen heb gezien. Nu is hij de man op wie ik 24 jaar geleden verliefd ben geworden. Nu zien we elkaar zoals God ons ziet, zonder oordeel, zonder masker.... Alleen maar liefde!

Brenda Toet

GOED GENOEG

VERWIJZINGEN

[1] Johan wordt voor de overval bij verstek veroordeeld tot 2 jaar en 6 maanden onvoorwaardelijk.
Voor de eerste XTC-fabriek bij verstek tot 4 jaar onvoorwaardelijk.
Zijn Portugese straf van 11 jaar en 7 maanden, en de 2 maanden voor de opgave van een valse naam, dus 11 jaar en 9 maanden, worden in Nederland omgezet tot 8 jaar en zes maanden onvoorwaardelijk.
In totaal heeft hij dus een straf van 15 jaar onvoorwaardelijk gehad. Daarvan heeft hij 10 jaar onvoorwaardelijk moeten zitten en die straf heeft hij ook in zijn geheel uitgezeten. (Pagina 91)

[2] De WOTS is Wet Overdracht Tenuitvoerlegging Strafvonnissen. Je kunt de straf die je in het buitenland is opgelegd, in Nederland uitzitten. Die straf wordt ook omgezet naar de Nederlandse strafmaat. Als je 10 jaar hebt gekregen voor iets waar in Nederland maximaal 2 jaar voor staat, kunnen ze je maximaal 2 jaar geven voor die straf. (Pagina 152)

[3] Tijdens het schrijven van dit boek heeft mijn broer zich bekeerd en Jezus aangenomen. Wat een zegen, bij God zijn werkelijk alle dingen mogelijk. (Pagina 194)

Namen en locaties zijn in sommige gevallen aangepast om de privacy van de betrokkenen te beschermen.

WOORDENLIJST

Bajes	Gevangenis
Basen	Cocaïne roken via een waterpijp
Blowen	Het inhaleren van softdrugs door het roken ervan
Coke	Het stimulerende middel cocaïne
Dealer	Drugshandelaar
Flash	Een kick/effect van drugs direct na het consumeren ervan
Flespijp/Baseglas	Attribuut om coke op te roken
Fort Knox	Legerpost in Amerika
High	Een heel licht gevoel in het hoofd
High Profile	Wanneer iemand vlucht- en vuurwapengevaarlijk is en/of zware delicten heeft gepleegd
Kingpin	Leider in de onderwereld
Mellow	Rustig en zweverig
Penoze	Onderwereld figuren
Rippen	Iemand iets afpakken
Shotgun	Hagelgeweer
Spacen/Stoned	High zijn van drugs/door drugs bedwelmd zijn
Strike	Een aanhoudende stroom
Trippen	Hallucineren
Waus	Niet normaal kunnen functioneren
Wouten	Politieagenten

ONE IN HIM FOUNDATION

Johan Toet richtte samen met zijn vrouw Brenda in 2016 de One in Him Foundation op. Deze stichting heeft als visie: Gods liefde handen en voeten geven, in woord en daad.

Wat doet de stichting?

In Nederland organiseert de stichting jaarlijks een aantal avonden, 'One Events' genoemd. Tijdens deze events is iedereen die op zoek is naar meer in het leven van harte welkom. De bezoekers krijgen onderwijs over wie de God van de Bijbel is en wat het betekent om een volgeling van Hem te worden of te zijn. Dit doen ze vaak in samenwerking met andere christelijke organisaties die op landelijk of internationaal niveau actief zijn.

Jaarlijks organiseert de stichting ook missiereizen, 'One Missions' naar onder andere Brazilië, waar mensen in erbarmelijke situaties leven. Tijdens deze reizen worden Johan en Brenda vergezeld door mede-gelovigen die de visie van de One in Him Foundation een warm hart toedragen en ook uit hun comfortzone willen stappen door mensen in nood te helpen. Ter plaatse wordt er voedsel en kleding uitgedeeld aan onder andere daklozen en er wordt met mensen gesproken en met hen gebeden. Ook worden afkickklinieken en opvangcentra bezocht tijdens deze missiereizen. Mensenlevens worden veranderd, zowel van de deelnemers als van de plaatselijke bevolking.

Wilt u deel uitmaken van onze stichting en meehelpen om Gods liefde handen en voeten te geven? Steun ons dan en word donateur. Een eenmalige of maandelijkse donatie maakt al een enorm verschil, want de stichting is geheel afhankelijk van partners en giften.

De One in Him Foundation is een non-profit organisatie en heeft de ANBI status.

Voor meer informatie: www.oneinhimfoundation.com

MINECRAFT

GALAXY WARS

HUNT FOR THE HIDDEN EMPIRE

Book 2

GW00801655

BY HEROBRINE BOOKS

Episode 2

HUNT FOR THE HIDDEN EMPIRE

The Star Defenders have taken their fight
directly to Lord Nether. Their first attempt
to destroy the Mind Crafter failed, yet they
exploded the Death Cube, forcing the Minecraft
Empire to regroup and form a new base in a
top secret location. But things are worse than
before. Ryan, Sky, Flynn and Ava were captured
by Endermen guards on the frozen planet of
Iceatope. They will have to escape if they are
going to continue their mission to destroy the
Minecraft Empire and save the galaxy.

Chapter 1

THE UNDERGROUND CELL

I slowly pulled myself to my feet. Ouch! My head hurt.

I put my hand on the back of my head and felt a small bump. Something had obviously struck me.

I walked over to the cell door and strained to look out through the rusty bars. There was a corridor leading away from the cell with another locked door at the far end. On the sides of the corridor were a handful of other cell doors.

I feared my time as a Star Defender was over and that I would never see Sky, Flynn or Ava again. Luckily, my fear was quickly banished as a face I knew and loved pressed itself against the bars of the cell door beside mine.

"Hey, loser!" came the sassy voice. It was Sky. "Can't believe you fainted up here!"

"Up where?" I asked.

"Wow! You really blacked out for the whole thing, didn't you?" Sky questioned, before continuing to tell me exactly what happened. "You fainted and the Endermen guards put cuffs on us and took as to the only other door in the hut. The door opened into an elevator and they brought us underground. I got the impression there's quite a complex down here, but we never got the chance to see it. We were led straight down this corridor and locked up."

"Keep it down, you two!" came Ava's voice from behind one of the other doors. Flynn and I are trying to get some sleep!"

"You're kidding, right?" Sky laughed.

"Of course!" Flynn replied. "Now how are we going to get outta here?"

I pushed and pulled on the jail door. Not surprisingly, it didn't move.

I looked around the cell. There were no windows and no other doors either.

"We might have to wait for the Endermen guards to come back and then try to outsmart them with our awesome fighting skills," I said.

The others agreed. It seemed like it would be our only way out of the underground Empire base.

We sat tight and waited. Eventually, I could hear the unmistakable noise of the Endermen guards approaching. I glanced through the bars as the door at the far end of the corridor swung open. Into the corridor stepped two tall Endermen guards followed by what looked like a Zombie General.

They strode past the cell containing Flynn and
Ava and the one with Sky. It appeared they were
heading towards my cell first. I needed a plan
and quickly. I looked up to the ceiling. Above
me the roof was held up by a series of wooded
beams. They were spaced a couple of meters
apart. I had little time to wait. As the idea shot
into my head, I put my plan into action.

I climbed up the door as quickly as I could and thrust myself between the beams in the ceiling. Don't think this was easy... it wasn't. In fact, it was harder than I had imagined. I pushed my body out horizontally, thrust my arms and legs out straight and pinned myself to the ceiling, pushing against the beams with every ounce of energy I had.

I held my breath as I hovered above the ceiling and looked down as the cell door opened. The Endermen guards entered first. They stepped into the center of the cell and then stood to attention as the Zombie General stepped through between them. They looked around. The Zombie General did not look happy.

"Where is prisoner 116?" he thundered. "Why isn't he in his cell?"

I could feel my muscles beginning to shake. I knew I couldn't hold myself to the ceiling for much longer.

"Check on the location of the prisoner," the Zombie General ordered as he pointed to the Enderman guard on the left.

The Enderman guard nodded and strode from the cell. I could hear it walk down the corridor and then the sound of its footsteps vanished.

This was good news. Now I only had two mobs to destroy. The Zombie General turned to leave. He was directly below me. My chance had arrived...and I took it!

I unclenched my muscles and dropped from the ceiling onto the Zombie General. I clattered onto his head, knocking him to the floor. The Enderman guard was huge, but dumb and slow to react. I reached out and grabbed its blaster, blasting it back against the cell wall before watching it drop lifelessly to the floor. I jumped into the air, releasing the Zombie General from my grasp. I pointed the blaster at it and fired. The Zombie General cried out, flashed in a ball of light and then vanished completely.

"Yes!" I cried, punching the air.

"Ryan?" called Sky. "You okay? Talk to me, Ryan."

I stepped outside, grabbed the keys from the wall, and walked to Sky's cell to unlock the door. "I'm good, Sky," I replied. "Just defeated a Zombie General and an Enderman guard on my own, so feeling pretty awesome!"

"Okay, show off! Nice work. Now stop yapping about it and let's get outta here."

Sky had a point. There would be plenty more Enderman guards where that one came from, so the last thing we should be doing was hanging around.

We ran over to Flynn and Ava's cell and let them out. Then, we ran towards the door at the end of the semi-lit corridor. I peeped through the bars and turned the handle. The door was unlocked, but what lay beyond was a mystery. I clenched the blaster in my hand and led the way forward.

Chapter 2

THE EMPIRE NUTPOST

I took one step and then stopped. There were loads of corridors stretching off in different directions. I glanced down each one. They were all empty.

I could hear the faint noise of a generator or something large humming, but as the noise echoed around the underground lair, it was hard to tell which corridor the noise came from.

"That sound could be the elevator shaft," Ava suggested.

If she was right, then that would be our best and quickest route back to the surface. I took a guess at which tunnel and slowly began to move down it with the blaster at my side.

"Hey, guys," whispered Flynn while tapping me on the shoulder. "You realize we only have one blaster between the four of us, right?"

I was annoyed that Flynn was even talking, so just nodded in reply.

"We'll, don't you think the blaster should be held by the person who's the best shot?" he added.

I knew what Flynn was getting at. Statistically, I was probably the worst shot out of the whole group, and Flynn was obviously becoming anxious that I was the one in the lead.

"I did just defeat an Enderman guard and Zombie General single-handedly, you know!" I replied, trying to strengthen my case.

"Yeah, but Sky once took down six Endermen guards, two Cave Spiders and a Zombie Pigman with nothing but a slingshot... and she was blindfolded at the same time!"

"So what are you saying?" I shouted, turning to face Flynn.

"He's saying I should have the blaster," Sky interrupted as she swiped the blaster from my hand before I had the chance to argue.

She stepped ahead of me with the blaster outstretched in front of her and Flynn and Ava followed.

I was pretty annoyed, although deep down I knew Flynn was right. I had always been a poor shot. Maybe my miraculous escape from the cell was just lucky!

Suddenly, Sky stopped.

"Shh!" she said, signaling us to stand still.

We were almost at the end of the corridor. Beyond it was a small room with the elevator on the other side. Patrolling in front of the elevator doors was a lone Enderman guard, holding the blaster at its side as it marched up and down.

Sky crouched low to the ground and waved her hand for us to do the same. Flynn, Ava and I stayed concealed in the corridor as Sky slowly crept forward. There was a large crate near the elevator on some sort of trolley contraption. Sky made her way towards it in top stealth mode. She ducked behind it and peered out at the Enderman. From her hiding place, she took aim and fired!

Boom!

With one clean shot, the Enderman guard hit the ground in a ball of light and vanished. The impact sent its blaster spinning across the floor towards us. Flynn grabbed it first. Although I remained unarmed myself, I was grateful that we now had two blasters between us.

Sky jumped out from behind the crate and pressed the elevator button.

"Come on!" she called, turning towards us. "Lord Nether and the Mind Crafter are still out there. We're still no closer to destroying the Minecraft Empire than we were before. Let's get moving."

Sky was right. It felt like our plan to rid the galaxy of the evil Minecraft Empire was in full swing, yet so far we had accomplished very little. Okay, I guess we had tracked down the Mind Crafter (and lost it…) and destroyed the Death Cube, but with Lord Nether and Emperor Ender still hiding in the galaxy with the Mind Crafter, no one was safe.

The elevator arrived. We stepped inside and began our journey back towards the surface. As the elevator went up, two things ran through my mind. First, would DEFENDER 1 and 2 still be outside the hut, and second, would the temperature outside be as cold as I remembered?

The moment the elevator reached the top and the door opened, the second question was answered—it was freezing!

We stepped out into the hut. It looked like it had been abandoned. There was no fire burning and no sign of any Endermen guards. I took a couple of deep breaths and saw several clouds of steam blow from my lips. I put my hands to my mouth, trying to warm them.

The others must have been as cold as me, yet Sky didn't let this slow her down. She moved quickly from the elevator to the hut door and pushed it open. As she did, the ice cold wind swirled into the hut and I could see nothing but snow beyond. That, and in the distance a blizzard was approaching.

"Let's see if we can find DEFENDER 1 and 2 quickly," I said, moving to the door with the others. "Once that blizzard hits we'll have no chance of seeing our hands in front of our faces, let alone our spacecraft."

We stepped out into the snow. It crunched beneath our feet. The sound made me remember playing in the snow a few years earlier with mom and dad. Those happy days seemed a long time ago. That was before the Minecraft Empire rose to power and cast fear across the galaxy.

"Well, are you coming or not?" Ava said. I looked up and realized the others had already spotted the spacecrafts and were running towards them.

I nodded and began to move as quickly as I could in the ankle deep snow.

We were halfway to the DEFENDER 1 and 2 when the wind got stronger. I looked to the horizon. The blizzard was almost on us. Then, as I squinted into the swirling snow storm, I could see something moving. I stopped and squinted harder to get a better look. It seemed the snow storm wasn't a natural occurrence. Amongst the swirling blizzard I could see three colossal Cave Spiders. Each was the size of a building. They looked angry and they were heading straight for us!

Chapter 3

CAVE SPIDER ATTACK!

"Run for the ships!" I cried, picking up the pace as quickly as I could.

"That's what we're already doing, Ryan!" Flynn replied, a little too calmly. "Keep up with the plan!"

"No, I mean seriously, run!"

I caught up with Flynn, grabbed his shoulder and spun him around to face the oncoming blizzard.

"Cave Spiders," I puffed. "Three of them."

Flynn's mouth dropped open. "They're the size of my old house!"

"That's right," I continued, "and they're heading straight for us."

The Cave Spiders were moving quicker. We had to do the same.

We shoved our legs through the thick snow as quickly as we could until we reached our vehicles. Sky and I climbed into DEFENDER 1 while Flynn and Ava jumped into DFENDER 2. I fastened my seatbelt as Sky switched on the rocket thrusters.

We were ready to take to the sky...but nothing happened.

"Come on!" I cried, turning to my side to see the Cave Spiders less than a hundred meters away. "We're gonna get eaten!"

Sky punched the controls and jumped out of the cockpit. She ran round to the back of DEFENDER 1 and began tampering with the fuse unit.

"Try that!" she shouted as the blizzard erupted around us.

I moved into the front seat, hit the rocket thrusters and BOOM! They fired up perfectly. Sky closed the fuse unit and began to run back to the cockpit, but it was too late. The shadow of the Cave Spiders loomed over us.

"Go!" Sky cried. "Before we get crushed!"

Without her? I looked round to see Sky running towards DEFENDER 2. She jumped in beside Flynn and Ava. Their cockpit closed and they blasted into the air. It was time I did the same. The closest colossal Cave Spider raised its leg over the top of DEFENDER 1, I grabbed the throttle, pushed it forward and blasted from the snowy ground without a second to spare. The huge leg came crashing down into the snow where our spacecraft had been as the rockets at the back of DEFENDER 1 took me clear of the danger zone. However, the danger wasn't over yet.

I shot out across the snow, following in the trail of DEFENDER 2 as the Cave Spiders unleashed their weapons. Laser beams suddenly shot from their red eyes with unforgiving aim. The first shot flew straight towards me. I dipped my wing, but the laser hit the tip, knocking me off course and sending me swerving to the side.

"We need to take these giant Cave Spiders down before they blow us up!" Ava cried over the radio.

She looped DEFENDER 2 higher into the air and began to speed straight towards the first Cave Spider. I did the same, but having sustained a direct hit, DEFENDER 1 was now harder to maneuver.

I watched as DEFENDER 2 opened fire on the Cave Spider's head. I assumed Sky was at the controls as the aim was perfect. The lasers hit the leading Cave Spider firmly in the face. A small explosion erupted from the Minecraft mob and then it vanished.

The explosion sent a fountain of snow into the air as I approached. The snow engulfed me as I hit top speed. I couldn't see a thing.

Then, as I came through the blizzard I saw that DEFENDER 2 had rounded on the second Cave Spider and was firing will full impact at the mob's butt. Within a few seconds, the rear of the colossal mob exploded in a ball of light. There was nothing left of it, except a hole in the snowy ground.

There was one Cave Spider left. Unfortunately, I was flying directly towards it!

I pushed forward on the control lever and took DEFENDER 1 down between the legs of the spider, but not before it could attack again. As I dived, the lasers from its eyes struck an electrical panel beside the cockpit. My flaps were working at half speed.

I swerved between the legs of the beast that was obviously being controlled by Lord Nether and his Mind Crafter, but moving DEFENDER 1 was now almost impossible.

The tip of the wing scrapped one of the legs as I pulled out the back and somehow managed to avoid crashing into the ground. I looked back at the Cave Spider as DEFENDER 2 unleashed one final flurry of laser blasts. The Cave Spider groaned, hissed and then burst into a ball of light and joining its cousins.

We had done it. Now it was time to get off of Iceatope and regroup on the nearby planet of Golem World, a world populated by nothing but Villagers and Golems.

"Set co-ordinates for NW2563," Flynn said as DEFENDER 2 shot from Iceatope's atmosphere.

I struggled to steer DEFENDER 1 on the same course, but just about managed.

However, as I rocketed back into space I heard a colossal POP! come from the back of my spacecraft. Half the rocket boosters suddenly failed. My power began to decrease.

"I'm not gonna make it with you guys," I called over the radio as I spotted Iceatope's nearby moon to my right. "You head on to Golem World. I'm going to see if I can make it to that moon to repair DEFENDER 1."

"You sure?" Sky asked as the radio signal began to crackle.

"I'll be fine," I replied. "I've got the coordinates for Golem World. I'll be as quick as I can."

I turned DEFENDER 1 towards the nearby moon as the thrusters popped once more. This time, smoke began to pour from the left thruster. My power was decreasing fast. I felt every muscle in my body tense up. I briefly closed my eyes and prayed I'd have enough power to make it to the surface of the moon.

DEFENDER 1 began to shake violently as I broke through the atmosphere of the moon. I was surrounded by clouds and mist as I hurtled toward the moon's surface. I couldn't see a thing.

I pulled back on the control stick to slow my descent. DEFENDER 1 responded, but just barely. Suddenly, a huge spark shot from the control panel. I grabbed the control stick with both hands and pulled it backwards. The controls didn't respond. I was hurtling towards the ground through the thick mist. I had no way of landing the spacecraft. There was nothing I could do. DEFENDER 1 dropped into free fall.

As the mist cleared, I could see the swampy moon surface fast approaching. I pushed my hands against the control unit in front of me and braced for impact.

Chapter 4

THE LAST OF THE SOLAR DEFENDERS

DEFENDER 1 smashed through a cluster of trees, lurching me from one side to the other. I could see small parts of my spacecraft being ripped from the main body as I tore through the vines and branches that surrounded me. Then, with no room left to descend, DEFENDER 1 plummeted at full speed in to the thick, murky swamp water below.

I jerked in my seat with nothing but my seatbelt to save me as DEFENDER 1 crashed into the water. I waited. I opened my eyes. I sat upright and looked at my hands, legs and the rest of my body. I was alive! I couldn't believe it.

I undid my seatbelt and opened the cockpit. There was a thin mist all around and the smell reminded me of a mixture of rotten bananas and unwashed socks!

I tried the radio to call Sky, Flynn and Ava. The radio was out. I had lost contact.

I cried out in frustration and smashed my hands onto the control panel. I was stranded. With nothing else left to do, I climbed from the cockpit and jumped down onto the soggy moon surface. The place wasn't like any moon I had ever been on before. Most moons in the solar system were barren, desolate places with nothing but miles of sand or moon dust. However, the moon of Iceatope couldn't have been further from those places. It was packed with foliage and life at every turn. Square looking bugs ran along the long, rectangular branches. Lizards with black-shaped bodies crawled slowly along the ground. Then, I heard something that stopped me in my tracks. It was the sound of a large mob.

I went to pull my blaster from my side before realizing I didn't have one. I searched for anything to arm myself. The best thing I could find was a thick, fallen branch. I picked it up. It was damp and covered in moss. I struck it with my other hand and the branch immediately broke in two. I shook my head. What kind of fighting weapon was that?

But, before I could find anything to take its place, the mob was upon me.

"Are you here for Master Golemson?" the figure said.

I spun around to be confronted by a huge Iron Golem that towered over me. If it had chosen to pummel me with its fist, then it could have knocked me straight into the ground like a nail. Luckily, it did no such thing.

"Are you here to see Master Golemson?" the Iron Golem said once more.

I had no idea what to say. I hadn't planned to crash on this swampy moon and had no idea who this Master Golemson was.

"Can Master Golemson fix my ship?" I eventually replied.

The Golem laughed. "He can fix anything."

Without giving me a chance to reply, the Golem turned its back and began walking away. After a few long strides it turned around and glanced at me before slowly continuing. I came to the conclusion that this Golem wanted me to follow it, so I looked back at my ship and then reluctantly followed the seemingly harmless Minecraft mob.

We trekked for several minutes. We went through thick undergrowth and stepped over endless tree roots that twisted from the ground. Eventually, we came to a clearing. There in the faint mist ahead of us sat a stone building. It had no windows and a single door that was just about big enough for the Golem to fit through if it ducked... which is exactly what it did!

"Master Golemson lives here," the Golem boomed, poking its head back out.

"Wait!" I replied. "If he can just help me get my ship fixed and get me outta here, then that would be great."

The Golem vanished inside the stone building and I decided to follow. Inside the place was pretty neat. There were some stools and a table, all made out of stone, and some food on the table that looked like burned lizard's intestines! They looked disgusting and I quickly grabbed a long stick to push them as far from my face as I could.

As I turned around the Colossal Minecraft mob vanished into an adjacent room.

It was gone for several minutes without a sound. Then, in dramatic style, it re-emerged; only this time it had a sash draped across its chest.

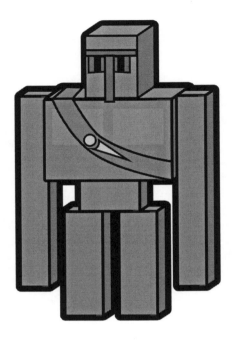

"I am Golemson. How can I help you?"

I stood up in shock.

"You're the same Iron Golem who just walked into that room," I replied. "You're just wearing a sash!"

"Correct you are," the mob boomed before sitting down on the stone stool beside me.

I didn't know what to do. I guess the only thing now was to see if this weird Golem could actually help me.

"So, what do you know about fixing spacecraft?" I asked. "See, I've got this vehicle, DEFENDER 1. It's crashed in your stinky swamp and I need to get it working again. The destiny of the galaxy kinda depends on it."

The Golem said nothing. He just stared at me. To be honest, the whole situation was kinda weird.

Eventually, after several minutes of silence, the Golem spoke once more.

"You are Ryan of the Star Defenders," he said to my complete amazement.

My mouth dropped open. How the heck did this Golem know who I was?

"I know many things," the Golem said, obviously reading my mind. "I am Golemson, the last master of the Solar Defender movement."

I could hardly believe what I was hearing. I had heard of the Solar Defenders, of course I had. Who hadn't? They waged war against the Minecraft Empire over two centuries ago.

"Impossible!" I snorted. "No way are you part of the Solar Defenders. They're all dead. Got killed off two hundred years ago."

The Golem laughed. "Not all of us," he replied, leaning closer to me. "Only I remain. I'm the last of the Solar Defenders. I am the only one to hold their secrets and the only one to hold the last of their ancient weapons—the Laser Slicer."

I could hardly believe a word I was hearing. Had I really accidentally discovered the last remaining member of the Solar Defenders? They were our idols. During their reign, the galaxy was the most peaceful it had ever been.

The Golem rose from the stone stool and strode to a wooden chest beside the door. It crouched down, undid the lock and pulled the top of the chest open. Then, it pulled out the most amazing weapon the galaxy had ever known. The weapon that every potential defender of the galaxy had only dreamed of. It was the weapon of the ancients. I held my breath as the Golem turned around. In its arms was the last remaining Laser Slicer. Then the Golem passed it to me. It appeared the fate of the galaxy was now in my hands.

Chapter 5

THE LASER SLICER

I think I remained silent for a long time. All I could do was stare at the rectangular tube in front of me. It had carvings on it that depicted ancient battles and markings that looked like sword and blaster marks. The weapon had obviously seen a lot of action.

"It is yours," Golemson said. "I've grown old. You coming here is a gift. I have waited for this moment. I bestow the luck of the ancients to you Ryan of the Star Defenders. You are the chosen one. It is you who will save the galaxy from destruction. You alone will defeat the Minecraft Empire."

"That's impossible," I replied. "I can't defeat an entire empire single-handed."

"True. You will need help, but ultimately the fate of everyone lies with you."

Golemson closed his eyes and sat back down. As he did, he began to glow and flicker.

"What are you doing?" I asked, slightly panicked by what was happening.

"My time has come," Golemson said. "But I shall be with you in spirit. I shall be by your side. I shall be with you in your darkest moment."

With that, Golemson faded completely and vanished.

The stone building was eerily quiet. All I could hear were the crickets and noises from the lizards outside. I looked down at the Laser Slicer and gripped it firmly in my hands. I rose from my stone stool and wandered outside.

I was still in shock. It was only then that I realized DEFENDER 1 was still submerged in the swamp. I headed back towards the spacecraft wondering how I was going to fix it, but as I approached the swamp I was greeted by a vision that produced a smile so wide my face almost cracked!

There, in front of me, standing perfectly on the land was DEFENDER 1. It still had weeds from the swamp draped over it, and was dripping with muddy water, but it was out.

I looked around. Could this be the magical work of Master Golemson? I wondered.

I looked down at the Laser Slicer and decided it was time to check it out. I held it in my hand, stretched out my arm and fired it up.

Suddenly, a bright blue laser light extended out from the rectangular tube. It hummed with energy and its glow lit up all of the surrounding swamp land, sending box-shaped scuttling creatures running for cover.

I swished it around from one side to the other. It was the most amazing weapon I had ever seen. To be honest, I thought it was a thing of legends.

I turned to face a giant tree that twisted into the air, and I looked at the laser beam and then at the thick tree trunk. I swung the Laser Slicer back and let it fly!

I brought the laser blade through the misty air and hit the tree. To my amazement, it cut straight through the twisting bark and sliced through the tree truck like a hot blade through a giant marshmallow.

I retracted the blade and watched the tree. It swayed gently in the misty... and then began to fall. I ran towards DEFENDER 1, rolling onto the ground and diving for cover beside the cockpit as the tree came crashing down into the swamp beside me. I made a mental note not to do that again!

In a hurry, I tucked the Laser Slicer into the holster on my belt and climbed into DEFENDER 1. I put my finger over the power button and closed my eyes, picturing Master Golemson before me. Then I heard his voice in my head.

"Believe in the power and it shall be yours."

I took a deep breath, believed with every muscle in my body and pressed the power button.

The jet thrusters burst into life. I opened my eyes. DEFENDER 1 was operational once more. I tried the radio, but there was still no signal. I must have been out of range to connect with Sky, Flynn and Ava. So I put my hand on the throttle, assuming that they had followed through with our plan and headed for Golem World. I pressed the elevation button and my craft lifted slowly into the mist above the swamp. I closed the cockpit, pushed the lever forward and blasted away from the moon at full power.

I looked down to check the Laser Slicer was at my side and felt a wave of determination wash over me. We needed to find the new secret location of the Minecraft Empire. Once we located it, the battle could begin.

Chapter 6

GOLEM WORLD

I approached the clear atmosphere of Golem World and began my descent to the main village. As I approached I could see DEFENDER 2 had landed just outside the village perimeter so I guided my craft to the same spot. The moment I landed, Sky, Flynn and Ava came running from a nearby hut to greet me. Sky had tears in her eyes.

"Ryan! You're okay?" she cried, wrapping her arms around me.

The incident took me by surprise. I had never seen Sky get emotional before.

"I'm fine. Just had a bit of a detour to Iceatope's moon."

Sky wiped the tears from her eyes, looked behind me and then transformed back into the Sky I know and love.

"What the heck happened to DEFENDER 1? It's all dented!"

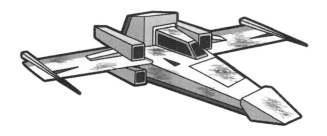

"Ah, well, it turned out I had to crash land on the moon. It was a swampy place with loads of trees and DEFENDER 1 took a bit of a battering."

Ava and Flynn approached the spacecraft and ran their fingers over the hull.

"So, how did you fix it?" Flynn asked, just before spotting the Laser Slicer hanging from the holster on my belt, "and what is that?"

I led the three of them into the village and told them all about Master Golemson. I explained how he had been the last of the Solar Defenders and how he had given me the ancient Laser Slicer weapon.

Watching the three of them as I explained was quite a picture. They each stared at the Laser Slicer with their mouths wide open. I assumed that was the same look I had on my face when I found out about it too.

"So, where's this Master Golemson now?" Sky asked. "Can we go and see him too? He might have more Laser Slicers for us!"

"No. This is the last surviving weapon of those times. Besides, Master Golemson is no longer with us. He seemed to have been waiting around for someone worthy to pass the weapon onto. I guess now that he's given it to me, he left in peace."

"Someone worthy? You?" Ava laughed. "Sky is better with weapons than you are! Come to think of it, we all are!"

Flynn stepped forward to take the Laser Slicer and give it a try, but I was having none of it. I placed my hand over the rectangular tube and patted the device.

Flynn obviously saw how protective I was being, so he stepped back.

"Do we at least get to see it in action?" Sky asked.

"Yeah, but not now," I replied. "So, what's been going on with you guys? Anything to report from Golem World?"

"Actually, yes," Ava said. "We've been asking around and it seems there are whispers about the secret location of the Minecraft Empire. Most Golems reckon they have a new underground base on the lava planet of Firestorm."

"Firestorm?" I questioned, "But that's in Quadrant 7 at the far reaches of the galaxy."

"We know," Sky said. "Lord Nether and Emperor Ender must be planning something big out there. That planet's so hostile I reckon they think we'd never try and go there."

The Minecraft Empire seemed to be underestimating the determination of the Star Defenders, that was for sure. We headed into the center of the village where two Golems had just started cooking over an open fire. As I looked around, Golems seemed to be streaming from everywhere. It appeared to be dinner time. We sat cross-legged beside the fire and waited for some food. When it arrived it was worth the wait. I had no idea what it was, but it tasted amazing.

Once we had finished our meal, we headed to a nearby hut for some rest. If we were going to take on Lord Nether again, we needed to be ready for the fight. I made sure the Laser Slicer was safely in my holster and then lay down beside Flynn, Sky and Ava. Before I knew it, the sun had set and I was fast asleep.

When I awoke it was not fully morning. The orange sun was beginning to rise, yet the entire village of Golems remained in bed. I rolled over and tried to get back to sleep, but I was too excited about the mission that lay ahead. I stood up, stretched and put my hands in my pockets. However, as I did, my hand brushed the holster that hung from my belt. I instantly realized that the Laser Slicer was gone.

I looked around in a panic. Then, I heard a clatter outside.

I rushed to the door and peered through the thick crack that ran around it. I could see no one, not even a Golem. Then, I saw something.

It moved fast and darted behind one of the huts. Surrounding it was a blue glow.

"My Laser Slicer!" I whispered.

I pushed the hut door open slowly and ventured outside. I crept to the hut beside ours and glanced quickly around the corner. I had no weapon, yet the Laser Slicer was one of the greatest weapons ever created. I knew that if whoever or whatever had it decided to attack me, I'd have no chance.

I took a step forward, trying desperately to see what this creature was.

Suddenly, it darted out from behind the hut and ran onto the next one, waving the Laser Slicer at its side.

I ran on again, trying to keep in the early morning shadows and remain unseen.

The figure appeared to have stopped moving. Maybe it had retracted the laser as well, because I could no longer see the blue glow.

I quietly put one foot in front of the other and began to creep towards the hut that hid the weapon thief.

I was almost there. A few more steps and I could get my weapon back and take the culprit down. I placed one hand onto the corner of the hut and prepared to peer around the edge, when all of a sudden I was pounced upon. The blue glow lit my face as the Laser Slicer rose into the air behind me.

"Haha! Got ya!" came the familiar voice.

It was Sky. She had taken the Laser Slicer from me while I slept and decided to give it a try.

"This is a seriously awesome weapon!" she continued, swishing it around in front of my face.

"Yeah! Seriously awesome at killing me if you don't put it down!" I shouted, waiting for Sky to retract the laser blade before grabbing the weapon from her hands.

"Okay, calm down, Ryan!" Sky said, raising her eyebrows. "I only wanted to give it a try. You know as well as I do that the Solar Defenders'

Laser Slicers are a thing of legend. No one ever knew if they really existed."

"Well they do!" I snapped.

"Yeah! Obviously!"

"And this one is mine."

Sky must have seen that I was pretty upset, so she decided to apologize before giving me a hug.

"Maybe I'll stick to using blasters and you can be in charge of the Slicer," she suggested.

The commotion must have woken Flynn and Ava, because without me even noticing, they were now standing beside us.

"So, can I test out that legendary Laser Slicer now?" Flynn asked.

Sky shook her head at Flynn, obviously guessing what my reaction would be.

After a few minutes, most of the Golems in the village had awoken. The sun was beginning to rise higher in the sky and the time to get our mission fully underway was approaching.

We got some supplies together for the long journey to Firestorm Planet. Flynn and Sky went and got the two blasters which they had hidden in the hut. They placed them into our spacecraft and we said our goodbyes to the Golems.

It was only as I climbed into DEFENDER 1 with Sky that I realized Golems don't generally say much. Still, they were kind enough.

I closed the cockpit and Sky hit the throttle. I could tell she still wasn't happy I had put so many dents in the spacecraft, but once she could see all the controls were working, she seemed a bit happier.

I fastened my seatbelt and held the Laser Slicer firmly on my lap. Sky hit the main throttle and we rocketed away from the planet into deep space with Flynn and Ava following in DEFEDNER 2.

We were now on course to fly directly to the planet Firestorm. If the Minecraft Empire was there I was determined to track them down, find the Mind Crafter and destroy it forever.

Chapter 7

THE ROGUE ENDER DRAGON

"**J**ust kick back and relax," Sky said, turning around in the pilot's seat in front of me. "We've got over an hour until we make it to Firestorm."

I felt relieved. We seemed to have been moving non-stop since we left our secret hideout on the moon of our home planet. I thought back to everyone who still lived in our town. I knew they were living in terrible times, threatened by mobs that were controlled by the Mind Crafter. It was my dream that they would soon be free, and with the Laser Slicer in my possession, I hoped that time would come soon.

Sky turned back around and stared into the blackness of the vast space in front of us. There was nothing to see but millions of stars and DEFENDER 2 that flew alongside us. Then, in the distance, something caught my eye.

"What's that?" I asked. "Not a meteor, I hope? Don't want to be smashed to pieces!"

"Don't be silly," Sky replied. "If there was a meteor shower going on it would appear on my radar."

As the words left Sky's mouth, I could see her face drop. She stared at the radar and tapped it with her finger.

"Strange," she muttered.

"What's up?" I asked. "Was I right? Is it a meteor?"

Sky tapped the radar again and then looked intently out of the cockpit.

"Can't be a meteor," she replied. "But it's definitely something."

Then, as the object moved closer, Flynn was the first one to spot what it was.

"An Ender Dragon!" he cried over the radio. "An Ender Dragon's heading straight for us!"

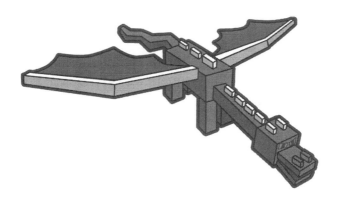

I leaned forward in my seat. Flynn was right. It was a lone Ender Dragon that appeared to be completely lost in space. I felt every muscle in my body clench up. I prayed that the colossal beast would have no interest in us. I couldn't have been more wrong.

"Brace yourself!" Sky thundered as she grabbed the control lever. "I'm taking evasive action."

I knew by now that when Sky said something like that, she meant it!

I pulled my seatbelt extra hard until it almost squeezed every ounce of air from my body. I secured the Laser Slicer beside me, gripped the arms of the seat as hard as I could and prepared for the first maneuver.

Sky pulled back on the controls and DEFENDER 1 rocketed forward, spinning into a controlled dive as DEFENDER 2 tried to keep up.

Sky jerked the lever to the side and we rolled away from DEFENDER 2, leaving Flynn and Ava on their own.

"What are you doing?" I asked. "We should stick together."

"No way!" Sky replied. "That's a sure fire way to get us both destroyed."

"But what about Flynn and Ava?"

"They can take care of themselves," Sky continued, swerving to the side as the Ender Dragon rocketed towards us. "We have to split up if we're going to shake of this beast."

I looked out of the cockpit. The Ender Dragon stared at us, then it stared at DEFENDER 2. It had to choose a spacecraft to pursue. I felt selfish even wishing it, but I secretly hoped it would leave us alone. However, my wish wasn't granted. Sky gripped the control lever with both hands as the Ender Dragon swerved directly towards us.

It flew as fast as a winged rocket and prepared to knock us into oblivion.

"Brace yourself!" Sky thundered as she pulled the lever backwards.

She moved higher into space, but it wasn't fast enough. The Ender Dragon flew straight towards us. Sky twisted DEFENDER 1 just in time, but the wings of the beast struck the tail fin of our craft, sending us into a vertical spin.

"Save us!" I cried, as my brain felt like it was spinning around inside my head.

"I'm trying!" shouted Sky, with some annoyance.

We straightened out as the Ender Dragon swooped towards DEFENDER 2.

"How are we going to defeat that thing?" I asked, not thinking Sky would have the answer.

"Well, it seems like you're the chosen one!" Sky laughed. "You figure it out."

I closed my eyes and tried to make contact with Master Golemson.

"Master?" I whispered, as quietly as I could so I wouldn't embarrass myself. "Master Golemson? What should I do?"

Then, a faint voice replied.

"All you need to do is ride and use the weapon by your side. Step on the wing if you dare and slice the beast without a care."

"This is no time to be murmuring to yourself!" Sky said firmly.

"I wasn't. It was Master..."

I was going to tell Sky I heard Master Golem talking to me, but then I figured she'd think I was nuts, so I kept that bit of information to myself.

"I have a plan," I said. "Open the cockpit when I say. I'm heading out there!"

This was no time for laughing, but Sky laughed so hard she almost wet her pants.

"What? Are you crazy?"

I grabbed the small breathing machine underneath my seat and prepared to put it over my mouth. "Just let me out. I'm going to finish that Ender Dragon off. Do it! Now!"

Sky could tell that I was serious, so she pressed the button and the cockpit hinged open.

"Now hold DEFENDER 1 steady. I'm heading out to the wing."

I climbed from my seat with the Laser Slicer gripped firmly in my hand. I moved out onto the wing as Sky gripped the lever and held our spacecraft as still as she could. I could see the Ender Dragon notice me out of the corner of its eyes. As I had hoped, it flew away from DEFENDER 2 and turned towards me.

It flapped its gigantic wings, picked up speed and had me in its sights. I knew this would be a one chance thing. I pulled the Laser Slicer in front of me, pressed the button and the long, blue blade shot out from the rectangular tube. The huge dragon was upon me. Now was my chance.

As it prepared to knock me from the wing I ducked, swung the Laser Slicer through the air and struck the beast. It roared in pain as it flew past DEFENDER 1. I had struck a direct hit!

The end of its wing hurtled away from the rest of it and the Ender Dragon flew off course and vanished into the depths of space.

I edged back into my seat and Sky closed the cockpit.

"What were you thinking?" Ava cried over the radio.

"You're crazy!" Flynn added.

Sky didn't say anything. She just sat there with her mouth wide open.

Flynn and Ava cheered from DEFENDER 2. It seemed Master Golemson's plan had worked. He was with me after all. He would be by my side as we took on the Minecraft Empire.

As we continued at full speed towards Quadrant 7 I felt that now, with the help of the last of the Solar Defenders we've become one incredible team. With that in mind, only one thought entered my head—we were now, unstoppable!

Chapter 8

FIRESTORM PLANET

Firestorm Planet appeared before us like a glowing sun. We could see the orange and red lava lighting up the planet's atmosphere from a thousand miles away.

"Whoa! That place looks intense!" Flynn chuckled over the radio.

"Keep your focus, you two," I replied to both Flynn and Ava in DEFENDER 2. "If the Minecraft Empire has its secret base on this planet, then we should be prepared for anything. There's no way they're going to just let us walk right in there and destroy the Mind Crafter. They'll be ready for us."

We reduced our speed dramatically as we entered the planet's red hot atmosphere.

The heat on the spacecraft was so intense the entire thing began to shake.

"This is ridiculous!" Sky said, struggling to maintain control as the flaps and wings appeared to begin to slowly melt around us. "There's no way anyone could survive in this. The Minecraft Empire can't be here. We've been given the wrong information. Let's abort!"

Sky began to pull DEFENDER 1 away from the planet's surface, but as she did I suddenly spotted something. It was something that looked out of place.

"Check out that volcano," I cried, pointing to an especially large structure rising above the rest. "There's no lava coming out of it."

"So what?" replied Flynn. "There's enough lava everywhere else to make up for it! Let's get outta here."

"No, wait," I continued as Sky moved the spacecraft towards the upper reaches of the atmosphere. "We should check it out. If the new secret Minecraft Empire base is on this planet, then that seems like it could be the perfect place for it."

Sky glanced at me and knew I was probably right. We had come all this way. The least we could do now was land and take a closer look.

Sky swerved amongst the intensely hot steam spouts and headed directly for the abandoned volcano. She hovered over the top and slowly descended inside.

"Even if this volcano isn't working, it's still going to get pretty hot in there," Ava said over the radio that was now beginning to crackle.

However, as we moved below the volcano rim we all noticed exactly the same thing.

"Why has the air temperature in here suddenly dropped?" Sky asked. "The air feels almost cool."

I checked the exterior temperature gauge. It read 68 degrees. Perfect room temperature.

"It's as if the air in here is being regulated. It must be controlled by someone," Sky said as we prepared to touch down on the huge base of the volcano.

As we landed, DEFENDER 2 landed beside us. I hit the button for the cockpit and it popped open. Considering we were on a lava planet with more molten lava on the surface than I had ever seen in my life, the temperature in the volcano was pretty refreshing.

"The Minecraft Empire must be down here," I said. "It's the only reason the temperate would be like this. They must have a special system in place so they don't burn up!"

We climbed from our spacecraft and took a look around. The base of the volcano was almost flat, and must have been about two hundred meters in diameter.

Jagged rocks rose up the sides to the circular opening at the top. However, it wasn't the top that had my immediate concern. We had to find a way into the rock face. If this was indeed the entrance to the Minecraft Empire's new secret base, then there had to be a door somewhere.

We split up and took a look around the rocks. I was looking for a handle, a button, a lever... something that would suggest a secret doorway. Then, all of a sudden, we needed to look no further. A massive humming noise filled the volcano and the ground began to shake.

"Is it going to erupt?" Flynn cried.

"Run for cover!" I replied.

We ran behind some large rocks and looked on as a huge door, the size of a double-decker bus, opened up in the rock face. Beyond the rocky doorway was a dark tunnel. Suddenly, a small spacecraft shaped like a flying Cave Spider shot out of the volcano and blasted up to the surface and out of sight. The doorway groaned and began to close. If we were going to get through, we had to move fast.

I took the lead and ran for the closing door with Sky, Flynn and Ava by my side. We were almost there when disaster struck. The Laser Slicer slipped from my holster and cannoned onto the ground.

The other three didn't notice and continued at full speed. They stopped just inside the tunnel and turned to face me. I skidded to a halt and sprinted back as quickly as I could. I stooped down, grabbed the Laser Slicer and set my sights on the rapidly closing doors. I hit top speed, put my head down and ran!

I was almost there. The gap between the two doors was no wider than me. I held my breath, leapt into the air and jumped through.

Boom!

Just in time. The doors thundered shut. The sight of DEFENDER 1 and DEFENDER 2 parked at the base of the volcano was gone. I turned around, secured the Laser Slicer back in the holster and looked down the tunnel.

Faint white lights lined the access tunnel. It was made of metal and clanked under foot with every step. It sloped away from us and seemed to go deeper underground. I looked at the others and nodded. If the Minecraft Empire were down there, we were about to find out!

Chapter 9

ERATOR ROOM

The tunnel seemed to go on for a mile. We must have walked down it for about fifteen minutes in complete silence before Flynn decided to speak first.

"So what's the plan? Assuming we actually discover the Minecraft Empire!" Flynn asked.

It was a good question and one I didn't particularly have the answer too.

"I guess we have the same plan as before," I replied. "Find the Mind Crafter and destroy it. Then the galaxy will be saved!"

"You always make it sound like it's going to be so easy!" Sky laughed. "Doesn't it ever cross your mind that it's just four kids against the most evil regime the galaxy has every known? Don't you ever think that one of these days they're just going to crush us in one blow?"

Flynn and Ava chuckled, but I didn't see it as a laughing matter. The galaxy was in serious peril, but I had the Laser Slicer and Master Golemson on my side. If I was being honest, I'd never felt more confident.

Suddenly we stopped. There was a closed blast door dead ahead and noises coming from beyond. We ran forward and pinned ourselves against the walls. If someone or something was about to come through we had to make sure we weren't seen.

Then, the doors opened. Four Endermen guards marched through brandishing blasters at their side. The moment they were clear the doors whistled shut. It was now just us and four Endermen in a long, silent tunnel. We took our chance. I was the only one holding a weapon. I pulled out the Laser Slicer as quickly as I could and hit the button. The long, blue laser beam shot out from the rectangular tube. I swished it left and right before the Endermen guards even had time to react. One fell after another until all four flashed in a ball of light and vanished, leaving behind nothing but their blasters.

"Whoa! Where did you learn to fight like that?" Ava said, scratching her head.

"It's not Ryan's fighting skills," Sky chipped in as she stepped forward, grabbed three blasters and threw one each to Flynn and Ava. "It's the Laser Slicer. Any of us could have done that. In fact, I could have done it much quicker."

I was shocked. It was the first time I had ever seen Sky jealous. Still, she was by far the best in battle and maybe now I was treading on her toes. Still, I couldn't worry too much about that. We had an evil empire to defeat, and if that meant Sky had to feel jealous for a bit, then so be it.

Each of us was now armed and ready for battle. We moved closer to the blast doors. Flynn was nearest to the access button. He looked at me. I nodded. Then, he pressed it.

The huge doors slid open to reveal a vast, empty room with several corridors leading away from it. We ran to the corridor on the furthest side and began to sprint down it as quickly as we could. Halfway along the corridor was a set of stairs, descending further into the ground. I thought that if I was an evil Minecraft lord and I wanted to protect the Mind Crafter, then I would be as deep underground as possible.

At the bottom of the stairs was an elevator. We jumped in and descended further.

Eventually, the elevator stopped. The doors slid open and we stepped out into a dark room. There was a low hum coming from some sort of generator and a red glow from the few lights that surrounded us. It appeared we had arrived at the core of the underground hideout.

"What now?" Flynn asked.

"Find the Mind Crafter and blast it!" Sky replied, stepping forward.

"Wait," I whispered. "Just take it easy. We have no idea what's down here, and if we want to get out, it's not as if we can just run to our DEFENDER spacecraft. We're probably about a mile underground!"

I led the way, switching on my Laser Slicer as a glow of blue light fell upon my body.

I could hear someone or something making a noise on the other side of the generator room. I decided to move towards it. As we got closer we ducked behind some shoulder height generator boxes and glanced over the top.

"Look! Zombie Pigmen," Ava whispered as quietly as she could over the low humming noise.

She was right. There were about ten of them. They had hammers in their hands and seemed to be carrying out some maintenance on one of the generators. They stood with their backs to us as they fixed a gigantic fan that was double their height. They grunted and squealed, nudging one another as they passed tools back and forth.

Suddenly, the elevator doors swished shut behind us. It appeared there was only one way forward now, and that was to get past the Zombie Pigmen.

I was unsure what to do. We could either jump out and take them on or creep past. There were four of us and at least ten of them, so I decided we should try to remain hidden.

I tilted my head at the others and signaled for them to follow me.

I continued to crouch as I stepped out from behind our hiding place and began to walk towards the tunnel beside the Zombie Pigmen. I moved on tiptoes, all the time holding the Laser Slicer in my hand in case it was needed. However, as we moved closer to the Zombie Pigmen, I realized I had made a mistake. I should have switched the Laser Slicer off before beginning our stealth move. The blue glow from the weapon wasn't helping us to remain hidden and the low buzzing noise coming from the laser beam might give us away.

Unfortunately, as we moved behind the backs of the Zombie Pigmen, my fears came true. We stood motionless as the pink and green figures stopped working. They held still, sensing something was wrong. Then, they turned around.

With shock on their faces, they lunged at us with their hammers clenched firmly in their hands.

Surprisingly, Flynn reacted first. He pulled the blaster in front of him and fired at the nearest Zombie Pigman. The mob squealed and cried out as only a half zombie, half pig can do. Its hammer dropped to the floor and it vanished.

One down...at least nine to go!

The rest of the mob huddled into a unit and attacked together. This was a brilliant plan and made it much harder for us to fight back.

"Quick! To the door!" Ava shouted, firing a single blast and then running for the exit tunnel. But, before she could get there one of the Zombie Pigmen broke away from the pack and tripped her up. She tumbled onto the floor and the blaster shot from her hand and spun out of sight behind some machinery.

Flynn went quickly to her rescue. The lone Zombie Pigman had a hammer in its hand and was about to finish Ava off when Flynn unleashed five of six shots in quick succession. The Zombie Pigman flashed and vanished.

Flynn helped Ava to her feet. Sky and I ran to their side to defend them as the Zombie Pigmen lunged at us once more.

We had our backs to the exit tunnel. I decided we had to escape.

I swished the Laser Slicer in front of me as the other three ran for the tunnel. I took out at least three Zombie Pigmen before the rest of them decided to back way. I stepped into the tunnel, hit the green button on the wall and the blast door closed. There was a red button beside it. I pressed that hoping it would lock the door. There was a loud click. My thinking seemed to have worked. We were safe...for now.

"You okay, Ava?" Sky said, checking on her as she brushed herself down. "Thought that Zombie Pigman had you there."

"Me too," Ava replied, still catching her breath. "Thanks for the rescue, Flynn."

"No problem. Us Star Defenders have to look out for one another."

I looked down the tunnel. There was a faint red glow coming from the far end. There were no corridors or doorways coming off of the tunnel. It seemed our only way forward was to head to the red glow. However, as we took our first tentative step, I had a bad feeling that something terrible lay ahead.

Chapter 10

THE EMPEROR'S CHAMBER

As we moved down the tunnel, what lay at the other end quickly became clear. It was a large circular room with jagged rocky walls and long lengths of rectangular glass. On the other side of the glass was molten lava, flowing past. The heat coming from the glass was immense, but there was a gigantic fan in the ceiling that propelled cool air around the room to keep the temperature down. In the centre of the room was a large machine, filled with monitors. I led the way forward to take a look at the screens. Suddenly, the doorway from the tunnel closed behind us, making me jump.

The screens were filled with images from all around the Minecraft Empire underground complex. On one screen I could see Endermen guards marching around, on another was a load of Golems that looked like they were being armed for battle, and on another screen I could see the base of the volcano where our spacecraft had landed. I stepped forward for a closer look.

Sky spoke before I could.

"They've got DEFENDER 1!" she cried.

Sky was right. There was a group of Endermen guards surrounding both DEFENDER 1 and 2. They were looking at the wings and into the cockpit. Then, they stood to attention as a figure walked into the screen. It was a sinister figure in a black cloak and hood.

"Lord Nether!" I gasped. "That evil Minecraft lord has got our ships!"

"Well, he won't have them for long!" Ava said, giving Sky a high five. "Let's get outta here and get him."

Suddenly, a cackle echoed around the room. I brandished the Laser Slicer in front of me as a figure emerged from behind the central machine.

I took several steps back, throwing out my arm to protect Sky as my mouth dropped open and a cold shiver of pure fear ran through my body.

The figure in front of us was Emperor Ender.

His face looked like the molten lava that ran outside the windows. It was red, with orange flecks and he had some sort of yellow tattoo of an 'M' on his head. His eyes were yellow and seemed to pierce straight into my brain, causing a brief sharp shooting pain.

"So, it looks like the Star Defenders have found my secret hideout," Emperor Ender chuckled as he stepped forward, his long grey cloak brushing the floor behind him. "I was hoping we would have the chance to meet. After all, it was you who destroyed my Death Cube, so I was hoping you'd find me so you could make an apology."

"Release the galaxy from the clutches of the Mind Crafter," I ordered, not knowing what else to say.

The evil emperor did nothing but laugh.

"That's the worst apology I've ever heard!" he snickered. "And what have we here?" he continued, taking a specific step closer to me. "My, my. It looks like someone has found an ancient Laser Slicer. I haven't seen one of those since we destroyed the last of the Solar Defenders two hundred years ago."

"I didn't find it," I thundered, feeling the rage grow inside me. "It was given to me by Master Golemson."

"Master Golemson?" the Emperor said. "Yes, I remember him."

"I'm sure you do. He was a mighty warrior and the last surviving member of the Solar Defenders," I replied.

"Is that what he told you? He was a coward who fled the fight as soon as the Minecraft Empire took control. He vanished into hiding and was never seen again."

"It's not true!" I cried, gripping the Laser Slicer harder.

"None of this matters," Emperor Ender replied, grabbing a long staff that was leaning against the machinery and slamming the base of it onto the floor. "If you haven't come to apologize, then we should get this over with."

"Exactly what I was thinking!" I yelled.

I ran straight at him, pulled the Laser Slicer high into the air and prepared to destroy the Emperor, but before I could bring the laser sword down, he tilted the staff towards me and a bolt of lightning shot from the glowing crystal at the top of it. It smashed into my chest and sent me rocketing back against the wall.

I dropped to the ground as the Laser Slicer fell from my hands.

I was dazed. Everything looked out of focus and small stars sparkled in front of me.

I could hear Sky's voice as she helped me to my feet and placed the Laser Slicer back into my hands.

I shook my head and my sight became clearer.

Emperor Ender cackled once more and his sinister laugh echoed around the room.

"This is going to be easier that I thought!" he sneered.

I saw Ava glance back at the door and then at the screen showing the image of our DEFENDER craft.

"You think you can escape and fly out of here?" the Emperor thundered. "You are more foolish than I had expected!"

He pointed the staff at Ava and another electrical bolt shot from it, knocking her to the floor.

Flynn dived in front of her to protect her, but she was in pain. She held her stomach as the Emperor tilted his head back and laughed.

"I have more important things to do than deal with this. I have a galaxy to run."

Emperor Ender paced over to a radio system, pressed a button and spoke into it.

"Breach of security in my chamber," he said. "Send in the Magma Cubes."

He strode from the room and vanished into the tunnel beyond. I managed to regain some of my energy and stepped over to help Flynn pull Ava to her feet. We began to move as quickly as we could to the open doorway, but by the time we got halfway there, the door shut. We were alone. I could feel my heart rate quickening by the second. Then, two head-height hatches opened on either side of the room. Beyond them were square chutes. I squinted to see what was about to come down them. Then, as I feared, I saw the enemy thundering towards us. The chutes were full of Magma Cubes... hundreds of them!

Chapter 11

MAGMA CUBE ASSAULT

I swiped the Laser Slicer in front of me, striking one Magma Cube after another.

"Quick! Get to higher ground!" I shouted, doing my best to protect the others as they tried in vain to blast the little mobs.

Flynn led the way and leapt up onto the central machine, grabbing one of the screens to pull himself up. He threw out his hand and pulled up Ava, who in turn lifted Sky into the air. They gripped whichever screen was secure enough to take their weight as I fought for my life.

"These Magma Cubes are intense!" I cried as sweat started to form on my forehead. "Try to figure a way out of here. I don't know how long I can hold them off."

Suddenly, a Magma Cube broke through and bounced toward my leg. It struck me with full force, scorching my pants. I pulled the Laser Slicer quickly down onto it. It vanished in a flash of light, but I realized I was now on borrowed time.

I glanced at the chutes in the wall. More Magma Cubes were on their way.

"Ryan! I think I have a plan!" shouted Sky as I glanced over my shoulder and saw Sky scaling the central machine.

She was using the security screens like a rock face, climbing from one to the other as she made her way towards the ceiling.

"What's the plan, Sky?" I shouted as the Magma Cubes pushed me back against the machine.

"Looks like there's an access point in the ceiling up here," she huffed as she reached the top. She swung her arm up to the hatch, but couldn't reach it.

"Throw me the Laser Slicer," Sky called, holding her hand out and waiting for me to respond. "Come on, Ryan!"

"Are you crazy?" I replied, slicing one Magma Cube after the next. "If I'm left down here without a weapon I'll turn into lava in a second!"

"So throw me the Laser Slicer and get yourself up here then!" Sky continued.

I watched her swing her hand at the hatchway again. There was no way she was going to reach it. It seemed that throwing her my ancient weapon was the only chance we had.

I took one more swipe at the Magma Cubes, jumped onto the central security machine and threw the Laser Slicer up to Sky. It seemed to travel in slow motion. She held out her hand as the rectangular tube flew towards her. If she gripped it too soon, she'd risk serious damage. If she grabbed it too late, then the weapon would fly past her hand and plummet down amongst the Magma Cubes. If that happened we'd have no chance of retrieving it.

Luckily, Sky's timing was perfect. She gripped the center of the rectangular tube just at the precise moment. Her eyes lit up. She could hardly believe it herself. She looked skywards, aimed at the hatchway and swished the laser blade straight across it.

The metal hatchway door fell onto the Magma Cubes below and gave way to a dark opening beyond. Sky retracted the Slicer blade, plunged it into her pocket and climbed up through the hatchway and out of sight.

"Well, come on you guys!" she shouted back as my foot swung dangerously close to a Magma Cube. "Get yourselves up here!"

Flynn and Ava pulled themselves to safety and I did the same. As I climbed into the hatchway I looked back at the sea of Magma Cubes below. We certainly had a narrow escape there. Now, we had to find a way out of the darkness and pray we could get off the planet. I knew our DEFENDER craft were still there, but they were surrounded by Endermen guards and Lord Nether. If being able to win back our spacecrafts meant coming face to face with Lord Nether again, then so be it.

The chute beyond the hatchway wasn't tall enough for us to stand in, so we shuffled on our hands and knees as best we could. There was a faint light at the far end of the chute and, with no other options but heading back to the

Emperor's Chamber, we continued to move forward.

Eventually we came to a grid that blocked our exit

"What's the plan now?" I asked from the back of the line.

I could hear Sky tapping the metal in front of her. "The grid looks flimsy enough," she said. "I say we just smash it off!"

Flynn and Ava had no objection and I couldn't see what was going on, so Sky punched the grid clean out of the way. She climbed through and jumped down as Flynn and Ava followed.

I was the last to leave the chute. As I dropped through I could feel fresh air on my face. It was a good feeling. However, as I hit the ground and turned to face the others, I was frozen to the spot. There in front of me was Sky, Flynn and Ava, and they were each being held tightly by Endermen guards.

We had exited the chute back in the center of the volcano. DEFENDER 1 and 2 were beside us, but so was the evil Lord Nether. It seemed our time on Firestorm Planet had come to an end.

Chapter 12

DEFENDER DESTRUCTION

"Emperor Ender said he'd encountered the Star Defenders," Lord Nether said, striding towards us with his face hidden by the shadow of his hood. "He expected you to perish amongst the Magma Cubes. It appears you've done well."

I could see Lord Nether scanning my hands and then looking at the others.

"It appears that you lost your stupid Laser Slicer in there though!" he chuckled. "Now your fight is over."

The Endermen guards had taken the blasters from Sky, Flynn and Ava, but they hadn't noticed the Laser Slicer in Sky's pocket. Sky looked at me and secretly winked. I needed to get my hands on the weapon. We both knew that was our only chance.

Suddenly, an Enderman guard began to walk towards me. I knew I had to move fast.

Before anyone could do a thing, I dived onto the floor and rolled across next to Sky. She pulled her hand from the Enderman detaining her, thrust it into her pocket and pulled out the Laser Slicer. She swung it round across the mob that held her, striking a direct hit. The Enderman guard cried out and toppled backwards as Lord Nether ordered more Endermen guards to head in our direction.

Sky held out the Laser Slicer and threw it to me. As I grabbed on, it seemed to glow brighter in my hand. I heard the voice of Master Golemson in my ears.

"You must destroy DEFENDER 2 if you are going to escape," he said.

I couldn't believe what I was hearing. Why would he want me to destroy one of the craft that would lead us to safety? It didn't make any sense. Still, I had no time to question it. I decided to put his plan into action.

I pushed past Lord Nether and made like an arrow for DEFENDER 2 as Flynn, Ava and Sky took on the gang of Endermen guards with their bare hands.

As I left the pack, I could here the confusion amongst them.

"What's he doing? He wouldn't just leave without us, would he?" Ava shouted.

"Ryan! Come back!" Sky cried as she karate-kicked an Enderman guard in the face, sending it toppling backwards into a line of them, like dominos.

Stooping next to DEFENDER 2, I looked at the main control box on the side and opened the cover. I held the Laser Slicer in both hands, pulled it back and then thrust it at full speed into the box. A huge spark flew back at me, knocking me onto the floor.

I gripped the Slicer with both hands as a small fire started in the box. The fire began to grow. Quickly it spread to the cockpit and the wings.

"What are you doing?" Sky shouted, gripping her head in disbelief.

"I don't know!" I replied. "Master Golemson told me to do it."

"Told you to do what exactly?" Flynn cried. "Cut off our only chance of escape?!!"

I could tell the others weren't happy, and to be honest I wasn't too happy with myself either.

I looked over at the Endermen guards as Sky, Ava and Flynn ran to my side.

"What now?" Sky said as she watched DEFENDER 2 burn.

"Let's get in DEFENDER 1," I said. "It's our only chance."

We climbed into the craft as quickly as we could, but fitting four people into a spacecraft designed for two was a real problem.

Luckily, we managed it, but just in time. The Endermen guards were upon us.

"Shut the cockpit!" I yelled as Sky hit the button.

The cockpit closed, but not fast enough. Suddenly an Enderman guard lunged inside.

It grabbed at my arm and I shook it off. It lunged in again, trying to grab Ava, but Ava pulled away.

The cockpit closed and locked in position.

"Hit the thrusters," I cried as Sky grabbed the throttle and the main engines rocketed into life. We began to lift from the base of the volcano. As we did DEFENDER 2 smoldered even more than before.

"It's going to blow!" I screamed. "Let's get out of here now!"

We lifted higher into the air as Emperor Ender appeared beside Lord Nether.

"If this place blows then it'll take those two with it!" Ava cried. "It will be the end of the Minecraft Empire for sure."

Sparks began to fly from DEFENDER 2. We rose halfway up the volcano. It was then that I turned towards Flynn...but Flynn wasn't there.

I looked down. He had been grabbed by an Enderman guard and stood in its grasp beside Emperor Ender. Then, the evil emperor pounded his staff onto the floor and some sort of force field burst from the crystal at the top of his staff and surrounded them like a dome. It was at that moment that DEFENDER 2 exploded. A huge fireball flew out of the volcano, taking us with it. Sky moved the lever to full throttle and we blasted from the volcano's mouth into space.

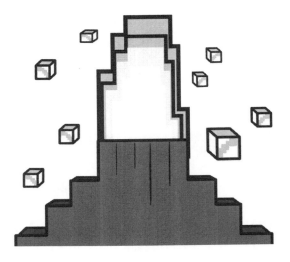

We hurtled out of the atmosphere as the orange glow of the planet lit the cockpit. Somehow we had managed to escape, but Flynn was captured and it seemed that Emperor Ender's powers were stronger than we had imagined. Still, while we had the Laser Slicer and Master Golemson on our side, I felt confident we could restore order to the galaxy. The only problem now was that the Minecraft Empire had captured one of my best friends.

So, this time… it's personal.

FIND OUT WHAT HAPPENS NEXT IN…

Minecraft Galaxy Wars—Book 3
"Invasion of the Empire"

Coming Soon…

If you really liked this book,
please tell a friend right now.
I'm sure they will be happy you
told them about it.

PLEASE LEAVE US A REVIEW

Please support us by leaving a
review on Amazon. The more
reviews we get the more books
we will write!

CHECK OUT OUR OTHER BOOKS FROM HEROBRINE PUBLISHING

The Diary of a Minecraft Zombie Entire Book Series

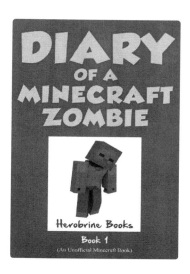

Get The Entire Series on Amazon Today!

The Mobbit:

An Unexpected Minecraft Journey

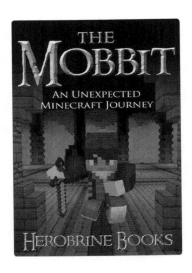

Get The Entire Series on Amazon Today!

The Ultimate Minecraft Comic Book Series

Get The Entire Series on Amazon Today!

Steve Potter and the Endermen's Stone

Get The Entire Series on Amazon Today!

Herobrine Goes To School

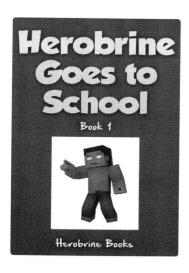

Get The Entire Series on Amazon Today!

An Interview with a Minecraft Mob

Get The Entire Series on Amazon Today!

Minecraft Galaxy Wars

Get The Entire Series on Amazon Today!

Ultimate Minecraft Secrets:

*Minecraft Tips, Tricks and Hints
to Help You Master Minecraft*

Get Your Copy on Amazon Today!

The Ultimate Minecrafter's Survival Handbook:

Over 200 Tips, Tricks and Hints to Help you Become a Minecraft Pro

Get Your Copy on Amazon Today!

Printed in Great Britain
by Amazon.co.uk, Ltd.,
Marston Gate.